民营经济智库系列丛书

区域产业转移与产城融合：
理论、实证与案例分析

REGIONAL INDUSTRIAL TRANSFER AND INDUSTRY-CITY INTEGRATION:
THEORY, EMPIRICAL ANALYSIS AND CASE STUDY

张新芝　贾　青　李政通 ◎ 著

经济管理出版社
ECONOMY & MANAGEMENT PUBLISHING HOUSE

图书在版编目（CIP）数据

区域产业转移与产城融合：理论、实证与案例分析／张新芝，贾青，李政通著． —北京：经济管理出版社，2019.7
ISBN 978-7-5096-6796-5

Ⅰ.①区⋯ Ⅱ.①张⋯ ②贾⋯ ③李⋯ Ⅲ.①区域产业结构—产业转移—研究—中国 ②城市化—研究—中国 Ⅳ.①F269.27 ②F299.21

中国版本图书馆 CIP 数据核字（2019）第 163903 号

组稿编辑：杜 菲
责任编辑：杜 菲
责任印制：黄章平
责任校对：董杉册

出版发行：经济管理出版社
（北京市海淀区北蜂窝 8 号中雅大厦 A 座 11 层　100038）

网　　址：www.E-mp.com.cn
电　　话：（010）51915602
印　　刷：北京晨旭印刷厂
经　　销：新华书店
开　　本：720mm×1000mm/16
印　　张：16
字　　数：230 千字
版　　次：2019 年 7 月第 1 版　2019 年 7 月第 1 次印刷
书　　号：ISBN 978-7-5096-6796-5
定　　价：88.00 元

·版权所有　翻印必究·
凡购本社图书，如有印装错误，由本社读者服务部负责调换。
联系地址：北京阜外月坛北小街 2 号
电话：（010）68022974　　邮编：100836

前 言

改革开放以来,我国经济取得长足发展,经济总量跃居世界第二位,社会主要矛盾转化为人民日益增长的美好生活需要和不平衡、不充分发展之间的矛盾。实现产业结构转型升级、平衡区域经济发展差距,需要推进产业转移。此外,产城融合是指产业和城镇两者相互依存、相互促进,是工业化和城镇化协同发展的最佳理想状态,本质上是为了摆脱产城分离的局面,实现"产""城""人"三者深度融合发展,从而解决城镇化和产业发展之间的矛盾。本书从理论、实证和案例角度分析产业转移对产城融合的影响,主要分为三个部分。

第一部分,产业转移促进产城融合的理论分析,主要为第三章和第四章。该部分首先总结当前我国产业转移现状,目前我国产业转移表现出宏观、中观和微观三个层次的特征,即宏观层面的"东中西三级梯度差异"、中观层面上的"大小城市两级梯度差异"、微观层面上的"城乡两级梯度差异"。在此基础上,从理论层面构建两类区域产业转移模型,肯定了扩展的两类区域产业转移模型同新型城镇化与产城融合具有交互作用机制,并通过构建"单—多"和"多—多"两种模式的两类区域产业转移模型分析产业转移对区域产业发展和城镇发展的影响,构建产业转移促进产城融合的理论研究框架。

第二部分,产业转移对产城融合的实证分析,涵盖第五章、第六章和第七章。首先,建立产业转移发生势差的研究假设,运用加法合成法构造综合评分数值来计算各发达区域至各欠发达区域的发生势差对研究假设进行实证检验,分析两区域产业转移发生机制。在此基础上,运用主成分分

区域产业转移与产城融合：理论、实证与案例分析

析法和全局主成分法评价产业转移发生势差，实证分析两类区域产业转移的"单—多"和"多—多"两种模式的两类区域产业转移。其次，构建工业化与城镇化综合评价指标体系，综合评价我国30个省份（不含港澳台及西藏地区）2004~2016年工业化及城镇化水平同时构建制造业固定资产投资转移系数进行产业转移测度，然后利用面板分位数回归的实证研究方法对产业转移系数和工业化与城镇化关系进行研究。最后，运用耦合模型计算基于产业转移的工业化与城镇化耦合协调度，实证分析产业转移对产城融合的驱动作用。

第三部分，案例研究，主要为第八章，总结新建区产城融合案例与湘东区产城融合案例两个案例。新建区产城融合示范区具有良好的发展态势、便利的区位优势、完备的功能优势、强劲的产业优势等建设基础。此外，还具有四大主导产业规模和集聚效应不断扩大的优势，为承接产业转移、促进产城融合奠定坚实的基础。新建区产城融合示范区依托长堎工业园区，总体上将"强化集聚、以点带面、连点成片、产城融合"作为布局原则，打造"双核四轴、四片多廊十组团"空间发展格局。湘东区产城融合示范区具有较好的产业基础、生产条件、人力资源、区位优势、物流条件以及政策支持，是实现产城融合发展的良好平台。根据示范区的战略定位，按照生产空间集约高效、生活空间宜居适度、生态空间山清水秀的原则，示范区的发展空间结构为三轴、四带、二区八组团。

本书深入探究产业转移对产城融合的影响，构建两类区域产业转移发生机制模型，收集大量的数据进行实证分析，具有一定的理论创新与方法创新。本书结构完整，内容丰富，可以为政策部门、相关研究人员研究相关课题提供一定的参考。

最后，衷心希望本书能够给广大读者带来启发价值。同时，因笔者水平有限，本书难免有纰漏之处，对此热忱欢迎读者与我们交流讨论，以促进本书的进一步完善。

目 录

第一章 绪论 ·· 001
    一、研究背景、内容与意义 ··· 001
    二、研究思路与研究方法 ·· 009
    三、研究创新 ··· 011

第二章 文献综述 ··· 012
    一、现有研究综述 ··· 012
    二、现有研究不足 ··· 018

第三章 产业转移发生机制模型 ··· 021
    一、两区域产业转移发生机制 ··· 021
    二、两区域产业转移发生机制 ··· 029

第四章 产业转移与产城融合内在机理 ·· 048
    一、产业转移对区域产业发展的影响 ···································· 048
    二、产业转移对区域城镇化的影响 ······································· 060
    三、产业转移、新型城镇化与产城融合 ······························· 070
    四、产业转移促进产城融合的作用机制 ······························· 078

第五章 区域产业转移路径的实证分析 ·· 083

一、两区域产业转移发生机制实证分析 …………………… 083
　　二、两区域产业转移发生机制实证分析 …………………… 098

第六章　产业与城镇发展耦合效应评价 …………………………… 130
　　一、产业与城镇发展综合评价 ……………………………… 130
　　二、产业与城镇发展综合评价 ……………………………… 133
　　三、产业与城镇发展的耦合效应分析 ……………………… 137

第七章　产业转移驱动产城融合实证分析 ………………………… 140
　　一、研究方法 ………………………………………………… 140
　　二、实证分析 ………………………………………………… 143
　　三、结论与对策 ……………………………………………… 153

第八章　产业转移促进产城融合案例分析 ………………………… 158
　　一、江西产业转移与集群状况 ……………………………… 158
　　二、新建区产业转移促进产城融合分析 …………………… 169
　　三、湘东区产业转移促进产城融合分析 …………………… 195

第九章　研究结论 …………………………………………………… 217
　　一、产业发展与产业转移 …………………………………… 217
　　二、产业转移驱动产城融合 ………………………………… 219
　　三、关于案例的总结 ………………………………………… 220

参考文献 …………………………………………………………… 222
附　录 ……………………………………………………………… 235
　　一、产业转移势差测度 ……………………………………… 235
　　二、产业转移路径划分 ……………………………………… 242
　　三、制造业产业类型划分参考 ……………………………… 244

后　记 ……………………………………………………………… 246

第一章
绪 论

一、研究背景、内容与意义

（一）研究背景

改革开放以来，我国经济取得了长足进步。然而，我国经济发展表现出严重的区域不均衡已是一个不争的事实（欧向军等，2006）。即使同在东部地区，或者在广东或江苏等同一个发达省份内，也存在较大的经济差距。特别是东部沿海地区和中西部地区之间，经济发展的落差较大，甚至其经济增长的差距不仅没有缩小，而且有拉大的趋势。由于气候、历史、文化和资源禀赋的差异，我国地区间存在较大经济落差，这为我国区域间进行产业转移提供了基础条件。尤其是近年来东部沿海地区劳动力要素成本上升、土地等资源短缺、市场相对饱和等成为制约东部经济发展的障碍。而中西部地区拥有相对低廉的劳动力成本优势和自然资源优势，因此东部地区将那些失去比较优势的劳动密集型产业或其他自然资源密集型产业转移到中西部地区，成为一种必然趋势。这为东部地区更好地迎接国际产业转移，为更先进的高新企业发展挪出空间和资源，也是地区产业升级和产业结构调整的必然手段和方式。总体来看，我国区域经济发展差距表现出以下三个特征：从宏观来看，表现为东部、中部、西部的阶梯状差异；从中观来看，表现出中西部区域中心城市相对于其他城市的差异；从微观来看，则表现为城乡之间发展不平衡。党的十九大报告指出，我国社会的主要矛盾已经转化为人民日益增长的美好生活需要和不平衡、不充分发展之间的矛盾。在此情况下，我国全面建成小康社会需要进一步推进区域经济均衡发展，缩减地区经济发展差距，从而实现全面小康。

研究显示，产业转移在平衡区域发展、促进产城融合中具有重要意义，产业转出区将成本高、污染高、经济效益低的产业转移到产业转入区，从而产业转出区可以腾出产业发展空间，实现产业转型升级，推动地区产业高级化发展；而产业转入区则可以通过转入的产业推动地区产业经济发展，吸引要素集聚，从而缩小与发达地区的发展差距（杨俊生，2010；许剑，2010）。

1. 区域产业转移是解决地区发展失衡的重要手段

改革开放以来，东部地区凭借地理位置上的优势及国家优先发展政策，经济得到飞速发展，东部、中部、西部经济发展差距呈现日益扩大的趋势（陈瑞莲和谢宝剑，2009）。据统计数据显示，1978~2008年，东部地区 GDP 占全国比重提高了 12.51 个百分点，而包括西部在内的其他区域所占比重则均有不同程度的下降。2008 年东部 10 个省份和西部 12 个省份 GDP 分别为 17.75 万亿元和 5.8 万亿元，占全国的比重分别为 57.8% 和 17.8%，与 2000 年相比，西部地区下降了 1 个百分点。1999 年，中央曾在《国民经济和社会发展"九五"计划和 2010 年远景目标纲要》中明确提出，"有步骤地引导东部某些资源初级加工和劳动密集型产业转移到中西部地区，作为解决地区差距问题的五大措施之一"。为了更好地利用资源，由发达地区至欠发达地区进行产业转移是一种表现形式、手段和方式，它是为了达到区域协调发展的目的而进行的一种宏观层面的产业空间迁移现象。

2. 区域产业转移是产业结构调整升级的必然要求

作为改革开放前沿阵地的东南沿海地区，新旧经济增长方式之间与新旧体制之间出现摩擦。在经济高速发展之后，速度与效益、总量与结构之间的矛盾越来越尖锐，经济转型与产业结构的更新换代已迫在眉睫，落实科学发展观也势在必行（郭克莎和汪红驹，2015）。例如，东部地区劳动力、能源原材料指向型产业与其资源密集度的偏差越来越大，引发了此类产业内以及此类产业和其他产业间为争夺生产要素的恶性竞争，影响整个东部地区的产业结构。进入20世纪90年代中期以后，东部地区技术密集型和资本密集型产业迅猛发展，传统产业的比较利益越来越低、市场空间越来越小；而中西部地区拥有丰富的资源，要素价格相对低廉，人均收入水平远低于东部地区，市场发展潜力巨大，是承接地区劳动力、能源原材料指向型产业转移的理想场所，东部地区市场饱和的传统产业在中西部地区仍将有广阔的市场前景和发展空间。这是东部地区向西部地区进行产业转移的微观背景。

3. 区域产业转移是加强区域经济合作的重要纽带

在经济全球化和区域经济一体化的今天，随着改革开放规模的扩大和市场机制的日趋完善，我国区域经济格局正发生着深刻变革，各经济圈纷纷崛起，并展现出其促使经济腾飞的巨大作用。这是中国经济发展的必然现象，也是必要条件，区际间经济合作已成为一大趋势。目前，珠江三角洲、长江三角洲、京津冀经济圈、环渤海经济圈与内地各种城市群经济圈和经济带使整个国内的经济成为"一盘棋"，区域间的合作与投资显得更为活跃。区域经济合作将我国总体经济发展目标融入区际合作机制之中，有力地调动了各方的紧密合作和经济互动。此外，还有许多新的增长极在区域合作中崛起，如成渝经济区、淮海经济协作区、武汉经济协作区、中原经济合作区、鄱阳湖生态经济区等区域合作。近年来，广西研究制定了北部湾经济区发展规划，黑龙江则提出建设哈大齐工业走廊，湖北与湖南分别提出武汉城市圈与长株潭经济圈战略，河南以郑汴一体化为突破口加快推进中原城市群建设……综观我国区域合作现状，我国区域经济发展已经开始从单纯行政区域经济向经济区域发展，区域间的联合和互动发展成为我国经济发展的主要特征（程云川和陈利君，2009），长期困扰区域合作与制约要素合理流动的地区"行政壁垒"，正在被层层打破。这都为区际间产业转移和承接提供了便利。

4. 区域产业转移是欠发达地区应对后金融危机的现实选择

在 2008 年发生的金融危机背景下，我国从过去的外向型经济为主转化为内外并重型经济。对于具有对外贸易优势的东部发达地区来说，到了需要重新考虑发展战略并且做出适当调整的时候。作为主要靠内需拉动的中部、西部欠发达地区来说，经济发展战略的转变给其带来了良好的发展机会。中部崛起战略与西部开发战略的实施、内地城市群的建立、长江经济带的发展、中部内需市场的启动等都为中部、西部地区承接产业转移带来了机遇。同时，金融危机也暴露出很多隐藏的问题，加速沿海发达地区向中西部产业转移的步伐（陈林和龙自云，2011）。出口订单的减少、农民工工资的上涨、民工返乡创业等巨大压力直逼沿海企业，这些都成为加速产业转移步伐的催化剂。寻找新的产业发展基地已成为港澳台资本、外资和东部沿海内资的新特点。与此同时，中部地区许多到东部沿海经商的人经过多年来的打拼，聚集了一些财富和经验，在返乡民工潮和经济危机的影响下，中部地区返乡创业的激情也会助推产业转移，将东部地区资本、技术、先进的管理经验和理念带回内地。

目前，学术界对产业转移的研究内容主要集中在发生机制上，在分析方法上主要是理论分析，在应用层面则主要是产业转移的影响因素及其影响。在产业转移发生机制方面，现有研究总结并发展了雁行形态理论、产品生命周期理论、边际产业扩张理论、梯度转移理论和产业转移发生势差理论等诸多理论，这些理论对于解释区域产业转移现象具有重要的参考价值。同时，现有文献的研究多集中于理论分析层面，缺乏行之有效的实证分析方法，且未达成共识。

然而，现有研究存在两个不足：其一，单纯的理论分析缺乏实证的支撑，关于产业转移的相关理论已经十分丰富，然而缺乏一定的实证分析导致理论解释苍白无力；其二，多数研究主要集中在一个区域对一个区域的产业转移，未能扩展至更加复杂的两类区域产业转移层次，也即未能考虑产业在两种类别区域内的转移机制。

（二）研究内容

1. 理论基础

（1）产业转移对区域产业发展的作用机理。首先，根据新古典经济增长理论、关联效应理论、产业集群理论分析产业转移带动产业经济增长的路径；其次，利用外部经济效应原理阐述产业转移在示范与模仿效应、人才流动效应、合作效应、竞争效应和阻碍效应五个方面对技术创新溢出的影响；最后，从要素流动和资源配置角度分析产业转移对促进产业结构升级化、合理化以及提高产业素质和效率的作用。

（2）两类区域产业转移与新型城镇化交互作用的理论机制。首先，从新型城镇化对两类区域产业转移的作用机制角度分析，一是区位导向方面，论证新型城镇化与两类区域产业转移在宏观方向上的一致性以及新型城镇化对产业转移方向的驱动作用；二是结构导向方面，分析新型城镇化在优化城市群空间结构、发挥资源禀赋优势和环境导向三个方面对产业转移的影响。其次，从两类区域产业转移对新型城镇化的驱动作用角度分析，重点阐述动态的两类区域产业转移模型发生机制和特点对于推动新型城镇化进行的作用机制。最后，由此总结出新型城镇化与两类区域产业转移的交互促进机制。

（3）新型城镇化、产业转移与产城融合的内在作用机理。首先，从新型城镇化、产业转移与产城融合的发展历史角度论述三者的关系及演变历程，就三者关系而言主要有三点：一是产业转移先于我国城镇化新模式也即新型城镇化概念而提出；二是产城融合是新型城镇化发展要实现的最终目标；三是实现产城融合需要将新型城镇化与产业转移结合起来。其次，从两个方面论述基于产城融合理念的新型城镇化与产业转移深度融合机制：一方面，在产城融合发展理念牵引下，产业转移与新型城镇化理念逐渐深化与融合的内在机制；另一方面，在产城融合发展理念基础上，产业转移与城镇化发展方向趋于同步的外在表现，进而更加深入地阐述我国"以产促城"和"以城兴产"的两种产城融合模式。

（4）承接产业转移促进产城融合的理论基础。首先构建产业发展规律和新型城镇化发展规律的分析框架，进而分析承接产业转移作为外部力量对产城融合发展的影响，以及在产城融合导向下产业转移表现出的新特征。在产业发展规律和新型城镇化发展规律方面，主要通过深度剖析产业发展和城市发展理论、产城融合发展理论的梳理，系统全面地阐述产业发展与城市发展的内在规律与相互促进关系。在产业转移促进产城融合发展方面，主要是从承接产业转移对地区产业结构优化调整、产业升级以及人口城镇化等方面，从时空两个维度深入分析承接产业转移作为外部力量对产城融合发展的影响，重点探索构建人口与产业"双集中"目标下的新型城镇化发展战略和发展模式，拓展新型城镇化的发展目标与定位的顶层设计。在产城融合导向下产业转移表现出的新特征方面，从宏观、中观和微观三个层面探讨产城融合导向下产业转移的新特点。

2. 实证研究

（1）产业转移路径的实证研究。将物理中的势能与势差的概念引入产业转移的分析中，用来度量产业转移的一种倾向，提出两个本文特有的概念——产业发展势能和产业转移发生势差。首先，选用传统评价法（加法合成法）来构造计算反映各发达区域至各欠发达区域发生势差的综合评分数值，对区域产业发生势差、转移路径进行综合评价和分析，再对两区域发生势差进行梯队划分。其次，运用主成分分析法和全局主成分法测度两类区域产业转移的"单—多"模式及"多—多"模式，并根据产业类型和成本势差类型进行各类转移路径的划分，分析我国省际产业转移势差特点。

（2）产业转移对产业发展的效应实证研究。利用产业经济和区域经济等相关理论，对欠发达地区承接的产业转移对当地产业发展的多方面影响进行定性和定量评价分析。首先，需要构建区域产业转移的综合评价指数,建立产业转移对地区产业发展影响的面板计量模型。在此基础上,分析产业转移对地区产业发展的影响,重点研究产业转出区和产业转入区在产业转移对产业发展影响上的时空差异。

(3)产业转移对城镇发展的效应实证研究。承接产业转移带来的生产要素(劳动力、资本、技术)的注入是城镇化发展的直接动力。利用劳动力转移、城市化、经济地理等相关理论,基于全国省际的区域数据,从速度、质量和空间三个层面,对我国各地区产业转移对新型城镇化发展效应进行分析:①对比分析产业转移前后各地区城镇化发展进程变化,分析产业转移对新型城镇化发展的速度效应;②综合分析产业转移对地区收入水平、就业状况、农民工身份转换、居民幸福指数的影响,探索产业转移对地区城镇化发展的质量效应;③分析产业转移对工业园区布局、城镇面积大小等因素变化的影响,阐述产业转移对地区新型城镇化发展的空间效应。

(4)产业转移的产城融合发展效应评价分析。产业转移不仅对产业发展和城镇化有较大的推动意义,而且对产城融合发展具有显著的促进作用。在对产业转移促进产业发展和新型城镇化发展研究的基础上,进一步分析产业转移在推动产城融合发展中的作用。本部分的研究内容主要分为两大块:其一,在全国层面构建产业转移驱动产城融合发展的耦合协调度模型,综合测度产业转移对产城融合的影响;其二,根据全国层面的数据,重点研究中部欠发达省份的产业转移促进产城融合的发展效应,同全国平均水平、我国东部和西部地区进行比较分析。

3. 案例分析

(1)新建区产业转移促进产城融合案例分析。新建区地处鄱阳湖生态经济区的核心区,是省会南昌城区西进的主要拓展区域,也是环鄱阳湖生态经济圈旅游重点区之一,新建区产城融合示范区依托长堎工业园区,交通便捷,区位优越,具体范围为南昌望城新区。新建区产城融合示范区具有良好的发展态势、便利的区位优势、完备的功能优势、强劲的产业优势等建设基础;总体将"强化集聚、以点带面、连点成片、产城融合"作为布局原则,结合产业发展的现实基础、发展导向以及全域空间开发格局,打造"双核四轴、四片多廊十组团"空间发展格局,规划人口规模为29万人。

(2)湘东区产业转移促进产城融合案例分析。近年来,湘东区总体经济综合实力大大增强、经济结构不断优化、社会民生持续改善、改革创新成效日益突出。湘东区产城融合示范区以G320国道和沪昆铁路线为轴,以湘东产业园区(包括西扩区和萍乡陶瓷产业园)为主体,东北面接湘东中心城区,组成东北—西南走向近似"葫芦"形的产城融合示范区。根据示范区的战略定位,按照生产空间集约高效、生活空间宜居适度、生态空间山清水秀的原则,示范区的发展空间结构为三轴、四带、二区八组团。

(三)研究意义

2012年中央经济工作会议指出,要大力推进产业结构调整和区域协调发展,积极培育和发展战略性新兴产业,引导中西部地区有序承接产业转移,推进实施主体功能区规划。产业转移便是这样一种可以连接不同地区经济协调发展和产业结构调整的重要方式和纽带。转出区可以通过向其他地区转移边际产业来调整产业结构、促进经济增长方式的转变,而转入区也可通过积极承接产业转移来实现技术进步、产业升级、增加就业,加快经济发展。因此,区域产业转移的发生机制研究对于如何促进产业转移的发生,以实现区域经济的协调发展与各地区的产业结构调整与升级等具有重要的理论与实践价值。

1. 理论价值——拓展和丰富区域产业转移发生机制的理论研究

对产业转移的研究由来已久,国内学者的研究则总体处于探索和争鸣阶段,尚未形成比较系统的区域产业转移机制的理论体系,即使在实证分析方面也往往集中在某些方面,缺乏国内区域产业转移全面的实证研究。尤其在区域产业转移的发生机制方面的研究,尚存在较多的空白地带需要挖掘。本课题试图在前期研究的基础上,将两区域产业转移拓展到两类区域产业转移的发生机制,探讨在两类区域模型下产业转移发生的必要条件和理论判断。这对于拓展和丰富区域产业转移发生机制的理论具有重要意义。

2. 应用价值——为地方政府引导区域产业转移提供实践参考和决策支持

现有研究主要关注的是两区域之间的产业转移发生机制，本书在现有研究的基础上构建两类区域产业转移的发生机制，并试图通过实证研究探索产业转移发生机制的条件状态、有效路径及关键性要素，为促进区域产业转移提供更加合理、有效的路径和政策工具选择，进而为转出地和承接地政府提供实践参考和决策支持。这将进一步丰富产业转移理论在推动政策决策方面的作用，以实现更大范围、更深角度、更高领域的产业转移。

二、研究思路与研究方法

（一）研究思路

本书围绕"两区域产业转移发生机制的理论分析—区域产业转移发生机制的两类区域模型拓展—两类区域产业转移发生机制实证研究—产业与城镇发展耦合效应评价—产业转移驱动产城融合实证分析—产业转移促进产城融合案例分析—促进两类区域产业转移发生的策略方案"的总体思路，采用跨学科的多方法集成研究，并突出量化研究和案例研究结合，以区域经济学、产业经济学为基础，结合物理学中动能势差及耦合概念以及实地调研与深度访谈等多种工具与方法，探索两区域、两类区域产业转移的发生机制以及产业转移驱动产城融合发展机制，提出具有实践意义的促进产业转移发生的调控路径和策略方案，为我国区域产业转移与产城融合实践提供理论与实证的科学支撑和指导。

（二）研究方法

1. 规范分析和实证研究相结合

一方面，从理论上梳理国内外经典产业转移基础理论，并分析两区域、两类区域产业转移发生机制的基本范式，区域产业转移发生状态的调控路径，以及产业转移对区域产业升级的作用机理和产业转移促进产城融合的作用机制。另一方面，运用主成分分析法、全局主成分法、面板分位数回归模型、耦合协调模型等研究方法，实证分析在理论分析基础上的研究假设，结合规范分析与实证研究方法，使本书研究更具科学性和准确性。

2. 中宏观分析与微观分析相结合

从中观和宏观角度分析区域产业转移发生机制形成的主要制约因素和驱动因素，剖析我国省际制造业产业转移时空演变特征，综合评价我国工业化与城镇化水平和基于产业转移的产城融合水平；从产业转移的微观角度阐述企业迁移机理模型，以案例分析的方法在微观层面研究产业转移促进产城融合的理论机制在产业园区、产城融合示范区的实践，两者相互补充，相得益彰。既有根据省级层面产业转移数据的分析，把握产业转移的状态，也有利用众多企业层面的实际调查数据，解析地区产业发展的内在机理。

3. 现实数据模型计算及检验与模拟研究相结合

既根据区域产业发展势能的度量方法与现实数据计算出两类区域间产业转移发生势差、运用全国固定资产投资额现实数据计算制造业产业转移指数、建立面板数据分析基于产业转移的产城融合现状，又基于实证分析中基础数据的调整，模拟分析发生势差综合评价结果的改变是否可以有效促进这些产业在两类区域间的顺势转移，结合现实数据模型计算及检验与模拟研究，丰富本书的研究，使文章的研究方法更加全面。

三、研究创新

（1）现有的文献研究关于产业转移对产业发展的效应和城镇化发展都有一定的研究，但对于两者融合发展的效应研究目前还不多见。本课题通过梳理承接产业转移对产业和城镇融合发展的理论基础，明确承接产业转移促进产城融合发展的关键影响因子，揭示承接产业转移促进产城融合发展的作用机理，对于我国产业转移理论和新型城镇化理论创新都具有重要的补充价值。

（2）现有的产业和城镇功能分割的现象，说明原有的产城模式已经难以适应中西部欠发达地区的后发"崛起"，因此探索和找寻适合欠发达地区新型城镇化的路径和新的产城融合模式具有重要的政策意义和管理意义。本课题提出承接产业转移促进产城融合发展和新型城镇化建设的有效路径和支持政策方案，对于我国新型城镇化政策创新和产城融合的模式创新具有重要的借鉴和参考价值。

第二章
文献综述

一、现有研究综述

（一）产业转移的相关文献综述

国际上对产业转移的研究始于20世纪30年代，早期主要研究发达国家与不发达国家之间的产业转移，从宏观上解释国际产业转移的动因和模式，取得了一系列研究成果。赤松要的雁行形态理论将产业转移描述为不同国家间由于所处的工业化阶段不同而进行的市场和技术转移。Vernon（1966）提出了产品生命周期理论，后来小岛清在"边际产业扩张"理论中提出"产业移植"的概念，认为各国应按"技术差距"依次"进行移植"。Dunning（1981）则从产业转移的微观层面入手提出了OLI范式。近年来，国际产业转移理论研究关注于产业转移效应（Savona等，2004）、全球生产网络（Ernst等，2002）、技术创新与竞争优势（Ernst等，1997）等方面。

虽然国外区域产业转移理论没有用"产业转移发生机制"这一词，但实际上其研究都是着眼于产业转移为什么发生这一基本问题而进行的,即产业转移的动因分析。就广义上而言,这些研究或多或少地关注产业转移的动力机制分析与说明。产业区位理论(Webber,1929;Palander,1935;Hoover,1948;Lösch,1940)揭示了决策者追求效益最大化,其区位选择动机是分析区域产业转移问题的重要依据;要素禀赋理论(Lewis,1984)则认为比较优势(如劳动力资源)是根本动因;产品和产业生命周期理论(Vernon,1966;Tan,2002;Thompson,1966)认为产品和产业的周期性变化是国际产业转移发生的经济动因;企业迁移理论(Simon,1959;Pred,1967;Schmenner,1982;Dunning,1981;Smith,1971)研究区域产业转移的微观基础,认为企业迁移最根本的动因在于追求自身利益的最大化。这些理论都在某个时间或某种程度上对产业转移发生的原因起到很好的解释作用。近年来,随着企业异质性理论研究的发展,企业迁移的微观基础研究有了很大的进展。日本学者Okubo(2009)将企业异质性理论同新经济地理理论相结合,取得了一系列非常前沿的研究成果,对于从企业自我选择的角度研究区域产业转移演变具有重要的实践意义。

国内学者对产业转移的研究主要从20世纪90年代开始。从国内区域产业转移研究开展的情况来看,其主要研究内容大致可分为五个方面。一是区域产业转移的理论研究,包括其定义、模式和动因,如卢根鑫(1994)、张可云(1998)、王先庆(1997)、罗国民和王先庆(2000)等;二是区域产业转移的效应分析,如聂华林和张超(2000)、张公嵬和梁琦(2010)等;三是产业转移与产业结构优化、产业集群等关系和影响,如曹荣庆(2001)、何奕和童牧(2008)、戴宏伟和王云平(2008)、毛广雄(2009)、陈恩和王方方(2011)等;四是产业转移与区域经济协调发展、区域产业转移对接研究,如庞娟(2000)、冯拾松(2008)、马子红(2010)、王建红(2009)、覃成林和梁夏瑜(2010)、赵峰和姜德波(2011)等;五是产业转移实证研究。大部分学者集中对产业转移的某个方面[如熊必琳等(2007)]、对某个区域[如陈建军(2002)、彭连清(2007)、靖学青(2009)等]或对某个产业[如王礼茂(2000)、贺清云等（2010）、李廷和陈淑英（2011）等］进行了实证研究。

国内这些研究为丰富区域产业转移的理论探索与实证分析提供了很好的思路和基础。部分学者如卢根鑫（1994）、陈建军（2002）、戴宏伟（2003）、魏后凯（2002）、李泽民（2007）、周江洪和陈矗（2009）等对区域产业转移的动力机制进行了研究。陈刚和陈红儿（2001）、潘伟志（2004）提出了产业转移的机制应该研究什么内容的问题。刘满平（2004）认为，应建立一个总体机制来促使产业的转移。周江洪和陈矗（2009）对区际产业转移力构成要素与机理进行了系统的分析。陈建军（2002）首次提到了中国现阶段产业转移的发生机制，他从市场扩张和资源利用、产业结构调整的压力、要素边际效益的优化、企业家资源的溢出以及企业成长等方面来理解中国现阶段产业区域转移现象的发生机制。马涛等（2009）首次采用一套综合指标来评价产业转移承接能力。覃成林和梁夏瑜（2010）认为，产业转移工业园作为产业转移的主要空间组织形式，实现了转移产业的集聚发展。陈恩和王方方（2011）研究了异质性企业选择的微观化问题，对影响区域产业转移的微观动力机制进行了有益探索。李占国和孙久文（2011）从空间经济学的视角，分析了我国产业区域转移滞缓的原因，并从产业转移的动因及必要的软硬件条件方面提出加速产业区域转移的途径。王守文和徐须强（2011）认为，区域产业转移主体不再局限于政府和市场组织，社会组织正在成为有效参与产业转移的第三种力量，实现三类主体的合力是区域产业转移高效的关键。刘红光等（2011）对产业转移的定量测算进行了研究，利用区域间投入产出模型建立了定量测算区域间产业转移的方法，结合中国区域间投入产出表，测算了中国1997～2007年区域间进行的产业转移。郑鑫和陈耀（2012）使用"分散式转移"和"集中式转移"的阶段划分来描述产业转移的一般过程，借助一些空间变量，构建了基于区位论思想的两地区模型，分别讨论了规模报酬不变、递增的假定下产业转移的实现条件和形式，发现地区生产成本并不必然导致产业转移的发生。张新芝和陈斐（2012）借鉴了物理学中势差的概念，用两区域产业转移模型对区域产业转移的发生机制进行了理论探讨，对我国东部发达省级区域与欠发达区域的产业转移发生势差进行了综合评价，并且采用历年年鉴数据对两两区域间的发生势差进行了定量研究。

（二）新型城镇化相关文献综述

关于承接产业转移促进新型城镇化发展的相关研究主要集中在以下几个方面。

1. 工业化与城镇化相互促进关系

新经济地理学强调城市群发展的产业动力问题，认为城市群体系内的集聚力和分散力会形成城市群内部的产业分工，随着这种动力的空间动态演变，区域获得产业转型升级及提升式发展。陈甬军和陈爱贞（2004）认为，城镇化与产业区域转移之间存在互动关系，解决城镇化的落脚点应当放在产业区域转移上；周世军（2012）从产业承接和产业转出两个角度阐述了产业转移如何促进城镇化发展；陈雪琴（2014）认为，产业转移有利于促进工业化和城镇化的协调同步发展、有利于缩小区域间城镇化发展差距、有利于提高现有城镇化的发展质量、有利于协调推进我国城市化和农村城镇化，成为新时期我国城镇化发展的新动力；曾祥炎（2014）则从世界产业转移与城镇化关系史来说明，承接产业转移与城镇化之间有内在的耦合关系，认为要遵循产—城互动规律，实现承接产业转移与地域产业承载系统动态适配是中部、西部地区推进新型城镇化可持续发展的关键所在。

2. 基于劳动力流动的产业转移与城镇化关系研究

蔡昉、王德文（1999）认为，大量农村剩余劳动力转移到城镇，对我国经济增长贡献巨大，同时也是推动城镇化进程的重要前提；彭荣胜、覃成林（2007）提出，产业转移与劳动力回流有利于中西部欠发达地区形成产业集群，发挥后发优势，加快工业化与城镇化进程；景春梅（2010）从要素流动角度对城镇化进程进行分析，主要是研究产业转移过程中所引起的劳动力、技术、资本等要素在空间上的重新整合对城镇化的影响；陈浩、郭力（2012）认为，中西部地区应以承接、发展劳动密集型制造业与传统服务业来加快城镇化。

3. 产业转移和城镇化关系的实证分析

梁蓉、兰海颖（2007）对湖南省产业转移与城镇化建设进行了研究，提出湖南省引进产业转移，扩大城镇规模的政策建议；陈平（2010）通过对沿海地区的产业转移到江西上高进行调研分析，指出欠发达地区可以通过承接产业转移推动本地区的城镇化进程；叶琪（2014）构建区域产业转移与城镇化互动的"推力引力—扩散力"模型，并通过对"十一五"以来中国31个省市的面板数据计量检验分析了区域产业转移对城镇化的影响。

（三）产城融合的相关文献综述

产城融合作为一种发展理念较早被提出，但是真正受到学术界关注是在"十二五"规划提出新型城镇化战略之后。国内外主要集中在以下几方面来研究。

1. 产城关系的研究

20世纪五六十年代，发展经济学家和地理学家认为，工业化和城镇化是相辅相成、互相推动的关系，城镇化的发展取决于工业化和经济增长水平，而城镇化也是工业化和经济增长的重要驱动力量（Myrdal, 1957；Hirshman, 1958；Pred, 1967）。李铁立、李诚固（2003）认为，产业结构演变与区域城镇化两者之间存在互动机制；仇保兴（2004）认为，在城镇化的不同阶段需要不同阶段的工业化来推动；叶振宇（2013）认为，在城镇化发展的不同阶段对产业的要求是不同的，主要体现在产业结构、生产组织、发展策略等方面。

2. 产城融合内涵的研究

目前对产城融合的内涵解释并没有统一的定义，一部分学者立足于促进城市发展的视角对产城融合进行定义。有的认为，产城融合应是居住与就业的融合（林华，2011）；也有的认为，产城融合主要应服务于集居住区、工业区和商贸区为一体的相对独立的新城建设（陈云，2011）。许健、刘璇（2012）表示，产城融合的内涵是城市核心功能提升、空间结构优化、城乡一体化发展、社会人文生态的协调发展。刘荣增、王淑华（2013）则以城市新区为研究对象，提出产城融合一般包含三层含义：一是新区产业发展与城市功能完善同步；二是城市新区产业的选择和布局要符合整个城市的发展定位与性质；三是城市新区与老城区的有机融合。另一部分学者则从促进产业发展的视角对产城融合的内涵进行界定。张道刚（2011）提出，产城融合的关键就是要把产业园区精心打造成城镇社区，以体现通过城市功能建设促进产业区发展的要求。孔翔、杨帆（2013）认为，产城融合主要应服务于产业区的持续、健康发展。还有学者提出产城融合发展的实质就是制造业集聚区与服务业集聚区的互动协同发展，达到产城互动、和谐发展的目的（周海波，2013）。

3. 产城融合动力机制的研究

邓伟根（2004）等以工业园区与镇的相互关系为研究对象，总结了四个园镇融合的动力机制，即推力、拉力、引力和自我扩展的张力。周旭霞（2006）、杨仁发和李亚云（2007）则认为，技术创新是产业融合的内在动力，政策支持是外部动力。陈任君（2009）认为，产城融合动力机制除了包括自然层面、政府层面、市场层面和社会层面四个方面的动力，还包括城市空间的自组织与他组织机制。王雄昌（2010）、魏广君（2009）提出，开发区转型与空间整合的动力机制包括外部拉力、内部推力及耦合相互作用的三个方面。

4. 产城融合空间模式的研究

魏祖民（2013）以宁波市镇海区为案例，总结了五种不同的产城融合发展模式，有旧城改造提升型、城市综合体拓展带动型、产业园区拓展转化型、都市功能区带动提升型和新城引领型。周海波（2013）从产城融合角度出发，充分考虑集聚区内部功能结构与周边区域的协调，将产城融合分成四种空间模式：主城区包含提升模式、边缘生长融合模式、点—轴式拓展模式和卫星城组团发展模式。

5. 产业发展促进产城融合的研究

贾晓华（2014）探讨了产业支撑推动城镇化和实现产城融合的作用机

理，并用计量经济学方法对产业支撑促进城镇化发展的作用进行了实证检验。沈正平（2013）则在论证了优化产业结构与提升城镇化质量水平两者间存在互促互动的关联机制后，针对我国产业结构与城镇化质量相互影响中的突出问题提出了实现两者互动并进的路径选择。

二、现有研究不足

国内外学者结合各国或各地区的实际情况从不同的视角研究了区域产业转移的现象、原因、机制及对策，产业转移如何促进城镇化发展和新型城镇化与产城融合交互作用关系等问题，这些研究成果为本课题提供了一个很好的研究基础。但对国内发达地区转移至欠发达地区的区域产业转移的发生机制研究还非常薄弱，多体现为概念性的、框架性的定性描述或是简单提及，未能展开系统论述；对于区域产业转移发生的机制和机理，目前还没有一种清晰而系统的理论体系，更缺乏具有全国范围内的定量上的实证研究；对于区域产业转移发生的可能性和倾向的实证研究开展还较少，对产业转移的发生机理、模式及其调控与路径选择方面的研究更为鲜见；对产业转移采用两类区域模型进行分析的研究尚未出现。另外，就产业转移对产城融合的内在作用机理的研究还相对缺乏，多是分别从产业转移与新型城镇化的作用机制以及新型城镇化和产城融合的交互作用来展开研究，较少探讨产业转移、新型城镇化与产城融合这三者之间的理论基础和作用机制；关于产业转移对产城融合发展的效应评价分析还较少，也缺乏从全国层面的实证研究；对于综合考虑产业转移对城镇发展及驱动产城融合的定量分析更是少见。此外，关于产业转移促进产城融合案例的深入且全面的分析也非常少。因此，需要对产业转移的发生机制和产业转移、新型城镇化与产城融合这三者之间的交互作用进行更为深入的理论和实证上的研究。未来对于区域产业转移的发生机制及产业转移、新型城镇化与产城融合的交互作用研究趋势可以从以下方面开展：区域产业转移发生机制的理论研究、发生机制的影响因素及其相互机理研究；区域产业转移发生机制的路径选择及其转移效应研究；产业转移促进产城融合的内在机理和作用机制研究及区域产业转移发生机制的实证研究等。

由张新芝和陈斐（2012，2013）等提出的产业转移发生势差理论很好地研究了两区域产业转移发生机制，成为扩展的两类区域产业转移发生机制的基础。该理论在原有的研究中建立了两区域产业转移发生机制的理论分析范式，利用产业转移发生势差评价方法度量了两区域间产业转移的发生势差，并且以国内各省市区的宏观数据对其进行了初步的实证研究。本课题试图在前期研究的基础上将其进一步拓展到两类区域产业转移的发生机制，对一个转出区对多个转入区的两类区域模型中产业转移的路径选择进行理论和实证分析。另外，由张新芝等（2018）探讨的产业转移、新型城镇化和产城融合之间的内在作用机理，较好地解释了三者之间的相互作用关系，提出了产城融合是我国城镇化发展的最终目标，新型城镇化是直接实现形式，实现产城融合需要我国新型城镇化发展进一步同产业转移结合起来的观点。本课题在此基础上进行更深入的研究，并对产业转移驱动产城融合及对城镇化发展进行实证研究。本课题试图解决以下几个问题。

（1）在原来研究区域产业转移发生机制的基础上，将产业转移发生机制拓展到两类区域层面进行分析，阐述两类产业转移为何发生、是如何发生的、发生机制所涉及要素有哪些。这就进一步将产业转移发生机制理论进行扩展，可以更加丰富和发展产业转移发生机制理论。

（2）根据两类区域产业转移发生机制的必要条件和要求，结合两类区域产业转移发生机制的实证分析，明确两类区域产业转移发生的倾向性与可能的路径选择，提出促进承接产业转移的策略与政策措施。

（3）对产业转移与产城融合的内在作用机理进行深入研究，分析产业转移对产业发展的影响因素及升级路径；探讨产业转移对区域城镇化的影响因素、作用机制及发展路径选择；最后综合考虑产业转移、新型城镇化与产城融合之间的交互作用关系，丰富了产业转移与产城融合的理论基础。

（4）根据产业转移对城镇化发展和促进产城融合的理论分析，并结合产业与城镇发展耦合效应和产业转移驱动产城融合的定量分析以及产业转移促进产城融合的案例分析，明确产业转移对产城融合的影响因素，提出工业化与城镇化互相促进、更进一步发展的对策建议。

第三章
产业转移发生机制模型

一、两区域产业转移发生机制

(一) 两区域产业转移发生机制假设条件

在我国区域协调发展战略的大背景下,区域经济发展已经进入一个重要的转折期,加强东部、中部、西部地区合作,推动区域间产业转移成为促进区域经济协调发展的重要途径(刘乃全等,2008)。实践证明,我国自20世纪90年代以来的产业转移并没有带来区域经济发展差距缩减,反而呈现扩大趋势。在此情况下,需要更加注重产业转移的微观机制,破解当前产业转移困境。现有产业转移的相关理论解释了产业转移为什么发生,但较多属于宏观层面,而对微观机制的探讨较少。为了更好地还原产业转移发生的内在机制,本书首先考虑产业转移的一种简单情况,即产业从一个特定地区转移到另外一个特定地区。这里研究的产业转移是指国内从发达地区向欠发达地区的劳动密集型产业的转移,是指从高势能区域向低势能区域的转移,是一种顺势转移,是指目前国内普遍存在的和大势所趋的产业转移浪潮。这里所说的两区域产业转移发生机制模型，可以从两个方面来理解。一是指从微观的角度来看，一个企业的迁移受推拉力的影响，如果发生产业转移，它必定是从甲地迁移至乙地。它们这个发生过程中只考虑两个最简单的区域，即转出区域和转入区域。二是指大范围界定的国内的发达区域向欠发达区域的转移。

为此，张新芝和陈斐（2012，2013）等对产业转移发生机制进行了深入研究，将国内产业转移建立在以下五个假设条件基础之上。

假设1：产业转移是指发生在国内劳动密集型产业中的两区域之间的转移过程，是自发达区域向欠发达区域转移的过程（张新芝和陈斐，2012）。该假设为产业转移的领域和方向进行了界定，产业转移的主要领域是劳动密集型产业，产业转移的方向则是由发达地区转向欠发达地区。

假设2：整个产业转移是发生在转出区与转入区之间，转出区和转入区内部都存在推拉力，并且这些力量存在不同的作用指向（张新芝和陈斐，2012）。该假设将产业转移的地区进行了更为详细的划分，只讨论产业转出区和转入区；不仅如此，还对产业转移发生机制的作用力量进行了归纳，认为产业转移是多种不同力量推动作用的结果。

假设3：在转出区至转入区之间发生的产业转移是要达到一定的临界状态才能发生的，产业转移发生势差成为衡量产业转移的指标（张新芝和陈斐，2012）。假设3是在假设2的基础上进行更为详细的阐述，认为推动产业转移的各种理论形成产业转移势差，在此基础上成为产业转移的直接要素。当转出区与转入区的产业转移势差达到一定的临界值时，产业就会从转出区流向转入区，完成产业转移。

假设4：区域产业转移发生势差可以分解为经济势差、产业势差、成本势差、交易成本势差和技术势差五个方面来描述（张新芝和陈斐，2012）。在假设3的基础上，假设4则对产业转移势差进行了更为详细的划分，从经济、产业、成本、交易成本和技术五个方面进行衡量。

假设5：产业转移发生存在两个必要条件：产业转移发生势差阈值和产业转移的对接（张新芝和陈斐，2012）。假设5则在上述假定的基础上将产业转移发生的必要条件进行归纳：一方面，产业转移需要存在转出区和转入区，即转入区对转出区转出的产业有所需求；另一方面，转出区与转入区中的某种力量对产业转移有促进作用，而这种力量则需要达到一定的临界值。

（二）产业转移发生的理论范式

本书从产业转移发生过程的角度提出产业转移的影响因素及其关系的基本范式，张新芝和陈斐（2013）等将产业转移机制划分为三大板块和三大变量，如图3-1所示。

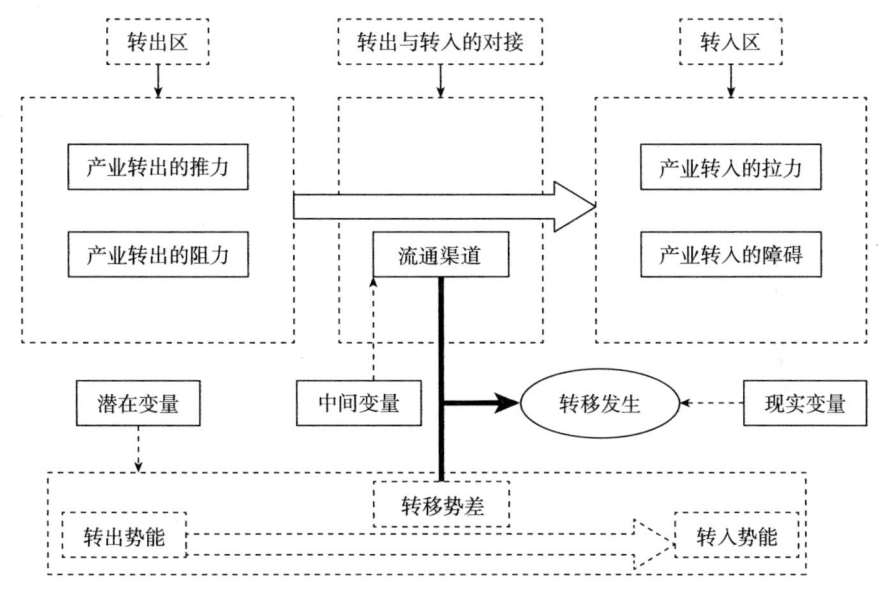

图 3-1　产业转移理论范式

从图3-1可以看出，产业转移理论范式包括如下内容。

1. 两个区域

产业转移转出区与转入区的影响因素有很多，本书统一采用推拉力来表示，其影响因素可以分为外部经济环境因素、产业自身因素和企业内部因素等方面。它们对产业转移产生的作用各不相同，有正向作用的因素，也有负向作用的因素。假定产业转移的发生过程中只涉及两个区域：一个为转出区，另一个为转入区。转出区与转入区内部分别存在不同作用力的推拉力量，产业转移最终能否发生取决于两区域中最后的推拉力的方向。

2. 三个模块

基于以上产业转移的发生过程与两区域假设的思考，两区域产业转移发生机制的基本范式可以分为三个模块，分别是转出区模块、转出与转入的对接模块和转入区模块。其中，转出与转入的对接模块为虚拟区域，并不是真实的空间存在，它是转出区与转入区信息交流和产业对接的一个平台。转出区与转入区推拉力量的综合最终将形成一种合力，会产生一种两区域间的势差。物理学认为，由于各物体间存在相互作用而具有的、由各物体间相对位置决定的能叫势能，又称作位能，势能是状态量。本书将物理中的势能与势差的概念引入产业转移中，用来度量产业转移的一种倾向。将所有影响转出区的因素放在一起进行综合评价，得出某个区域的转出势能。同样，也将所有影响转入区的因素放在一起进行综合评价，得出某个区域在转入方面所具有的势能，对转出区和转入区分别用势能的这种状态量来描述其转出倾向状态和承接产业转移的能力，这两个势能的差额就是产业转移的发生势差。必须强调的是，不管是外部因素还是内部因素产生的影响，它们只是产业转移的潜在因素，只是影响其转移的倾向和动机。也就是说，产业转移发生势差达到某一临界值只是说明产业转移具有转移潜力，具有这样一种状态和条件，可以据此判断比较发达区域与欠发达区域之间进行转移的可能性，但并不意味着必然会产生现实的产业转移行为，形成事实上产业转移流动状况。正因为这种发生势差只是表明一种转移潜力，还没有真正实现，本书将其称为发生势差或转移势能，它只是表示一种状态量。

3. 三个变量

当产业转移确实发生，则将其称为具有了转移动能。这个转移动能是由转移势能转化而来的一种现实结果，是已经实现的产业转移流动的状态，它可以用实际发生的产业转移数据来表达。需要重申的是，转移势能与转移动能是不一样的，转移动能简单来说就是发生势差加上流通渠道这一中间变量,只有这一实现渠道才有可能导致产业转移事实上发生。这里就又引入另一类变量——中间变量,即流通渠道。中间变量是指将转移势差这一潜在变量转化为现实产业转移的方式和途径,也称中间渠道。

(三) 产业转移发生的条件

产业转移要顺利发生,必须满足两个条件:一是适当的产业转移发生势差,即本课题提出的产业转移发生势差阈值;二是产业转移的对接,包括对转出过程中阻力的消除、流通渠道的畅通及各方面因素的协调。不仅如此,产业转移能否发生还需要满足以下条件。

1. 产业级差的存在

产业级差是产业转移的基础。由于技术水平发达程度的不同,不同区域之间产业发展存在差异,有些区域处于高梯度区,有些处于低梯度区,有明显的级差。处于高梯度的区域为了集中发展创新型、高附加值的产业而把那些处于生命周期末端的产业转移到低梯度区域,而处于低梯度区的产业通过承接这些产业从而促进自身的发展,优化自身的产业结构。显然在20世纪的几次产业转移大浪潮中,美国等发达国家向一些亚洲国家进行产业转移的时候,都是在存在明显级差的国家间进行的。

2. 生产要素的流动

产业转移的实质是企业将生产要素进行区位转移重组,形成新的生产力和产业规模的过程。生产要素能否流动对产业转移无疑是至关重要的。生产要素的流动往往伴随产业转移,因为当生产要素发生转移的时候,以该要素为基础的产业为了追寻要素也要跟着转移。而产业转移必须伴随着要素的流动才能实现真正的转移,否则就是无效的,因为一个产业的转移必须依靠技术、管理资源、资本等要素的流动来支持,如果没有这些要素伴随着产业的转移,那么产业转移就不会发生。

3. 产业间的竞争

产业竞争也是产业转移的条件之一。产业间如果不存在竞争,产业转移就不会发生。如果一个产业因为技术、资源、规模等形成垄断,则可以通过价格的控制来实现高额利润。只有产业存在竞争时，迫于成本压力和市场竞争，产业才会为了克服困境进行转移寻找更廉价的生产要素和开拓市场。

4. 存在产业利益差

归根结底，产业各种行为的最终目的就是利益最大化。产业转移也是为了追求最大利益，产业将会移到哪里，利益是其最终的导向。不同区域由于资源条件、市场情况、相关的政策、经济体系的不同，同一产业在不同的区域所得利益有所差异，正是这种利益差存在，企业通过比较利益差，找到产业转移的明确方向，才能获取最大的利益。

（四）产业转移发生势差综合评价指标

根据区域产业转移发生机制势差的特性，它应该既能表达转出区也能表达转入区的状态，两者的差额能反映产业转移内在发生条件的状态，它表达的是转出区和转入区在转出和转入前的某种状态。根据对影响产业转移发生的因素进行分析和遴选，本书认为评价产业转移发生势差应综合以下五方面进行。

1. 经济势差

经济势差主要指转出区和转入区的经济差距，它根据这两区域不同的经济水平来反映产业转移的可能性。区域之间经济发展水平差异形成经济发展梯度差，并成为区域间产业转移的主要动力。根据国际产业转移理论可知，产业转移的发生路径是自发达区域向欠发达区域进行的，当两者的经济势差越大时，产业转移发生的可能性就越大。根据各生产要素主动追逐其自身利益最大化原则，欠发达区域的资本和技术非常缺乏，因此，资本和技术自发达区域转移至欠发达区域能获得更高的收益。当两者的经济水平相差越大时，其追逐利益的原始动力也就越大。衡量经济势差的大小可以从人均国内生产总值、区域GDP增长率和人均收入三个指标来考察。

2. 产业势差

产业势差是指转出区和转入区在某一产业中产业级差的程度，它根据这两区域不同的产业发展水平来反映产业转移的可能性。产业势差与其他势差的很大不同在于其势差并非越大越好，而是适当的势差才是产业转移的条件，这与产业集聚理论有一定的关系。由于产业转移必须是建立在具有相当产业基础的地区才能生存和发展，而产业生存的基础不仅是利益的追逐方向，它还需要一定的配套产业基础，需要一定的人才基础、市场基础和技术基础，所以这个势差不是越大越好，也不是越小越好，理论上它应该是在一定范围内最适合产业转移的。衡量产业势差的大小可以从产业发展水平、地区专业化水平和制造业聚集指数（或区位商）三个指标来考察。

3. 成本势差

成本势差主要指转出区和转入区在各种商务成本上的差距，它根据这两个区域不同的各种成本水平来反映产业转移的可能性。根据企业迁移理论，企业之所以进行迁移，尤其是劳动密集型企业的迁移，绝大部分来自转出区域要素成本压力的升高。而通过产业转移，企业有实现追求要素边际效益最大化的可能，从而达到经营资源的边际效益最大化。两区域在各种成本上的差额是企业迁移的直接动机和主要原因，当两者的成本势差越大时，产业转移发生的可能性越大。根据企业迁移的具体情况来看，一个企业只有在转入某一区域所能获得成本差额的获利大于其迁移成本时，企业迁移才有可能发生。因此，成本势差的大小是影响产业转移的关键因素。衡量成本势差的大小可以从要素成本劳动力价格、工业用电价格、土地购置价格三个指标来考察。

4. 交易成本势差

交易成本势差主要指转出区和转入区在交易成本方面的差距，它根据这两区域不同的交易摩擦系数来反映交易成本的势差。当两者的交易成本势差相差越大时，企业进行迁移的可能性也越大，因为这个系数直接决定交易成本的大小，可以使企业获得更多的迁移收益。衡量交易成本势差的大小可以从交易费用系数和制度势差两方面来综合成一个交易成本势差指标，制度势差用对外开放程度这个指标来表示。

5. 技术势差

技术势差主要指转出区和转入区在科研技术方面的差距，它根据这两区域不同的技术势差来反映产业转移的可能性。技术势差与产业势差有相似的性质，其势差并非越大越好，只有适当的势差才是产业转移的条件，这与产业集聚与产业配套理论有一定的关系。当技术势差值非常小时，技术转移的动力则不明显，因为技术也符合生产要素追逐自身利益最大化的特点，当技术势差太小时，其能获得高额利润的可能性就比较小。当技术势差过于大时，由于技术的转移必须建立在地区具有相当技术的基础上才能生存和发展，它需要一定的科研技术基础，需要一定的科研人才基础，这时候技术没有存在的场所，转移的可能性也就比较小。所以这里的技术势差不是越大越好或越小越好，而是适当的势差才是最合理的。衡量技术势差的大小可以从科研人才的比例和 R&D 投资的比例两方面来考察。

两类区域产业转移评价指标体系如表 3-1 所示。

表 3-1 两类区域产业转移评价指标体系

一级指标	二级指标	代码
经济势差	人均地区生产总值（元）	X_1
	人均可支配收入（元）	X_2
	规模以上工业企业主营业务收入（亿元）	X_3
产业势差	规模以上工业企业单位数（个）	X_4
	全社会固定资产投资（亿元）	X_5
	制造业城镇单位就业人员数（万人）	X_6
成本势差	城镇单位就业人员平均工资（元）	X_7
	电力消费量（亿千瓦小时）	X_8
	固定资产投资价格指数	X_9
交易成本势差	人均消费支出（元）	X_{10}
	货物进出口总额（万美元）	X_{11}
技术势差	R&D 人员全时当量（人年）	X_{12}
	R&D 经费（万元）	X_{13}
	有效发明专利数（件）	X_{14}

二、两区域产业转移发生机制

（一）产业转移的内涵演变

从产业转移的实际来看，产业转移是发达地区在市场经济的作用下将落后产业转移至欠发达地区，主流观点认为产业转移带来的要素流动对缩减中国区域之间的发展差距具有积极意义（Razin，1997；Lu，2009；于倩和江晴，2012）。近年来，中国政府也积极推动产业转移以拉动经济增长，然而越来越多的研究表明，产业转移在中国表现得并不是很明显或对中国区域经济发展差距没有产生理想的抚平作用（张龙鹏和周立群，2015；刘友金和吕政，2012；颜银根，2014）。由此产生的不仅是对产业转移能否缩减中国区域经济发展差异的争论，也是产业转移理论与实际的矛盾之处。对此，张龙鹏和周立群（2015）认为，中国的跨区域产业转移主要以劳动密集型产业为主，而劳动力密集型产业抑制了中西部地区技术进步率的提升，从而成为导致区域发展差距拉大的重要因素。因而，当技术进步率达到欠发达地区能够承接产业转移的水平时，将会出现发达地区的劳动力逆流现象，从而可以为缩减地区差异做贡献（安虎森和刘军辉，2014）。这种基于劳动力流动和技术进步率的解释一定程度上揭示了区域经济发展不均衡的原因，然而范剑勇和朱国林（2002）认为，高产值份额和非农产业的空间分布不均才是产生区域差异的根本原因，也即区域经济差异更直接表现为产业的空间分布不均。那么，我国区域经济发展与产业转移之间到底表现出怎样的特征呢？

从我国产业转移发展的历程来看，表现出明显的梯度特征，东部沿海地区在改革开放之初首先承接来自东北亚国家和地区的产业转移，从20世纪90年代开始，我国东部沿海产业逐步转移至中西部地区。产业转移虽然促进了我国中西部地区的经济发展，但是地区发展差距逐步加大；我国产业转移表现出"一城通吃"的局面，产业主要转移到中西部的重要城市，中小城镇承接的产业转移相当少。不仅如此，从微观尺度来看，产业主要转移到城镇，农村承接产业转移的数量和规模都非常有限。由此可见，我国产业转移表现出宏观层面的"东中西三级梯度差异"，在中观上表现出"大小城市两级梯度差异"，在微观上则表现出"城乡两级梯度差异"。与此对应，我国经济发展也表现出全国宏观层面的地区差异，东中西部经济发展水平的梯度为东部＞中部＞西部；区域（省份）层面也表现出地区差异，中西部地区的产业发展要素集中在武汉、成都等区域中心城市，这些城市的首位度较高；在微观层面则表现出严重的城乡发展失衡，城镇发展要远快于农村发展，城乡二元化问题突出且愈演愈烈。在这种不平衡的经济发展和产业转移支撑下，表现为特大城市数量急剧上升、人口集中流向中心城市，大城市的城市建设用地面积逐年扩大等现象，这也成为我国当前城镇化现状的重要构成。与此同时，较为严格的户籍制度限制了农村人口流入城市，新城区的基础设施滞后、高房价等一系列问题突出，市民化进程严重落后。由此可见，产业转移导致产业在空间上的配置不均衡与我国区域经济发展不均衡具有高度耦合特征。在这种情况下，我国产业转移需要实现新的突破，由主要转移到大中城市转变为主要转移到中小城镇，由主要向某个单向区域（或城市）转移转变到依据地区（或城乡）的比较优势进行转移，产业转移承接区（中小城镇）由主要依赖承接产业转移转变到融合转移产业。

（二）两区域产业转移发生机制

张新芝和陈斐（2012，2013）基于物理学的势能理论提出了产业转移发生势差理论，以此来解释区域产业转移的发生机制。原有的产业转移发生势差理论是基于确定的产业转出区和产业转入区来研究的，重点探究区

第三章 产业转移发生机制模型

域间产业转移的对接机制。两区域产业转移模型分析了产业转移的发生机制，但是两区域产业转移仅适用于确定的两个区域，通过建立评价产业转移势差的指标体系对期间的产业转移机制进行研究。因而，两区域产业转移模型存在两个局限：其一，选择产业转移区域的主观性，通常需要主观确定两个区域来研究其产业转移；其二，所研究企业之间的局限性，往往以单个企业为研究对象，不能很好地概括产业转移发生机制的影响。故在张新芝和陈斐（2012，2013）等的研究基础上，本课题将两区域产业转移发生机制的理论分析拓展到两类区域研究中，探究两类区域的产业转移发生机制。

与两区域产业转移发生机制不同的是，两区域产业转移发生机制放宽对研究对象选择的限制，由此形成两种情况。其一，假定产业转出区为一个确定的区域，而产业转入区为多个可选区域的情况，研究单个产业转出区对多个产业转入区情形下的产业转移发生机制。结合产业转移的两类区域对接环节的分析，提出区域产业转移发生机制分析的理论范式，并基于产业转出区、产业转入区和转出与转入的对接三个层面的分析，解释一个产业转出区对多个产业转入区情况下的两类区域产业转移的发生机制。其二，假定产业转出区与转入区均为多个可选区域，通过构建产业转出区与转入区之间的产业转移势差比较优势转移模式，研究产业在两类区域之间的转移路径。本课题将第一种模型定义为两类区域产业转移发生机制的单—多模型，将第二种定义为多—多模型。

两区域产业转移模型中包含产业转出区与转入区，转出区与转入区都包含诸多地区，且每个地区都包含一系列产业。假设在产业转出区有 m 个地区（当 $m=1$ 时，即为单—多模型），产业转入区有 n 个地区；产业转出区有 k 种产业转出，产业转入区则有对应的 k 种产业转入需求。对于转出区而言，每个地区产业转移势差都可以表示为 $F_m = \{f_{m1}, f_{m2}, f_{m3}, f_{m4}, f_{m5}\}$，而产业转入区的产业转移势差则表示为 $F_n = \{f_{n1}, f_{n2}, f_{n3}, f_{n4}, f_{n5}\}$，其中 f_1, f_2, f_3, f_4, f_5 分别代表经济势差、成本势差、交易成本势差、产业势差、技术势差，因而产业转出区与产业转入区之间的产业转移势差可

以表示为 $F_m - F_n = \{f_{m1} - f_{n1}, f_{m2} - f_{n2}, f_{m3} - f_{n3}, f_{m4} - f_{n4}, f_{m5} - f_{n5}\}$。由此可以得出：①只有当 $F_m - F_n > \theta$ 时，产业转移才会发生，其中，θ 表示产业发生的势差阈值。这表明产业转出区较产业转入区不具备该产业的发展趋势。②$f_{m1} - f_{n1}$、$f_{m2} - f_{n2}$ 和 $f_{m3} - f_{n3}$ 越大，表明该产业更能从产业转出区转移到转入区。③$f_{m4} - f_{n4}$ 与 $f_{m5} - f_{n5}$ 为限制性指标。当该类指标差值明显低于全国平均水平或呈负数时，表明该产业转移发生将会受到限制，难以达到相应的产业和技术基础，存在障碍。因此在数据处理时，当出现文中假定的限制条件时，直接判定该指标的势差值为0，但当势差差值不在限制条件时，该类指标越大，依然是表明该产业从转出区转移到转入区的可能性就越大。④产业转出区与转入区域内各地区的产业根据产业转移势差大小自由转移，以达到自身的经济效益最大化。⑤随着经济发展，区域间的产业势差会发生变化，在此基础上，产业重新由一个地区转移到另外一个地区。

表3-2将两区域产业转移模型与两类区域产业转移模型进行比较，可以看出：①两区域产业转移模型是对两区域产业转移模型的继承与发展，可以继承产业转移发生机制，同时对产业转移的适用环境进行扩展，更为适应产业转移实际；②两区域产业转移是更为一般性的产业转移模型，可以刻画宏观范围内产业转移的内在机理与发生机制；③两区域产业转移模型对产业转移的分析更加实用，相对于两区域产业转移模型而言更加突出产业转移内部复杂的过程以及产业的自由转移。产业转移势差是产业转移发生的重要推动力，在两区域产业转移模型中，产业转移不仅受到产业转移势差总体差异的影响，也受到产业转移势差内部分势差的影响。因而，在两区域产业转移模型下，产业转出区需要综合考虑转入区内各地区的产业转移势差，根据产业转移势差选择合理的产业承接地；而产业承接地则需要根据自身的实际情况选择合适的产业进行承接。

表3-2 两区域产业转移模型与两类区域产业转移比较

类型	转移范围	转移产业	转移路径	发生机制	假设条件	转移特征
两区域产业转移	在产业转出区与产业转入区两种类型区内部实现产业转移	两种类型区域内多种产业转移	随着转移势差的变化,产业转移呈现动态变化	根据产业转出区与转入区之间的势差进行转移	五个假设条件	产业自由转移,动态
两类区域产业转移	根据选定的两个地区研究其内部区域转移	研究特定产业在两个区域内的转移状况	仅考虑选定的两个区域,产业转移表现出静态特征	根据产业转出区与转入区之间的势差进行转移	五个假设条件	产业确定转移路径,静态

（三）基于势差理论的单—多模式

1. 产业转移发生势差综合评价方法

（1）主成分分析法。主成分分析法是运用降维的思想提取少数的几个主成分代替整个变量,对于建立指标的评价指数具有较好的作用。相较于AHP方法而言,主成分分析法在计算指标权重时更加客观,避免由于主观意识差异带来的影响。为此,参考张小敏等（2016）的研究,本课题基于主成分分析法构建产业转移发生势差综合评价方法。具体步骤如下。

1）数据的标准化。在进行主成分分析之前,需要对数据进行标准化,以消除数据量纲带来的影响。其计算公式为：

$$x'_{ij} = (x_{ij} - \bar{x}_{ij})/\sigma_j \tag{3-1}$$

在式（3-1）中, x'_{ij} 为标准化后的指标值, x_{ij} 为各评价指标原始值, $\bar{x}_{ij}$ 为各项指标的平均值, σ_j 为 j 项指标的标准差。为方便起见,记标准化后的数据表仍然为 X 。

2）计算标准化后两类区域产业转移发生机制评价体系各个指标的相关系数矩阵 Z , z_{ij} 表示 x_i 与 y_j 之间的相关系数。其计算公式为：

$$Z = \begin{bmatrix} Z_1^T \\ Z_2^T \\ \vdots \\ Z_n^T \end{bmatrix} = \begin{bmatrix} z_{11} & z_{12} & \cdots & z_{1p} \\ z_{21} & z_{22} & \cdots & z_{2p} \\ \cdots & \cdots & \cdots & \cdots \\ z_{n1} & z_{n2} & \cdots & z_{np} \end{bmatrix} \quad (3-2)$$

3）特征值与特征向量的计算。求解方程 $|\lambda I - R| = 0$ 得到特征值 λ_i ($i = 1, 2, \cdots, p$)，将特征值从大到小排列，得到 $\lambda_1 \geq \lambda_2 \geq \cdots \geq \lambda_p \geq 0$。接着利用 $|R - \lambda|U = 0$ 确定特征向量矩阵 U 中对应于特征值 λ_i 的特征向量。

4）计算样本变量的主成分 u_j 以及 $Z = [Z_1, Z_2, \cdots, Z_n]^T$ 所对应的样本主成分向量 U_j。其中，u_j 可以表示为：

$$u_j = \lambda_j^T Z, \quad j = 1, 2, \cdots, p \quad (3-3)$$

式（3-3）中，u_j 表示的是变量 j 的主成分，且其方差为 b_j。由 $\lambda_j^T Z$ ($j = 1, 2, \cdots, p$) 互不相关可得：u_j 之间从原始数据中得到的信息是没有重复的。根据所选择的 u_j，计算出主成分向量 U_j 为：

$$U_j = Z\lambda_j, \quad j = 1, 2, \cdots, m \quad (3-4)$$

它的第 i 个分量 u_{ij} 是向量 Z_i ($i = 1, 2, \cdots, n$) 在 λ_j 上的投影。

5）主成分与累计贡献率的计算。主成分的贡献率 w_i 为 $\lambda_i \big/ \sum_{k=1}^{p} \lambda_k$ ($i = 1, 2, \cdots, p$)，累计贡献率为 $\sum_{k=1}^{i} \lambda_k \big/ \sum_{k=1}^{p} \lambda_k$ ($i = 1, 2, \cdots, p$)。一般取累计贡献率为 85%~95% 的特征值 $\lambda_1, \lambda_1, \cdots, \lambda_m$ 所对应的前 m ($m \leq p$) 个主成分。

6）计算两类区域产业转移发生机制评价指数：

$$S = (S_1, S_2, \cdots, S_n)^T, \quad S = \sum_{i=1}^{p} w_i u_i = \sum_{i=1}^{p} w_i z \lambda_i \quad (3-5)$$

（2）产业转移势差。分别构建经济势差 EPD_i、产业势差 IPD_i、成本势差 CPD_i、交易成本势差 $TCPD_i$、技术势差 TPD_i 和产业发生势差 RPD_i 6 个势差的数学表达式，具体公式如下：

$$EPD_i = \sum_{i=1}^{n} \lambda_i w_i \bigg/ \sum_{i=1}^{n} w_i \qquad (3-6)$$

$$IPD_i = \sum_{i=1}^{n} \lambda_i w_i \bigg/ \sum_{i=1}^{n} w_i \qquad (3-7)$$

$$CPD_i = \sum_{i=1}^{n} \lambda_i w_i \bigg/ \sum_{i=1}^{n} w_i \qquad (3-8)$$

$$TCPD_i = \sum_{i=1}^{n} \lambda_i w_i \bigg/ \sum_{i=1}^{n} w_i \qquad (3-9)$$

$$TPD_i = \sum_{i=1}^{n} \lambda_i w_i \bigg/ \sum_{i=1}^{n} w_i \qquad (3-10)$$

$$RPD_i = EPD_i + IPD_i + CPD_i + TCPD_i + TPD_i \qquad (3-11)$$

其中，λ_i 为各个势差评价指标原始数据的标准化数值，n 为各个势差的评价指标个数，W_i 为各个评价指标的权重。

2. 两区域模型中产业转移的路径选择分析

对两区域模型中一个转出区对多个转入区模型的产业转移路径选择进行分析，需要采用分别调控的方法研究产业转移的不同选择路径。由于涉及的影响因素很多，所以两区域产业转移的路径选择研究是非常复杂的，可能对某一指标进行调控会对其他指标产生不确定影响。假定转出区对多个转入区两区域间的对接环节不存在差异性的情形下，产业转移势差存在差异，探讨调控势差中的某些子指标下转出区对转入区转移的路径选择变化。因而在对路径选择进行分析的过程中，假设转入区比转出区更有积极性对产业发展势能进行调控，暂不调控转出区，只调控转入区，并将转出区假定封装起来；同时假定调控转入区对转出区不会产生影响。在第五章，本课题将以广东为转出地，以江西、安徽和湖南为承接地，从两类区域模型的角度来探讨产业转移的路径选择。

（四）基于比较优势的多—多模式

基于产业转移发生势差理论的单—多模式研究的是由一个产业转出区向多个产业转入地区的转移，这种两区域产业转移发生机制模型主要依据各欠发达地区的产业转移发展势差。在现实中，经常会出现多个产业转出区的多种产业向多个产业转入区转移的状况，这需要进一步将产业转移的发生机制进行扩展，由简单的两区域产业转移模式扩展至复杂的两区域产业转移模式。根据本章的界定，多个产业转出区向多个产业转入区进行产业转移的一般情况是两区域产业转移发生机制的多—多模式。考虑产业转移之间的发生势差是一项极为困难的工作，尤其是在研究区域较多的情况下。相较而言，比较优势模型则可以很好地对区域之间的产业发展势差进行综合比较，从而可以划分广义区域内的比较优势与绝对优势。故本书借鉴比较优势理论研究多—多模式下的两区域产业转移发生机制。

1. 基于比较优势的产业转移发生机制

在完全竞争条件下，各个地区可以自主地选择产业发展模式，甚至可以不惜代价地促进经济发展。相对于发达地区而言，存在将产业转出或不转出两种选择，当其将产业转出时，就会得到产业发展的空间；而如果不将落后的产业转出，就成为区域产业结构发展的阻滞力量。相对于欠发达地区而言，则存在承接产业转移或不承接产业转移两种选择，承接产业转移则可以推动地区的经济发展，但是由于转移产业大多数为污染重、耗能大的产业，也可能对环境产生破坏；而不承接产业转移则丧失产业发展的基础，从而经济发展很难进步，但可以维护较好的生态环境。不仅如此，由于产业转出区可以将产业转移到任何一个转入区，因而产业转出区有优先选择的权利；而转移的产业也可能由多个产业转出区转移到一个产业转入区的情况，因而此时的产业转入区也有选择承接产业转移的权利。在此情况下，就存在一个复杂的产业转移，而且随着产业转出区与转入区之间的势差变化，产业转移的最优路径也会发生改变。考虑到复杂两区域的产业转移路径十分烦琐，本课题从比较优势的角度研究产业在转出区和转入区之间的最佳转移路径。

假设产业转出区面临2个产业转入区进行选择，每个产业转入区也对应有2个产业转出区，形成产业转移的2×2模式。其中，产业转出区A试图将产业1进行转移，以腾出当地产业发展空间，推动产业升级；而产业转出区B则打算将产业2进行转移，为地区产业升级创造条件。在此情况下,产业转入区 C 和转入区 D 均具有承接产业 1 和产业 2 的必要条件。为此,假设产业转入区 C 相对于产业转入区 D 在产业 1 上具有更大的优势条件,且产业转入区 D 相对于产业转入区 C 在产业 2 上具有更大的优势条件时,产业转入区分别构成彼此的绝对优势。此时的产业转移路径则是产业 1 由产业转出区 A 转移进入产业转入区 C,而产业 2 则由产业转出区 B 转移进入产业转入区 D。然而,现实情况可能是产业转入区 C 在产业 1 和产业 2 上均较产业转入区 D 具有优势条件,如果将产业单纯转移到产业转入区 C,那么就会加大地区的经济发展差距。近年来,我国产业转移就表现出优势资源过度集中的状况,地区间的发展不平衡表现出宏观、中观和微观三个层次。为此,就需要区分地区产业发展的比较优势,通过地区间的比较优势来判断更为合理的产业转移路径。在此情况下,就需要分析转入区 C 和转入区 D 在产业 1 和产业 2 上的比较优势。若转入区 C 相对于转入区 D 在产业 1 上更加具有比较优势,此时应该将产业 1 转移至转入区 C,而将产业 2 转移至转入区 D。

2. 基于比较优势的产业转移理论模型

(1) 假设条件。两区域产业转移的单—多模式研究了一个产业转出区对多个产业转入区的情况,这对于指导我国产业转移具有重要意义。然而现实情况是,可能选定的产业转出区最佳的转移路径并不是选定的数个产业转出区,因而这种情况只是局部确定情况下的最优路径,却不能上升到整体宏观层次。在此基础上,本课题进一步将两区域产业转移的单—多模式进行扩展,基于比较优势原理构建产业转移的多—多模式。为了更好地研究产业转移的多—多模式,本课题提出两区域产业转移多—多模式的假设条件。

假设 1:基于产业转移势差理论的五个假设。根据张新芝和陈斐(2012,2013)等提出的产业转移发生机制的 5 个假设条件,分别为:假设 1,产业自发达地区向欠发达地区转移;假设 2,产业内部存在推拉力,并有不同的作用指向;假设 3,产业需要在产业转移势差在达到一定的临界状态才能发生;假设 4,产业转移发生势差分解为经济势差、产业势差、成本势差、交易成本势差、技术势差；假设5，转出地与转入地之间的产业发生势差阈值与产业转移的对接是产业转移发生势差存在的两个必要条件。

假设2：产业转移以势差为基础，每个不同产业都有不同的势差偏向。假设2表明假设1界定了两区域产业转移发生的基准条件，且每种产业发展都有一种要素导向，将这种要素导向融合，就形成了产业对应的势差偏向。比如说，纺织业是典型的劳动要素密集型和资本密集型产业，在现有技术十分成熟的情况下对技术的要求降低，只需要购买昂贵的纺织设备和雇用劳动力就可以从事生产。因而该产业在势差上可能更加偏向于成本势差和产业势差，其中以成本势差更甚，因而纺织行业也可以看作成本势差偏向型产业。

假设3：产业转移以利益为导向，依据势差大小进行转移。我国产业转移受政府政策的影响较大，政策规制在产业转移中发挥着重要作用。但从产业发展的实质来看，产业转移是以利益为最终导向的，追求更高的经济效益是产业转移与发展的目的。为此，在本课题的研究中，假定产业转移仅以产业发展所能获取的利益为导向。而产业转移是否能够获取利益，则需要依据地区之间的产业转移偏向和产业转移势差来决定。

假设4：产业转移可以依据两个主导势差而发生。在假设2中，本课题已经界定产业转移由势差导向，假设4在此对假设2进行深化。一方面，假设4在强调主导势差可以促进产业转移发生的情况下，产业转移是否发生由两个占据主导地位的产业转移发生势差决定；另一方面，假设4考虑两种主导产业转移势差，这对于区分产业转入区和产业转出区之间的比较优势具有重要价值，从而更加科学和细化地研究区域之间的产业转移。在假设4的前提下，还可以进一步认为产业转移不仅是由产业发达地区转入欠发达地区，还可以由产业发达地区转入相对欠发达地区，相对于欠发达地区而言，产业发达地区在产业发展上具有一定的优势条件。因而假设4是对本课题假设1的一个扩展。

上述四个假设对我国两区域产业转移发生机制进行一个基本界定，归纳起来主要有三点：其一，产业转移不仅是由发达地区转移到欠发达地区，而且在两区域产业转移的基础上，产业也可能在发达地区之间转移，但总体来看没有违背产业转移势差理论的五个假设条件，这是由于发达地区之间也存在产业发展的比较优势条件；其二，界定了产业的势差偏向，相对于两区域产业转移模型而言，两区域产业转移模型通过不同产业的势差偏向更加客观合理地研究产业在区域之间的转移路径，并进一步地研究产业转移两种主导势差的影响，这有利于降低单纯考虑某种势差导致的转移路径不是最优的问题；其三，界定了产业转移在更为宏观范围内发生的基本条件，这相对于两区域产业转移和两区域产业转移的单一多模式而言更加复杂，但依据经济利益而发生的转移路径更能够凸显产业在空间上的演变状况，为此也更有价值。

（2）理论模型。在进行理论模型分析之前，需要确认产业转移的转出区和转入区。根据张新芝和李政通（2016）提出的两区域产业转移模型，并不需要首先明确地确定产业转出区和转入区，产业转移只是依据产业转移发生势差在空间上流转。也即当产业由 A 地转移至 B 地时，A 地则为产业转出区，B 地则为产业转入区。但为了更好地进行产业转移发生势差比较优势研究，本课题将根据地区的经济发展水平和产业转移总势差划分为产业相对发达区和相对欠发达区两种类型区，并在这两个相对划分框架下研究产业转移路径。

1）产业相对发达区产业势差的比较优势分析。首先，本课题研究发达区的产业转移发生势差比较优势状况。这种划分方法具有显著优点：第一，考虑到交易成本势差和技术势差对产业转移阻滞作用的影响，当简单地将所有地区进行比较优势分析时，由于交易成本势差和技术势差的阻滞作用，很可能没法分析产业转移路径，因而这种方法切合实际需要；第二，这种划分方法在分析产业转移路径的时候更加明确，与发达地区的产业势差比较优势分析对应的是欠发达地区的产业势差比较优势分析，通过区分不同发展层次地区的比较优势可以更好地为促进产业转移提供政策建议；第三，这种方法具有很好的延续性，当不能得到更为优化的产业转移路径时，可以进一步细化研究。因而，在四个假设的基础上，本课题构建了发达区产业势差比较优势分析图，并对各个地区的势差优势进行简单量化，如图3-2所示。

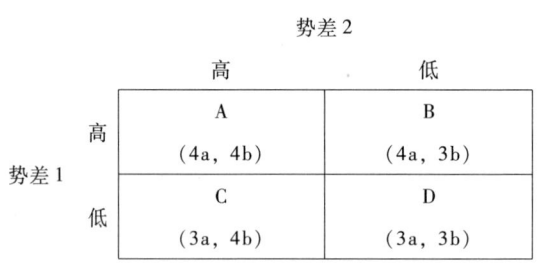

图3-2 发达地区产业势差比较优势分析

可以看出，假设只有A、B、C和D四个地区是产业相对发达地区，根据势差1和势差2的大小可以划分为（高，高）、（高，低）、（低，高）和（低，低）四种类型区。由此本课题可以得到产业发达区之间的关系。

结论1：A相对于D具有绝对优势：A－D＝（a，b）。

A是（高，高）类型区，表明A在势差1和势差2上均占有优势；而D是（低，低）类型区，表明D在势差1和势差2上不占优势。因而不管是从势差1还是势差2来看，A都要相对于D具有显著优势。

结论2：B和C互相具有比较优势：B－C＝（a，－b）；C－B＝（－a，b）。

本书进一步分析B和C之间的比较优势，其中B为（高，低）类型区，而C则为（低，高）类型区。B相对于C在势差1上具有比较优势，而C相对于B在势差2上具有比较优势。

2）产业相对欠发达区产业势差的比较优势分析。在分析产业相对发达区产业转移势差的比较优势基础上，本书进一步对相对欠发达区的产业转移比较优势进行分析。相对欠发达地区是相对于发达区而言在产业发展上具备不利条件、经济发展条件较弱的地区。欠发达区是承接产业转移的主体，希望通过产业转移推动自身经济增长。本书构建了欠发达地区产业势差比较优势分析，如图 3-3 所示。

	势差 2 高	势差 2 低
势差 1 高	E (2a, 2b)	F (2a, b)
势差 1 低	G (a, 2b)	H (a, b)

图 3-3　欠发达地区产业势差比较优势分析

图 3-3 研究的是产业欠发达区产业势差的比较优势，假设仅存在 E、F、G 和 H 四个欠发达地区参与比较优势分析，本课题可以得到如下结论。

结论 3：E 相对于 H 具有绝对优势：E-H = (a, b)。

E 是（高，高）类型区，表明 E 在势差 1 和势差 2 上均占有优势；而 H 是（低，低）类型区，表明 H 在势差 1 和势差 2 上均不占优势。因而不管是从势差 1 还是势差 2 来看，E 都要相对于 H 具有显著优势。

结论 4：F 和 G 互相具有比较优势：F-G = (a, -b)；G-F = (-a, b)。

F 为（高，低）类型区，而 G 则为（低，高）类型区。F 相对于 G 在势差 1 上具有比较优势，而 G 相对于 F 在势差 2 上具有比较优势。

3）基于比较优势的产业转移路径确定。为更直观地解释产业转移的作用机理，本课题分别对 A、B、C、D、E、F、G 和 H 进行量化，图 3-2 和图 3-3 中各个地区所代表字母的数字，其中（4a, 4b）表示 A 地有四单位的势差 1 和四单位的势差 2。通过这种方式可以简单且明显地区分地区之间的绝对优势和相对优势，从而为产业转移路径的量化分析提供可能。从上述的产业相对发达区和相对欠发达区的比较优势分析可以得到比较优势和绝对优势条件，根据前文的假设 1、假设 2 和假设 4，产业是以两个主导势差为导向进行转移，最终目的是实现产业发展效益最大化。为此，假设 A、B、C、D、E、F、G 和 H 八个地区都是确定的，在这种情况下只有 2 个主导势差（势差 1 和势差 2）没有确定；同时，本课题假定存在一个理性经济人，要求产业转移最终实现的整体效应最大化。因而，当势差 1 和势差 2 分别代表产业转移的经济势差、产业势差、成本势差、交易成本势差和技术势差时，产业转移的路径也就不一样。根据产业转移的势差理论，经济势差、产业势差、成本势差对产业转移有促进作用，当两个地区之间的这三个势差的差值较大时，产业越有可能发生；而交易成本势差和技术势差则是产业转移的阻滞因素，因而当两个地区之间的这两种势差差值较大时，产业转移就越不可能发生。在此情况下，本课题首先认为势差 1 在产业中占据的主导作用要大于势差 2。为此，本课题可以得到产业的四种类型，分别对应四种类型产业的转移路径。

类型 1：势差 1 和势差 2 均属于产业转移的促进因素。当两个主导势差分别属于经济势差、产业势差、成本势差三个产业转移势差之中任意一个但不重复的势差时，此时有三种情况，而且这三种势差对产业转移都具有促进作用。因而，类型 1 所代表的产业对地区的经济发展水平、消费水平和科技水平要求均不高，主要在于考虑地区的用工成本和原料成本等因素，本课题将其界定为低端产业。因而，此时产业转移的发生条件在于两个地区的产业转移势差足够大。根据前文的量化，本课题假设当产业由一个地区转入另外一个地区时，其对产业转入区的经济影响系数为 k。根据前文的理论分析，类型 1 的两个主导势差均为产业转移促进因素，因而理论上产业均应从 A、B、C 和 D 地转移至 H 地；同时，考虑到类型 1 代表的是低端产业，本课题假定其在推动经济增长时也会带来环境污染等问题，设产业转移污染系数为 $\sigma[\sigma = f(k)]$。本课题还认为产业对经济增长的促进作用与对环境的污染是正相关的，且在类型 1 的产业污染系数对经济增长系数的导数 >1。故本课题可以得到理论上的产业转移路径带来的总体效益函数 $H(k,\sigma)$。

$$H(k,\sigma) = 3(a+b)(k-\sigma) + (3a+2b)(\delta k - \sigma) + (2a+3b)(\delta^2 k - \sigma) + (2a+2b)(\delta^3 k - \sigma) \quad (3-12)$$

其中，δ 表示产业转移的边际效应系数，满足 $0 \leq \delta \leq 1$，也即当产业扎堆转移到一个地区时,产业转入区就出现产业转移"冗余",由此出现转入产业并不能发挥更大的经济效益,反而要承担一定的环境损坏的结果。由于式(3-12)表示的是 4 个产业转出区转移到 1 个产业转入区的情况,从而忽视了 E、F 和 G 三地的产业发展,产业转移并不能带来区域发展差距的缩减,这与产业转移的理论初衷相违背。为此,本课题考虑由 A 地转移到 E 地、B 地转移到 F 地、C 地转移到 G 地、D 地转移到 H 地的综合效益函数 $G(k, \sigma)$:

$$G(k, \sigma) = 8(a+b)(k-\sigma) \tag{3-13}$$

根据式(3-12)和式(3-13),当满足 $G(k, \sigma) > H(k, \sigma)$ 时,即应该选择后一条转移路径。故本课题令 $M(k, \sigma) = G(k, \sigma) - H(k, \sigma)$:

$$M(k, \sigma) = (5k + 2\sigma - 2\delta^3 k - 2\delta^2 k - 3\delta k)a + (5k + 2\sigma - 2\delta^3 k - 3\delta^2 k - 2\delta k)b \tag{3-14}$$

当满足如下条件时,可认定 $M(k, \sigma) > 0$:

$$\begin{cases} f(k) = \sigma > \dfrac{(2\delta^3 + 2\delta^2 + 3\delta - 5)k}{2} \\ f(k) = \sigma > \dfrac{(2\delta^3 + 3\delta^2 + 2\delta - 5)k}{2} \end{cases} \tag{3-15}$$

将式(3-15)中分别对 k 进行求导,可得:

$$\begin{cases} d\sigma/dk > \delta^3 + \delta^3 + \dfrac{3}{2}\delta - \dfrac{5}{2} \\ d\sigma/dk > \delta^3 + \dfrac{3}{2}\delta^3 + \delta - \dfrac{5}{2} \end{cases} \tag{3-16}$$

由于 $0 \leq \delta \leq 1$,故满足 $-\dfrac{5}{2} \leq \delta^3 + \delta^3 + \dfrac{3}{2}\delta - \dfrac{5}{2} \leq 1$ 且 $-\dfrac{5}{2} \leq \delta^3 + \dfrac{3}{2}\delta^3 + \delta - \dfrac{5}{2} \leq 1$。而类型一中产业污染系数对经济增长系数的导数 > 1,即式(3-16)和式(3-15)均得到满足,也即 $M(k, \sigma) > 0$。在这种情况下,理论上产业由 A 地转移到 H 地可以充分发挥 H 地的优势,但实际情况则是如果 A 地转移到 H 地,那么 A 地相对于 E 地、B 地相对于 F 地、C 地相对于 G 地、D 地相对于 H 的优势就得不到充分体现。因而,类型 1 下的产业转移

以梯度形式发生,即最佳的产业转移路径则是由 A 地转移到 E 地、B 地转移到 F 地、C 地转移到 G 地、D 地转移到 H 地。

类型 2:势差 1 为产业转移促进因素,势差 2 则为阻滞因素。当势差 1 属于经济势差、产业势差、成本势差三个之中的一个,而势差 2 则属于交易成本势差和技术势差中的一个时,地区间的势差 1 差距越大、势差 2 差距越小则越有利于产业转移。这种产业地区之间的成本因素占据主要的作用,但科技等限制因素也发挥着重要的作用,相对于类型 1 研究的产业而言处于产业链的较高端,为此本课题将类型 2 所代表的产业界定为较低端产业。根据图 3-2 和图 3-3,产业发达区相对于欠发达区要在势差 1 上具有明显的差距,而在势差 2 上的差距不太明显。对于 A 地而言,其最佳转移路径是 A 地转移至 G 地,此时能够充分发挥势差 1 的促进作用和减少势差 2 的阻滞作用。然而在这种转移路径下,其他可能转移的意义就不大,也会导致诸如类型 1 中出现的未能缩减区域差距等问题。参考类型 1 中的分析范式,产业在发达地区与欠发达地区之间转移的最佳路径是由 A 地转移到 E 地和由 B 地转移至 G 地,其他地区不具备转移条件。

类型 3:势差 1 为产业转移阻滞因素,势差 2 为促进因素。当势差 1 为产业转移的阻滞因素、势差 2 为促进因素时,此时的产业对于产业转移承接地的消费水平和科技发展水平要求较高,主要在于要求产业转出地与承接地之间的势差 1 因素差距较小,而尽可能确保势差 2 因素差距较大。这种产业则一方面要求较高的资本和技术条件,另一方面也希望产业转出地与转入地之间的产业发展成本较大,为此本课题将其界定为较高端产业。参考类型 1 中的分析范式,本课题认为当产业由 A 地转移到 D 地时,D 地相对于 A 地而言是相对欠发达地区,类型 3 最优转移路径是由 A 地转移到 D 地,由 C 地转移到 F 地。

类型 4:势差 1 和势差 2 均属于产业转移的阻滞因素。当势差 1 和势差 2 均为产业转移的阻滞因素时,产业对地区的消费水平和科技水平要求极高,是科技含量较高的产业,为此本课题将其界定为高端产业。因而,在产业转移过程中,需要注重转出地与转入地之间的消费水平和科技水平差异，需要尽可能地缩小两地之间的势差1和势差2发展差距。为此，根据图3-2和图3-3可以看出，对于A地而言，最佳的可能转移是由A地转移至B地。这是由于A地和B地同时具有较高的势差1，而B地的势差2水平相对较低，但要高于D地及其他欠发达地区。由于势差1占据主要地位，C地不是最佳的选择。因而在此情况下，最佳的产业转移路径为由A地转移至B地，其他地区由于产业转移门槛过高从而很难发生产业转移。

总结来看，上述分析研究了两区域产业转移的四种类型，不同的类型可以得到不同的转移路径。从中可以得到如下结论：第一，低端产业可以实现在两区域内的全面转移。由于低端产业发展不受技术、资本等条件的限制，产业转移较为自由，转移空间也较大，应该在考虑产业发展的整体效应基础上推动产业全面转移。第二，高端产业转移存在明显的梯度特征。这是由于高端产业对于产业生长的条件要求较高，高端产业首先在发达地区内部转移，随着产业进一步发展，欠发达地区的科技实力能够确保高端产业成长之后，产业开始朝着欠发达地区进行转移，因而高端产业转移表现出明显的梯度特征。第三，通过改变地区的要素条件可以调整产业转移。研究显示，不同的产业转入区承载产业转移需要依据自身的要素条件，因而产业转入区可以通过改变自身的要素条件来推动产业转移。在市场经济的条件下，产业在利益驱动下实现跨区域流转，各个地区都可以依托产业转移的要素条件来推动地区产业发展。

（五）两种两区域产业转移模型的比较

在两区域产业转移模型的基础上，本书进一步将两区域产业转移模型扩展至两区域产业转移，并分析了两区域产业转移模型的发生机制。不同于两区域产业转移模型，本书进一步将两区域产业转移模型分为单—多产业转移模型和多—多产业转移模型两种情况。其中，单—多产业转移模型强调的是一个产业转出区对多个产业承接区的情况，即产业由一个发达省份转移至多个欠发达省份；而多—多产业转移模型则是在单—多产业转模型的基础上进行扩展，研究的是多个产业转出区将产业转移至多个产业转入区。在本书研究中，决定产业转移是否在转出区和转入区之间发生的作用机制是产业转移势差。总结来看，两区域产业转移的单—多产业转移模型和多—多产业转移模型存在研究对象、作用原理、适用范围等方面的差异，接下来对此进行比较分析。

从两种两区域产业转移模型的研究对象来看，单—多产业转移模型研究的是产业由一个发达省份转移至多个欠发达地区。这种界定方法一定程度上简化了产业转移模型的内在机理，研究起来也更为简便。但是在实际研究过程中，如何选择产业转出区和产业转入区是一个比较困难的问题，尤其是在产业转入区方面，这种选择方式多是人为决定的。因而，两区域产业转移的单—多仅局限于局部地区的产业转移，很难向全国范围扩展。而多—多产业转移模型则并不会很明显地界定产业转移的转入区和转出区，也即认为认定的产业转出区也可能是相对情况下的产业转入区。而多—多模式能否在产业转移中产生作用，主要是看各个地区的产业转移势差，实质上是一种比较优势的视角。总结来看，单—多产业转移模型的研究对象选择是绝对的，而多—多产业转移模型的研究对象选择是相对的；正是由于多—多模式在选择研究对象时的相对性，才能更加适合具体的产业转移现状，更加具有可行性。

单—多产业转移模型和多—多产业转移模型都是基于产业转移的发生势差。其中，单—多产业转移模型在产业转移发生势差的基础上考虑产业的转移与对接，强调产业转移与对接相结合，产业转移的势差越大时产业转移就越可能发生。而多—多产业转移模型则不仅是基于产业转移的发生势差，还依托比较优势理论来划分产业的转出区和转入区。因而，单—多产业转移模型和多—多产业转移模型在基本理论上是一致的，都是以产业转移的势差理论为基础。但单—多产业转移模型强调的是绝对势差，也即地区之间的产业转移发生势差越大时，产业越可能发生；而多—多产业转移模型则强调的是相对势差，也即地区之间的产业转移势差并不是越大越好，还要考虑势差的性质和所转移产业的性质。因而，相对于单—多产业转移模型而言，多—多产业转移模型更加适合于产业转移的一般情况，对研究产业转移的实际问题更具指导意义。

正因为单—多产业转移模型研究的是一个发达地区对多个欠发达地区的产业转移，在选择转移的产业作为研究对象时一般是确定的。这种方法极大地简化了模型，且主要适用于对小范围确定的区域进行研究。但从产业的分类来看，有劳动密集型、资本密集型、技术密集型产业等多个类别，单—多产业转移模型忽视了产业的类别，以一种模糊的态度来研究产业的转移；而多—多产业转移模型不仅考虑了在划分产业转出区和转入区时的比较优势，还对不同的产业进行了区分，将其划分为低端产业、较低端产业、较高端产业和高端产业四种类别，分别研究其在空间上的转移机制。因而，多—多产业转移模型相对于单—多产业转移模型不仅考虑地区之间的比较差异，更注重转移产业之间的差异性，因而对于指导实际更加具有一般性。

总体来看，两区域产业转移模型具有单—多和多—多两种情况，且都是基于产业转移发生势差理论的基础之上的，此为两者的相同点。其中，单—多产业转移模型更加注重产业的转移与对接，强调绝对势差；多—多产业转移模型则更加注重产业的相对势差。因而在产业转出区和产业转入区的选择以及转移产业的选择上，两区域产业转移的多—多模式相对于单—多模式更加具有一般性和实用性。

第四章
产业转移与产城融合内在机理

一、产业转移对区域产业发展的影响

(一) 产业升级的本质内涵

产业升级是产业从低水平向高水平演变的一个过程,是产业技术水平的提高以及产业从低附加值向高附加值提升的过程(蔡旺春和李光明,2011)。产业升级也表现为横向的产业布局合理化和纵向的产业发展高度化。产业升级包含技术进步、产业结构的改善以及产业素质与效率的提高:①技术进步是产业升级的关键,产业升级的一切前提归根结底就是产业自身的创新水平与技术水平的提升;②产业结构的改善是指产业随着经济的发展其结构越来越趋于横向的合理化以及纵向的高级化;③产业素质与效率是指生产要素的优化组合,技术水平和管理水平提升、生产产品不断升级以及经济效率持续提升(张新芝和陈斐,2013)。产业升级正是通过技术创新效应、产业机构的优化以及产业素质与效率的提高来促进经济的增长和生产效率提高的。图4-1给出了区域产业升级的作用机理。

第四章 产业转移与产城融合内在机理

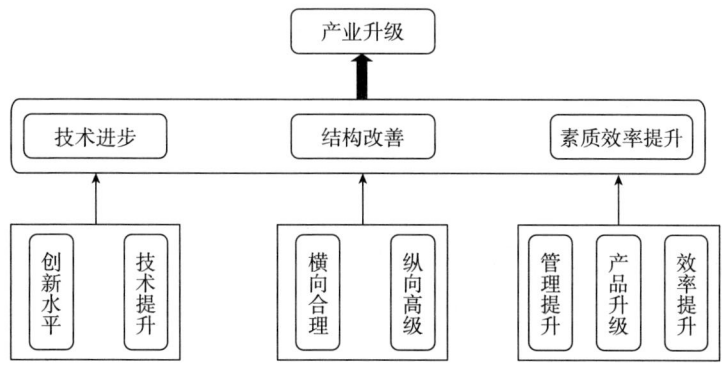

图4-1 区域产业升级作用机理

（二）产业转移对产业升级的作用机理

1. 产业转移与产业经济增长

（1）通过要素的投入效应带动经济增长。根据新古典经济增长理论，区域的经济增长与劳动力、资本、技术进步、管理创新、制度以及地区开放程度等诸多要素有关，产业转移将大量的要素转移到承接地，促进要素集聚，从而为承接区域的经济增长提供条件。从产业转移对经济增长的作用来看：首先，产业转移带动要素转移，从而直接增加承接地经济的总量；其次，产业转移带来区域经济发展所需要的要素条件，同时产业承接地依托自身的劳动力、资源等一系列优势形成经济发展的动力，提高投资回报率；最后，发达地区实物资本流入欠发达地区会促进该地区的资本累积，一些生产设备、厂房、基础设施、配套管理设施等会更加完善，况且这些投资还会通过乘数效应对经济增长起很大的助推作用。

（2）通过关联效应带动经济增长。新移入的企业肯定不是单独存在的，它势必会与当地企业发生横向和纵向的关联。所谓横向关联，就是新植入企业与当地同质企业的关联，它们是竞争的关系，通过竞争可以打破当地企业的垄断情况，提高当地企业的生产效率。所谓纵向关联，就是新植入企业与当地企业之间的前向、后向和旁侧关联。新植入企业会对生产要素有大量需求,这样就可以扩大其前向企业的生产需求,刺激它们的发展;在新植入企业的先进技术和管理理念的影响下,也会促进与之同级的旁侧关联企业的发展;新植入企业的成本优势也会扩散到下游,降低这些企业的要素成本,促进它们的兴旺,并有可能为它们的创新研发工作创造条件,争取更广阔的发展。很明显,通过关联效应可以促进承接地横向以及纵向企业的发展进而推动当地经济的向上发展。

(3) 通过产业集群效应带动经济增长。无论是国际产业转移还是国内产业转移,在空间上都表现出明显的集群路径特征 (朱华友等, 2008)。企业集群指在某一产业或产品生产中,大量互相联系的企业及相关的机构在一定地域聚集,依靠比较稳定的分工协作,形成有竞争优势的群体 (吴宣恭, 2002)。现有研究表明,产业集群对经济有着很好的促进作用,成为推动经济发展的重要推动力量:①产业集群可以带来外部规模经济效益。马歇尔提出内部规模经济和外部规模经济两个概念,他认为外部规模经济与产业集群有关。集群区域内企业数量众多,从单个企业来看,规模也许并不大,但集群区内的企业彼此实行高度的分工协作,生产效率极高,产品不断出口到区域外的市场,从而使整个产业集群获得一种外部规模经济 (曾德高和李海燕, 2013)。②取得成本优势。区域产业集群可以形成产业高度细化,生产社会化分工、协作的产业链,可以使企业降低交易成本和生产成本。③提升区位品牌效应。产业集群可以使产品市场占有率提高,打响品牌的知名度。④创新优势。集群内的企业通过相互竞争和相互学习来激发它们的创新潜力。

(4) 推动转出地提高资源使用效率。产业转移对于转出地降低成本提高资源利用率有直接作用。由于发达地区劳动力、土地等生产要素价格比较昂贵,通过产业转移可以克服生产成本过高的困难。并且,发达地区转移的产业对于本地区来说是一些"夕阳产业",生产效率逐步下降;而这些产业对于承接地来说属于比较稀缺的高端产业,通过产业转移不仅可以开拓更广泛的市场,而且可以使资源配置更合理化,提高要素的回报率和资源的有效利用率。

(5) 污染承接地的生态环境。从现有产业的实际来看，发达地区向欠发达地区转移的产业大多属于高能耗、高污染产业，这些产业在带来巨大的经济效益同时也产生一系列生态环境污染。因而对于产业承接地而言，一方面可以享有产业转移带来的经济增长，这会增加地区收入，促进地区经济发展；另一方面也要承受引入产业带来的环境污染，而生态环境污染则形成治理成本，从而成为对经济增长的抑制作用。

(6) 改变转出地产业发展状况。其一，造成转出地产业发展空心化。产业空心化主要表现为随着对外直接投资，本区域产业对外转移造成的制造业萎缩、国民经济下降的现象（杜鹏和宗刚，2002）。直接投资和产业转移会导致产业空心化的现象，从而导致转出区制造业比例与实力下降，物质生产在国民经济中下降，最后导致转出区企业人数不断下降，经济实力衰退（王志伟，2011）。其二，对转出地的劳动力市场产生影响。随着产业的转出，一部分相应的人才必然会从转移地流失到承接地，这对于转出地的人才配置会有一定的影响。劳动密集型产业的转出而集中发展科技型产业会导致对转出地劳动力需求的急剧下降，最终会有大量当地人口失业，致使一些国内经济以及政治问题产生，对本国发展不利。

2. 产业转移对技术创新溢出的影响

技术溢出通常指的是某一技术先进的企业对同行业的企业或者是其他企业有意或无意的技术革新进步产生的经济影响，这实际上同经济学原理中的外部经济效应相似。而产业转移对技术创新溢出的影响显著，具体体现在以下几个方面。

(1) 示范与模仿效应。产业转移通常是高梯度产业转移至低梯度产业，处于高梯度产业拥有先进的科学技术、优秀的创新思想、科学的管理理念等。拥有先进技术的产业转移到欠发达地区时，会把自己用的技术、设备、先进的管理思想、新的产品等带入承接地，此时就会给该地区的企业一个很好的模仿学习的机会。通过移植过来的产业的示范作用，本地区的产业进行模仿学习并消化吸收再创新，这样本地区的技术创新水平就可以得到飞速提升。

（2）人才流动效应。产业转移一定伴随着生产要素的流动，没有生产要素的流动，产业转移无从谈起。人才作为生产要素中最重要的一个环节，其流动对技术溢出效应有很大的作用。转移出的企业不仅将自身拥有的人才带入承接地，而且为了保持自己的竞争优势，会对当地雇员进行多层次的培训，这些人才一旦再次流动，会把自己所学技术带到新的工作岗位，这样的扩散作用会给整个地区的技术创新带来显著提升。

（3）合作效应。产业转移的目的有三个方面：第一，利用承接地廉价的劳动力；第二，看中承接地丰富的自然资源；第三，开拓自己的产品市场。为了使自己的产品保持竞争力，移植入的新企业会对整个产业链上下游的配套设施有严格的要求，需要加强研发投入，提高自身的技术水平，同时新企业也会把自己的一些先进管理技术移植到整个产业链中，而且会对关联企业进行一些辅助扶持，例如为改善商品的质量，它们会为供应商提供一定的技术支持和信息帮助，也会对一些企业提供适度的培训或者进行辅助管理。当地的关联企业为了能满足新企业的高标准，自身也会努力改进自己的技术。

（4）竞争效应。新植入的企业拥有先进的技术，和本地同类企业形成很大的竞争。当地企业为了保持其竞争力和市场份额，迫于压力它们不得不对新移植的企业进行模仿学习，并且会加大研发的投入量，改进技术创新，改善经营管理，寻求新的突破。这在无形之中可以提高整个行业的生产效率和技术创新水平。简言之，产业转移对技术创新溢出的影响不言而喻，除上述一些重要的影响之外，还有一些相关因子对产业转移的技术效应有影响作用，如行业特征、吸收能力、地理因素和制度因素等（汪立，2013）。

（5）阻碍效应。要素可以分为初级生产要素和高级生产要素，建立在初级生产要素上的产业层次一般较低，如劳动密集型产业；而建立在高级生产要素上的产业层次较高，如知识密集型和高科技产业（李亦亮，2011）。在我国，沿海地区将高层次的产业置换出低层次的产业，把低层次产业转移到中部、西部，而腾出空间发展高科技产业，而中部、西部地区由于低端要素比较优势的存在，本身拥有大量的低层次产业又承接沿海地区转移过来的低端产业，进一步强化了产业分工，使自己始终处于全球产业价值链的低端，生产附加值低的产品，从而造成产业的低端锁定。由于东部、西部经济的互补，这种情况会长期存在，严重阻碍承接地产业升级和技术创新，甚至带来技术的固化和封锁（刘友金和吕政，2012）。况且，由于长期处于全球价值链低端，生产低端产品，本身没有什么技术含量，新转移过来的企业的管理、技术、流程相对落后地区而言有一定的优势，落后地区可能会盲目地模仿与跟从，弱化本身的自主创新能力，从长期看可能会导致本地区的产业技术层级固化在很低的水平。

3. 产业转移对产业结构的影响

产业转移与产业结构有千丝万缕的联系，两者之间相互影响、互相关联、密不可分。产业结构调整优化是产业转移的目的之一，而产业结构的状态又决定产业转移的基调与方向。产业转移对产业结构的影响要从多个角度和方向进行考量，不仅对承接地的产业结构有影响，而且同样对移出地产业结构也有影响。产业结构调整的实质是资源配置，结构调整的关键就是合理配置好资源（王永生和蔡永清，2009）。产业结构优化升级主要涉及产业结构在横向的合理协调化和纵向的发展高度演进过程，最终使得产业结构得以优化和提升，各产业的整体产出效率均得到增进（耿玲玲和刘宁，2013）。对于承接地来说，产业转移不仅可以通过新兴战略产业的资本注入效应、人力资源的带入效应以及通过带动承接地的技术水平的提高使产业结构纵向高度发展，还可以通过改善资源配置和调整各产业的比例来使产业结构在横向上更趋于合理化。对于转移地来说，产业转移可以增强产业结构的高度化来促进产业结构优化升级。

（1）通过产业转移促进产业结构的高级化。产业转移通过资本注入效应为产业结构改善提供基础准备。从经济增长理论中可以看出，新兴战略产业的资本和技术要素对经济的发展有着重要的影响。而对于欠发达地区，新兴战略产业的资本和技术要素通常属于稀缺资源，这就会严重阻碍产业结构优化升级和经济的发展。生产要素流动是产业转移的必需条件，通过产业转移，资本要素从发达地区转移到次发达地区，再转移到欠发达地区（肖金成、蔡翼飞，2008）。得到新兴战略产业的资本和技术要素的欠发达地区，各方面的基础设施和硬件设施等都将会得到改善和升级，这为产业结构优化升级提供了基础准备。

产业转移带来的承接地技术水平的提高使产业结构趋于高级化。通常从发达地区转移出来的产业都是在技术、设备等方面优于承接地的同类产业。而承接地承接这些产业的时候，由于技术溢出效应，都会有意无意对本地区的技术创新水平产生积极的推动作用。科学技术作为第一生产力，对经济发展有核心作用，是产业结构优化调整的重要环节。一般而言，发达地区转移过来的优势产业为承接地引入了先进技术和管理经验，这对于传统行业的升级换代有重要的推动作用。当技术进步以后，生产效率得到很大提高，效率高、发展快的优势产业必然会抢占市场和资源，而一些"夕阳产业"效率低下，发展缓慢甚至衰退和死亡，这样对整个产业结构优化有重要作用。当技术不断进步、创新水平提高时，可能会产生一些新兴战略产业，新兴产业会带来一系列连锁效应，会对与之关联的所有产业都有推动，对产业结构优化和升级有着重大影响。

产业转移带来的人力资源效应促进产业结构高级化。发达地区转移过来的产业通常人力资本雄厚，除本地的人才外，转移过来的企业会对当地的员工进行培训以确保整个产业链的快速发展，为当地培养精英人才。这些人才通过本地区的流动会促进各行各业的发展，同时当高素质人才的比重越来越大的时候，这对产业结构的高级化影响也是很明显的。

（2）通过产业转移促进产业结构合理化。通过产业转移带来资源合理分配效应。新的企业转移到承接地，会使本区域的资源集中到一起便于优化。产业转移的目的之一是看中承接地丰富与廉价的自然资源、劳动力资源和原材料资源等，而新企业会带来新的技术、新的生产工艺或新的产品，改变该地区的产业结构、产品结构和原材料的需求结构。这样该地区的要素和资源会发生合理的重组，会更有效率地进行资源开发和优化配置，使物尽其用，较快提高整个产业的生产效率，避免资源利用效率低下甚至是浪费。由于新的产业加入，也会和当地产业进行竞争，竞争压力会迫使当地产业提高效率节省成本，同样可以促进资源的有效配置，从而有利于产业结构调整优化。

通过产业转移，各产业的比例得到调整，促进了产业结构合理化。新移植过去的产业会在当地招工，促进就业率增长，对于移入承接地的产业来说，它的劳动报酬以及生产率都会高于当地的很多产业，会致使劳动力从其他低端产业转移到高端产业，而且由于转移过来的产业生产效率比较高，会吸引包括资本在内的其他要素从次一级产业加入，一些次一级的产业会就此萎缩，因此低端产业所占比重会越来越少，而高端产业所占比重会越来越多，第一、第二、第三产业结构趋向合理化。

4. 产业转移对产业素质和效率的影响

（1）产业转移对产业素质将会产生以下影响。

1）产业转移通过影响资源的合理配置和有效利用来影响产业素质。产业组织合理化水平是产业素质多重内涵之一，产业组织合理化及资源的合理配置和有效利用是息息相关的，所以资源的合理配置有效利用对产业素质的提升起着积极的作用。首先，从发达地区转移出的产业通常是层次较高的产业，技术、生产设备、生产效率等自然在当地独占鳌头，于是生产要素会流向生产效率高的行业，每一样资源都会流向能使自身发挥出价值的行业，使行业配置合理化；其次，转移过来的产业与当地的同类企业形成竞争，甚至会打破当地一些效率低下企业的垄断，竞争使生产效率得到提高，管理水平技术水平得到改善，资源利用率得以提高，浪费减少；最后，转移过来的企业本身都是规模较大的企业，由于产业转移的集群效应带来规模经济效应，不仅可以使企业成本减少，还可以更高效地利用资源，减少社会成本。

2）产业转移通过影响技术素质来影响产业素质。技术素质可以说是产业素质的核心内涵，产业素质的构成有产业的技术装备水平、产业的技术创新能力与科技进步对经济增长的贡献（胡益鸣等，2009）。技术创新对于产业素质的提高是最基础的推动力，科技进步是产业素质的一个重要标志，可见技术素质确实是对产业素质有决定性的影响。根据前文的研究，产业转移对技术创新溢出有着相当大的影响，它不仅可以给承接地带来先进的生产设备、管理理念，对承接地的技术装备水平有明显的增强作用，而且竞争作用、合作作用、示范效应等对当地的技术改进与创新也有很大激发作用，从而带动生产力水平的提高，促进经济的快速发展。

3）产业转移通过影响人力资源素质来影响产业素质。由前文提到的产业素质的内涵可以知道产业素质是一个整体的概念，它包含微观经济的一些元素的质以及宏观经济结构的质，劳动力作为经济事物里的一个必备元素，劳动力的数量、价格以及自身素养都会对产业素质产生影响。从发达地区转移到欠发达地区的产业需要大批劳动力，因此当地的劳动力供给量会增长，由于承接地有天然的劳动力优势，对转移过来的企业来说劳动力成本也会较以前有较大的节省。而且，由于转移过来的这些企业相对来说属于技术含量高的企业，这些企业也会吸引一些素质相对较高的外来人才。转移过来的企业自身也会拥有一批高素质人才，并且为了整条产业链的健康发展以及保持产品的竞争力，企业也会对当地的劳动力进行投资培训，增强当地劳动力的素养。因此，产业转移不仅可以增加劳动力的供给以及削减劳动力的成本，而且还可以加强劳动力的素质，大大促进产业素质的提高。

4）产业转移通过影响资本素质从而影响产业素质。资本的增长也就是投资的额度对经济增长有很大的促进作用，是经济增长的内在动力。首先，产业转移会给承接地注入大量资本，大量投资必然会刺激经济的增长，产业资本积累到一定程度之后会推动产业素质的提高；其次，产业转移会吸引更丰富的资本投入到科技含量高、回报率高、生产效率高的新植入产业中，这样会造成投资结构改变：越来越多的资本被吸收进新的产业，而旧的低效率产业的投资会慢慢减少，投资结构得到优化。投资结构的改变会促进产业结构的优化和产业素质的提高。

（2）产业转移对产业效率的影响。张帆（2013）等对产业效率理论的发展进程进行总结，认为学者们对产业效率内涵的界定基本是一致的，即关注如何在既定条件下实现资源的最优配置，以使自身利益最大化。根据芝加哥学派和哈佛学派的有关产业组织理论可以得知产业效率包含的因素是多方面的，可以从产业的资源配置、规模效率、技术创新等方面进行分析探讨。

1）产业转移通过影响资源配置状况来影响产业效率。本课题前面已经说明产业转移可以优化资源配置，资源合理配置即物尽其用，每一个要素都能发挥它的最高效率，如同一个部门里的人员结构，每个人都分配到自己合理的位置发挥最大的效用，那么这个组织也会发挥最大的效应。资源配置也是如此，资源配置得到优化后，就会发挥出它最大的经济效益，市场总剩余（生产者剩余和消费者剩余）此时最大。因此，产业转移可以优化资源配置，进而影响产业的经济效率和产业效率（宋晓晶和杨晓丽，2008）。

2）产业转移通过产生的规模经济来影响产业经济效率。从发达地区转移过来的产业本身拥有相对强大的资本和规模，很容易产生规模经济、节省生产成本、提高生产效率。并且产业转移会产生产业集聚效应带来分工更细、更大规模的生产，对经济效率的提高有很大的促进作用。所以，产业转移可以通过规模效应来促进产业经济效率的提高。

3）产业转移通过技术创新效应来影响产业效率。无数理论已经证明科技对于经济的发展起着至关重要的作用，无数例子也证明只有科学技术水平的高速发展才能使一个国家的经济长期保持高效发展。产业转移不仅可以为承接地带来先进的设备条件，而且通过技术溢出效应可以使当地的科学技术水平得到相应的提高，整个地区的经济发展都会因此而受益，相应的产业效率将会得到大大提高。

4）产业转移通过影响产业的结构来影响产业效率。产业转移通过资本注入效应、技术进步效应等可以促进产业结构优化，产业结构的优化可以促进各种生产要素的合理分配，可以集中力量发展高技术含量、高生产率、高经济效益的产业，对经济的发展和产业的经济效率都有促进作用，这实际上也是促进资源合理配置的另一种体现。

(三) 产业转移深化下的产业升级路径

两区域产业转移发生机制模型研究的是确定的两个地区之间产业能否有效实现转移，因而根据张新芝和陈斐（2012，2013）等的研究，两区域产业转移发生机制最重要的在于产业转移的对接与协调。本课题认为，要促使两区域产业转移顺利对接，必须消除两区域中的三种阻力，加大其推力和拉力，因此两区域产业转移的对接应该包括三方面的内容——转出区的影响、转入区的影响及区域产业转移发生的对接。由于两区域产业转移发生机制实现对产业转入区与产业转出区进行了界定，在两区域产业转移发生机制的情况下产业转移实质是一种价值链升级。通过产业转出区转移到产业转入区的产业，不断完善和提升产业转入区的产业发展价值链，也促使产业转入区进一步发挥调控功能来促使产业更好地转入进来（张新芝和陈斐，2012，2013）。接下来，本课题着重分析两区域产业转移协调与对接下的产业升级路径。

1. 转出区对接与协调下的升级路径

（1）腾出产业升级空间。现有研究表明，产业转移是转出区产业结构调整升级的重要和主要途径，更是区域产业竞争优势转换升级的有效方式。同时，产业结构升级是地区经济发展的主要推动力量。一个地区的产业结构变化是一个持续不断的过程，技术进步和社会变迁促进新产业出现的同时，也促使一些原有产业衰退甚至淘汰，这就使那些边际产业必须进行产业转移或调整淘汰，因而成为产业转出区产业升级的动力因素。产业转出区通过与产业转入区的对接与协调，将落后产业转移到产业转入区，实现"腾笼换鸟"，从而为自身的产业升级腾出空间。

（2）降低生产要素成本。各种生产要素都有其追逐自身利益最大化的特性，产业利益差则是产业转移的根本动力，产业利益差的产生来自两方面的诱导因素：一方面是生产要素成本压力，另一方面是市场拉力。从发达地区来讲，由于其经济发展水平已经处于较高水平，区域内落后产业的生产要素成本不断提高，这阻碍了地区的产业升级。因而产业转出区可以通过改善与产业转入区的协调对接环境，将高生产要素成本的产业转移至产业转入区，通过降低生产要素成本来推动产业升级。

（3）提高资源配置效率。由于产业转出区的经济发展水平相较于产业转入区而言要高，因而其某些产业的资源配置效率逐步趋于低效，而部分低效的资源配置抑制地区的产业升级。随着经济的发展，产业转出区迫切需要改善人们的生活水平以及推动产业结构的高度化，因而需要促使污染性行业进行治理或者迁移。在此情况下，产业转出区可以通过与产业转入区实现更好地对接与协调，将区域内资源配置低效的产业转移到产业转入区，从而实现区域资源配置优化，实现产业升级。

2. 转入区对接与协调下的升级路径

（1）低廉生产要素成本的升级驱动。根据前文的研究，产业转出区由于部分产业的生产要素成本较高而阻碍产业升级，故产业转入区可以充分发挥低廉生产要素成本的优势，充分吸纳转移产业，这已成为产业升级的驱动力。欠发达地区拥有广阔的土地及丰富的自然和劳动力资源，要素价格相对低廉，与东部发达地区相比，低的生产要素成本优势相当明显，这是吸引东部沿海地区劳动力、资源密集型产业转移的首要因素。欠发达地区有丰富的劳动力、人才资源和水电资源，人均土地拥有量大，电力价格和土地价格远远低于东部沿海发达地区，是发达地区劳动密集型和资源密集型产业区域转移的理想场所。这些优势因素成为欠发达地区实现产业升级的重要驱动力。

（2）产业集聚效应的整体升级。产业集群一方面通过企业数量的增加、网络系统的完善等优势对产业转移产生直接吸引；另一方面产业转移由于追求效率的帕累托最优，往往以各类园区为载体，谋求生产结构和网络系统的变化，形成企业带动型、产品"外包"带动型和创新本土化带动型产业集群。产业集聚的这种形式在很大程度上可以提高承接地的产业级差，使欠发达地区的产业承接基础得到完善，也可以增加转移产业的吸引力。与此同时，产业集聚效应还将推进产业转入区产业发展水平进一步提高，因而产业转入区的产业升级方式更多是产业集聚的整体升级。

（3）资源配置优化的内涵升级。通过区域产业转移，产业转出地可以释放边际产业占有的生产要素，实现全国乃至全球的资源优化配置。同时，转出地企业可以从承接地获取廉价生产要素，降低生产成本，充分发挥全球生产网络的优势。对于产业承接地而言，在发达地区为边际产业而欠发达地区为新兴产业的进入将使地区生产要素流向发生改变，原有的资源配置方式均衡被打破，新的高效的资源配置机制将会重新建立起来。各种迁移企业是先进技术的主要供应者和传播者，以迁移企业为主体的产业转移必然通过各种途径实现技术转移，从而优化承接地的资源配置方式，扩大承接地产品生产规模和刺激科技水平的提高。

二、产业转移对区域城镇化的影响

（一）新型城镇化的本质内涵

1. 中国的城镇化发展状况

（1）经济增长与城镇化发展的关系。中国的城镇化进程始于1949年，但在1978年之前由于我国实行较为严格的户籍制度，城镇化发展十分缓慢。以城镇人口占全国总人口的比重作为城镇化率指标来看，1949年该比重仅为10.64%，到1978年达到17.92%。近30年间，我国城镇化率仅提升了7.28个百分点。改革开放以来，我国经济发展政策环境日益趋好，户籍限制逐步放开，许多农村人口流向城市。图4-2给出了我国1978~2014年城镇化率与人均国民生产总值（除去价格因素）演变趋势。从图4-2中可以看出，1978~2014年，我国人均国民生产总值从381.75元增加到2356.52元，年平均增长率为5.17%；而城镇化率则从17.92%增加到54.77%，年平均增长率为3.15%。我国城镇化与经济增长具有相同的发展趋势，但是经济增长较城镇化具有更为明显的阶段性特征。根据我国人均国民生产总值发展的阶段性差异，本课题将其分解为加速发展阶段（1978~1993年）、减速发展阶段（1994~2002年）以及平稳发展阶段（2003~2014年）。

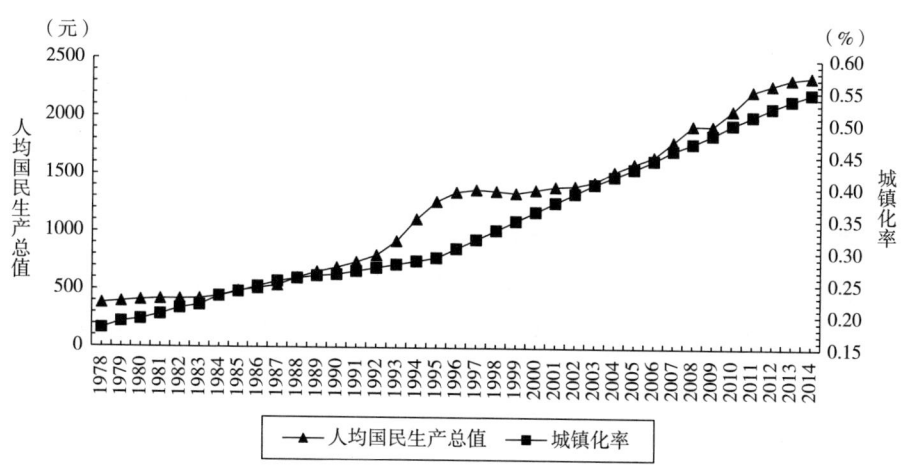

图4-2 1978~2014年我国人均国民生产总值与城镇化率

在经济加速发展阶段，我国人均实际国民生产总值由381.75元增长至923.79元，城镇化率则由17.92%增加到27.99%，平均每年增加0.67个百分点。这个阶段，城镇化发展速率（3.02%）要小于经济增长速率（6.07%），城镇化发展对经济增长带来显著的促进作用。而在我国经济的减速发展阶段，我国人均实际国民生产总值与城镇化率年平均增长率分别为4.02%和2.93%，城镇化发展速度要大于经济增长速度；且在这一段时间，我国城镇化以平均每年1.32个百分点增长。这表明，在我国经济的减速发展阶段，城镇化快速发展并没有带来显著的经济增长。2003年开始，我国实际人均国民生产总值保持平稳发展的态势，年平均增长率为4.58%，低于加速发展阶段但高于减速发展阶段。而此时我国城镇人口比重则由40.53%增长至54.77%，年平均增长1.29个百分点。由此可见，我国城镇化发展速率要低于经济增长速度，我国城镇化与经济增长呈现较为良好的协调关系。

（2）中国城镇化进程中的问题。从城镇人口占全国总人口的比重来看，1978年以来我国城镇化取得了显著发展。过去40年间，城镇化成为推动我国经济发展的重要驱动力，但是我国城镇化进程也带来了一系列问题。中共中央国务院发布的《国家新型城镇化规划（2014~2020年）》指出，我国城镇化发展表现出市民化进程滞后、"土地城镇化"快于人口城镇化、城镇空间分布与规模结构不合理以及"城市病"情况突出等一系列问题。

改革开放以来，我国城镇化在很大程度上是以土地扩张为主体的城镇化。过度的土地财政是推动地方政府积极扩张城市建设用地的直接因素，大量农业用地被转为非农业用地，形成城镇化的扭曲效应（崔军和杨琪，2014）。扩张的建设用地用于建设居民区、产业园区以及开发区，然而在户籍制度的限制下，进城农民无法真正融入城市，而失去农村土地又代表失去根基，成为城市边缘市民。这种注重经济发展数量提升而忽视人口市民化的做法加剧了城镇内部二元化进程，出现产城分离的问题，我国城镇化发展落后于工业化发展，在实际发展过程中出现"伪城镇化"（潘锦云等，2014）。我国市民化发展滞后、土地扩张过快严重影响了我国城镇化发展的质量。与此同时，我国还面临城市发展区域不均衡的现状。大量人口集中于若干城市以及城市群，从而形成我国规模庞大的特大城市，严重加大了特大城市的承载压力；特大城市的发展导致中小城镇发展不足，功能不完善，中小城镇面临发展条件越来越差、机会越来越小以及越来越边缘化的窘境（刘立峰，2013）。城镇发展区域不均衡导致我国城镇化发展表现出均衡差异，严重影响了我国城镇化发展的总体质量。综合起来，我国城镇化发展呈现内部"伪城镇化"与总体城镇化质量不高的双重困境，城镇化发展出现一系列"城市病"问题。城市污染加重、安全事件频发、交通拥堵、管理效率不高等一系列问题突出，严重制约了我国国民经济可持续发展，成为我国城镇化进程中的重要挑战。《国家新型城镇化规划

(2014～2020年)》认为，传统的城镇化发展将导致城市发展出现产业升级缓慢、资源环境恶化、社会矛盾增多等一系列问题，甚至导致国民经济发展进入"中等收入陷阱"。这就要求我国改变以往城镇化发展不合理模式，实现我国城镇化健康发展。

2. 基于演化视角的新型城镇化内涵与机制

（1）中国城镇化发展的均衡与演化。均衡分析与演化分析是经济学分析的两大传统，分别对应新古典理论与演化经济学理论（黄凯南，2009）。其中，均衡分析表现的是某种经济现象达到一个点的均衡状态，此时各种效应最优；而演化则是向这个均衡点的演化过程，受一系列制度、个体认知等因素的影响。中国城镇化的均衡是发挥城镇化对实际经济增长作用的促进效应，而在均衡之后则向着更高层次的城镇化演变，这也将进一步丰富城镇化的内涵。目前，我国城镇化进程被分为传统城镇化与新型城镇化两个阶段，以城镇人口占总人口的比重作为衡量我国城镇化的指标并不能完全体现城镇化的实质含义。近年来，越来越多的文献通过建立指标体系对地区城镇化水平进行研究，所建立的指标体系则包含人口、经济、社会、环境与基础设施等方面（仇方道等，2006；王洋等，2012）。相比较于传统城镇化，新型城镇化的指标评价体系在城市生态可持续、城市经济发展方式转变、城市的宜居性、城市服务设施均等化、城市文化软实力等方面更为重视（徐林和曹红华，2014）。因而新型城镇化的评价体系更加注重城市发展质量，诸如牛晓春等（2013）重点考虑了城镇化发展过程中的生活质量、生态环境和城乡统筹发展。

改革开放以来，以土地扩张为核心的城镇化释放出的"土地红利"成为促进我国经济增长的重要推动力（陈浩等，2015）。这种土地红利带来城市资本增加，推动了工业化进程，从而推动国民经济持续增长，也即传统城镇化发展模式对经济增长的推动作用达到均衡。但近年来，该"土地红利"所带来的负面效应突出，传统城镇化发展模式不能适应经济形势变化。目前，我国已经进入中等收入阶段，经济发展下行压力加大，经济结构亟须调整，外需无力内需不足，固守原有的城镇化发展模式无益于国民经济健康发展。传统的"土地红利"需要转变为新的"土地红利",改变以往主要以增加城市建设资本转为增加农民收益,并着重提高土地利用质量,充分释放土地红利(陈浩等,2015)。这种新的"土地红利"即要求我国城镇化发展注重质量提升,更加全面丰富城镇化的内涵,建立平等、幸福、健康及可持续发展的城镇(徐林和曹红华,2014)。传统的"土地红利"与新的"土地红利"构成我国城镇化发展过程中的"城镇化红利",我国城镇化在传统的"土地红利"阶段已经达到均衡,正朝着新的"土地红利"阶段迈进,也即我国城镇化发展进入演化阶段。该演化阶段表现的是我国城镇化发展模式向更高层次演变,传统"土地红利"向新"土地红利"转变,城镇化对经济发展的作用由注重经济发展数量提升向注重质量提升转变,由土地城镇化向人口城镇化转变。从我国经济发展的实际来看,这是我国提升经济发展质量、转变经济发展方式、拉动内需、跨越"中等收入陷阱"的必然演变趋势。

(2)新型城镇化的本质内涵与作用机制。目前,我国城镇化发展在传统城镇化阶段达到均衡,正朝着新型城镇化阶段演化。在新型城镇化过程中,需要解决传统城镇化遗留下来的市民化进程滞后、"土地城镇化"快于人口城镇化、城镇空间分布与规模结构不合理以及"城市病"情况突出等一系列问题。相比较于传统城镇化,新型城镇化更加注重人与环境的和谐发展,而环境的发展也是为了营造更为良好的人居环境;不仅如此,新型城镇化更加注重小城镇发展,力图完善小城镇的基础设施与服务,在减少大城市人口承载压力的同时,提高居民生活的幸福指数。表4-1给出了新型城镇化与传统城镇化在人、环境、城镇发展、经济发展等方面的差异。

表4-1 新型城镇化与传统城镇化比较

发展模式	人的发展	生态环境	城镇发展	经济发展
新型城镇化	改变以往土地城镇化模式导致市民化严重滞后的现象,推动市民化进程	注重城镇生态,营造更为良好的宜居环境	注重人与城镇发展,推动实现产城融合	注重经济发展质量提升

续表

发展模式	人的发展	生态环境	城镇发展	经济发展
传统城镇化	土地城镇化导致农民失去土地,却未能融入城市,成为边缘市民	注重土地财政,忽视土地城镇化带来的环境破坏	一味谋求经济增长,忽视城镇配套功能,导致产城分离	以土地扩张推动城市建设资本增加,推动经济数量增长

综合表4-1以及中国城镇化的均衡与演化分析可知,新型城镇化可以分解为人口城镇化与就地城镇化。其中,就地城镇化以人口城镇化为导向,本质仍然是以人为核心的城镇化。图4-3给出了新型城镇化的作用机制。

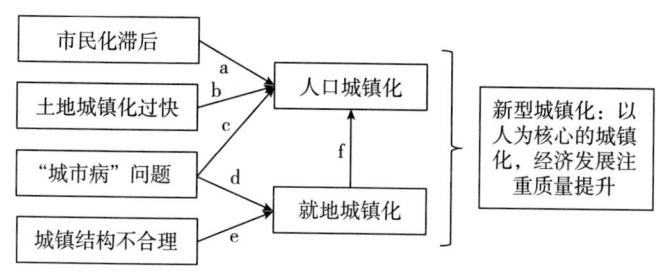

图4-3 新型城镇化的作用机制

其中,a表示通过进一步放开户籍限制推动农村市民融入城市;b表示改变以往土地红利模式,土地红利向农民倾斜;c表示注重保护城市环境,营造更为良好的生活环境;d表示通过发展小城镇分解大城市压力,同时缓解城市交通拥堵、生态环境破坏等问题;e表示控制大城市人口,重点发展小城镇,同时完善小城镇基础配套设施;f表示就地城镇化的本质目标仍然是实现人口城镇化。由此可见,我国新型城镇化发展是一种问题导向型,传统城镇化导致出现市民化滞后、土地城镇化过快、"城市病"问题和城镇结构不合理等问题,形成我国新型城镇化发展的逆向驱动机制。正是在这种逆向驱动机制的作用下,新型城镇化对城镇发展提出环境保护、推动小城镇配套措施完善、控制大城市人口、发展小城镇以实现城镇化的系列要求。

（二）两区域产业转移与新型城镇化交互作用机制

1. 新型城镇化对两区域产业转移的区位导向

（1）宏观方向的一致性。产业转移是产业从发达地区转移到欠发达地区，我国产业发展经验表明，东部沿海地区是我国主要的产业转出类型区，而中西部地区则是我国主要的产业承接类型区，因而我国产业转移的宏观方向是从东部地区转移到中西部地区。从我国城镇化发展的区域差异来看，高城镇化、特大城市集中在我国东部地区，中西部地区城镇化发展缓慢，是我国中小城镇集中地区；新型城镇化要求分散特大城镇的压力，完善中小城镇基础设施及配套措施。因而我国城镇化的发展主体由东部沿海大城市、特大城市转移到中西部地区的中小城市。由此可见，新型城镇化发展与两区域产业转移具有总体方向上的一致性。

（2）新型城镇化驱动产业转移方向。传统城镇化主要是大城市与省会城市的城镇化，导致我国城镇发展十分不均衡。一方面，东部地区是我国城镇化发展水平最高的地区，中西部地区的城镇化发展落后；另一方面，中西部地区的武汉、成都等省会城市城镇化率要远高于其他中小城镇，首位度持续上升（刘立峰，2013）。特大城市因此面临巨大的人口承载压力，因而新型城镇化力图缓解特大城市的压力，将人口牵引至中小城市。在此基础上，我国产业转移分为两种方向。其一，产业由东部地区转移到中西部地区，东部地区是我国产业转出类型区，而中西部地区则成为我国产业转移承接类型区；其二，改变以往产业转移主要转移到省会城市的局面，向中小城镇倾斜，缓解省会城市的压力，推动区域均衡发展。

2. 新型城镇化对两区域产业转移的结构导向

（1）推动城市群空间结构更为优化。发展城市群是我国提升区域经济发展实力、推动区域联动的重要举措，目前我国已经发展形成京津塘、环渤海、长三角、珠三角等特大城市集群。每个城市群都由少数中心城市加上若干中小城市组成,每个城市都有不同的功能。在新兴城镇化的要求下,分化城市群中心城市的职能,重点突出中小城市的功能对推动区域发展具有重要意义。为此,产业转移将改变以往"一城通吃"的局面,根据卫星城市不同的职能将所承接的产业转移到相关中小城市,形成区域协同发展的格局。这对于优化城市群空间结构、推动我国城镇化由土地城镇化向人口城镇化转变、促进中小城镇发展、推动中小城镇人口市民化进程与就地城镇化具有重要意义。

(2) 基于资源禀赋的产业转移。地区资源禀赋是承接产业转移的基础条件,从产业转移发生机制来看,拥有良好的资源禀赋条件将在成本势差方面具有优势,从而促进产业转移。两区域产业转移模型与两区域产业转移模型的区别在于前者在分析产业转移方向上更为自由。当产业转出区与转入区两个地区在产业转移势差达到一定阈值时,产业转移就会发生,而地区的资源禀赋优势将推动产业转移更为自由。一方面,在城市群视角下,地区资源禀赋优势成为划分城市格局的重要依据,从而成为推动产业转移的优势条件;另一方面,具备资源禀赋优势的地区更能吸引产业转移,从而对地区的产业结构产生影响。

(3) 新型城镇化的环境导向对产业转移的影响。相较于传统城镇化,新型城镇化更加注重提高居民生活幸福感,营造良好的宜居环境。过去40年的发展经验表明,传统城镇化在推动我国经济总量增加方面发挥着重要的作用,但也带来了城市污染、交通堵塞等一系列问题:地方政府为了促进经济发展,引入一系列污染较大的工业,在推动GDP增长的同时加剧地方污染;传统城镇化更多地表现为"土地城镇化",建设用地扩张导致城市面积扩大,经济总量上升,但出现了城市绿化降低、耕地侵占等一系列环境问题。两区域产业转移显示的是产业在转出类型区与转入类型区之间进行转移,产业转移以追求利益最大化为导向,而新型城镇化要求则为产业转移设定了限制条件。在新兴城镇化的导向下,区域产业转移将避开高污染、高能耗产业,注重经济发展质量提升。

3. 两区域产业转移对新型城镇化的驱动作用

两区域产业转移模型刻画的是产业在转出类型区与转入类型区之间的

流转状况，相对于两区域产业转移模型而言，两区域产业转移更为复杂，表现出动态的特征。两区域产业转移模型的发生机制仍然是产业转移势差达到一定的阈值，而转移本质是以追求最大利益为导向。两区域产业转移具有自由的特性，产业转移是否发生由两地之间的产业转移势差决定，这就改变了以往产业转移"一城通吃"的局面，促进了中小城镇的发展，推动新型城镇化进程。在产业转移促进中小城镇发展的同时，改善了地区产业发展结构，提升了地区的经济发展实力，从而推动了产业集群建设。

由此可见，新型城镇化与两区域产业转移具有交互的促进机制。其中，新型城镇化为两区域产业转移提供了区位导向和结构导向，对于产业转移有序进行具有重要作用；而两区域产业转移则可以进一步提升中小城镇的经济发展实力，推动中小城镇产业结构优化，从而推动新型城镇化进程。

（三）产业转移演变形势下的新型城镇化发展路径

1. 削平产业转移梯度差异，助力中小城镇快速发展

我国产业转移表现出宏观、中观和微观层次的三种阶梯差异，因而导致我国产业转移出现"一城通吃"以及区域失衡的现象。一个鲜明的例子就是武汉、成都等区域中心城市集中了产业转移的优势发展要素，吸引了大量产业转移资本、要素集聚，从而导致其他地区发展无力。这种发展现状导致我国区域间经济发展不平衡，城镇化进程也表现出不平衡的态势。一直以来，这种发展方式推动了我国中西部崛起，对我国经济发展产生了重要的拉动和促进作用；但从目前的发展来看，我国经济发展面临由量向质提升的大背景，需要改变以往不协调的经济发展方式以及城镇化进程方式，为此我国需要推动新型城镇化的建设。而新型城镇化则要求实现以人为本的城镇化，推动中小城镇发展；而实现农村人口就地城镇化是新型城镇化的重要内涵，也是提升城市包容性的重要举措。为此，在我国经济发展过程中，需要突出中小城镇的发展。因此，产业转移需要由主要转移到中西部省份大城市转变为主要转移到具有发展优势的中小城镇。一方面，可以节约经济发展的成本，实现产业发展；另一方面，可以改变小范围区

域的不均衡现状,成为驱动中小城镇化发展的动力机制,构成新型城镇化的基础。为此,首先,需要树立区域均衡发展的观念,推动剩余资源向中小城镇集中,实现中小城镇的快速发展;其次,需要完善转移政策机制,鼓励和支持企业转移到优势中小城镇地区;最后,中小城镇还需努力凸显自身优势,完善基础设施,创造产业发展条件。

2. 突出比较优势的导向作用,实现区域城镇化均衡发展

20 世纪 90 年代以来,在我国政策性引导和市场经济的双重作用下,我国跨区域的产业转移成功带动了诸多地区的经济发展。然而,我国产业转移的历史经验表明,产业的主要流向为中部、西部地区的重要城市,从而导致区域发展严重失衡,各个省份出现"一城独大"的局面,城市承载压力集聚凸显;与此同时,少数产业也转移至其他中小城市,但基本是转移至城市地区,农村地区承接产业转移的数量和规模远远不足,由此导致我国产业转移出现"东中西三级梯度差异""大小城市两级梯度差异"和"城乡两级梯度差异"。经济发展是城镇化发展的最重要影响因子,经济发展动力不足的地区城镇化也显著低于经济发展较好的地区,区域城镇化发展不均衡总体会导致我国城镇化进程滞后。为此,在我国区域产业转移过程中,需要加强产业转移的路径引导,突出比较优势在产业转移中的导向作用,避免产业集中转移到某一个省份(区域、城市)。这就需要在了解各个地区产业转移势差条件的基础上充分挖掘各个省份(地区)的比较优势,以区域比较优势为导向,对产业转移路径进行优化,实现产业在更大范围内的优化转移。为此,在产业转移过程中,需要进一步深化区域合作,建立良好的跨区域合作机制,既包括发达地区与欠发达地区之间的交流机制,也包括欠发达地区之间的交流机制,同时还包含城乡之间的交流机制;同时还需加强政策引导,从宏观政策上把握产业转移的总体方向,形成良好的依托要素比较优势的区域产业转移政策环境,改变以往不合理的产业转移路径。

3. 中小城镇需要融合转移产业,形成新型城镇化发展内生动力

在我国政策性引导和市场经济的双重作用下,我国产业转移表现出明

显的区域不均衡，也成为我国区域经济增长、城镇化发展不均衡的重要影响因素。为此，在我国产业转移过程中需要削平产业转移的梯度差异，突出地区比较优势在产业转移过程中的引导作用，实现区域产业均衡转移，从而推动区域经济均衡发展，形成我国新型城镇化均衡发展的根基。中小城镇的产业发展在我国产业发展区域格局中处于弱势，大城市集中产业转移的优势要素。为了改变这种不均衡发展的现状，当前需要加强产业转移的路径引导，将更多的资源转移到中小城镇。这是由于中小城镇发展是我国新型城镇化建设和产城融合的前沿阵地，没有中小城镇的城镇化，就不可能实现我国全国范围内的新型城镇化战略。因此，需要重点推进中小城镇发展，实现我国农村人口就地城镇化。一直以来，我国中小城镇在承接产业转移过程中表现出严重的依赖性，过度依靠招商引资发展经济，自身发展动力不足。这将导致中小城镇承接的产业只是为了满足地区经济发展数量提升，而忽视深化产业发展结构、提升经济发展质量的重要性。因此，中小城镇在承接产业转移过程中需要改变承接产业转移的思维方式，由主要依赖承接产业转移转变到融合转移产业。这就需要中小城镇充分发掘自身的经济发展优势和潜力，构建和完善自身经济发展体系结构，充分选择合适的承接产业，将转移产业融入自身的经济发展体系中来，化解成为新型城镇化发展的内生动力。

三、产业转移、新型城镇化与产城融合

（一）产城融合的本质内涵

产城融合概念的提出正是为了解决我国"产脱离城"和"城脱离产"的双重窘境，因而产城融合的内涵也被定义为"以产促城，以城兴产，产

城融合"(李文彬和陈浩，2012)。由此可见，产城融合的目标是实现产业与城镇交融，"以产促城"和"以城兴产"则成为产业转移的两种模式。这分别对应我国基于工业园区和乡镇的产城融合发展模式。工业园区是我国政府在一个城市单独划定一块区域用于发展工业，随着我国产业发展不断深化，工业园区在我国经济增长中的作用越来越凸显。自20世纪80年代以来，我国经济技术开发区的数量不断增加，已经达到每个地级市必然会有经济技术开发区等类似工业园区的地步。从行政区划来看，经济技术开发区经常与地区行政区划相重合。而经济技术开发区等工业园区又有诸如管委会的领导机构和独立的领导班子，且对园区内的经济发展和生产生活具有较大的管辖权力。但产业园区管委会的主要任务是管理园区内的相关企业以及完善好企业发展所需要的配套基础设施以吸引企业入驻，各个园区由于不同的主导产业而形成地区的产业集群，形成具有特色的产业园区。产生这种现象的原因在于我国多年来一直倡导推动地区经济发展，当地政府在产业发展政策方面大力向园区倾斜。实际结果表明，规划产业园区在推动当地经济发展方面具有重要作用，然而目前我国大部分产业园区还远没有达到产城融合的地步（王霞等，2014）。虽然各个产业园区都有一期、二期、三期规划或更多，但是这种"产业先行"的发展模式仍然还未较好地与城镇发展融合起来，产城分离现象较为严重（贺传皎等，2012）。本课题分析认为，产生这种现象的原因主要有三个：其一，前期注重经济发展而忽视社会发展是产业园区目前产城分离的根本原因，这是由产业园区的职能决定的，也同我国近些年单独注重经济发展数量的大背景有着密切关系；其二，产业园区与行政区划的交叉重叠导致管理职能发生重叠，这导致在综合社会管理方面面临尴尬的境地；其三，有些园区离主城区较远，产业发展与城市功能分割严重（王霞等，2014）。

与此相反，"以城兴产"则是基于现有的城镇来发展产业从而推动产城融合的另一种模式。城镇是具有一定的行政区划，由一定的社会和经济主体构成的综合单元。从人的发展角度来看，城镇是人的生活载体；从经济发展的角度来看，城镇所形成的空间区域是经济发展的载体。根据前文对我国产业转移的分析，我国近些年重点发展了大城市，而相对忽略了中小城镇的发展，从而导致出现一系列城镇化发展问题。但一个总的趋势是，近年来我国城镇的城镇道路、污水管网、文化娱乐等基础设施不断完善，城镇的人居环境逐步改善。我国城镇化率在2012年就超过了50%，城镇人口成为我国最重要的人口聚集区；大量农村人口还将融入城镇，城镇在我国经济和社会发展中的地位越来越重要（李浩，2013）。然而，我国城镇发展面临尴尬的境地，大量企业集中于工业园区，城镇汇聚了城市的主要人口却得不到企业支撑，由此形成了我国城镇严重的产城分离现象（谢呈阳，2016）。当产业发展脱离城镇，就形成"空转"；而当城镇发展脱离产业，就形成"空城"，"空转"和"空城"分别构成我国产城分离的两种形式，改变"空转"和"空城"也就成为我国实现产城融合的两种模式。根据社会经济发展的一般规律和我国经济发展的实际，首先需要推动经济发展的数量提升，再推动经济社会发展的质量飞跃。我国在工业园区取得快速发展的同时，需要更加注重以人为本的城镇化，在着力解决"空转"带来的产城分离同时需要更加注重解决"空城"带来的产城分离。

现阶段，我国实现产城融合需要产业发展与城镇化建设双管齐下，同时也需要有所侧重。根据前文的研究，我国一方面需要推动"以产促城"和"以城兴产"两种模式以实现产城融合，另一方面需要更加注重推动"以城兴产"的模式来深化产城融合。推动双管齐下是因为"产脱离城"和"城脱离产"分别对应我国经济社会发展过程中的"空转"和"空城"两种特殊现象，着力解决产城融合问题需要做到产不离城、城不离产。而考虑到我国现有的开发区大多是点状分布，衔接的主要是园区内企业的职工；我国城镇则是连片分布，衔接的是所有的居民；考虑到开发区在行政管理方面与行政区划有所重叠，因而通过"以城兴产"来推动产城融合更加困难但也显得更为必要，为此需要有所侧重。在推动"以产促城"以实现产城融合的过程中，需要协调区域管理，完善园区基础设施，推动园区内外的交融；而在推动"以城兴产"以实现产城融合的过程中，需要在完善城镇基础配套设施的前提下引进产业，实现就近就业与就近安居；不仅如此，还需要推动两种模式的交互作用，园区内外实现交互合作、遥相呼应的局面。

（二）产城融合与新型城镇化的内在机理

1. 新型城镇化对产城融合实现模式的驱动作用

在前文中，本课题阐述了目前我国的两种产城分离模式以及对应的两种产城融合模式，并提出需要注重"以产促城"和"以城兴产"两种模式双管齐下和更加注重推动"以城兴产"的模式来深化产城融合。产城融合是我国城镇化的实现目标，也是我国经济社会发展的实现目标。而推动新型城镇化建设则正是在我国经济发展下行压力加大，我国城镇化对经济增长的促进作用已经达到传统城镇化时期的均衡点，正朝着新型城镇化的方向迈进的新阶段（张新芝和李政通，2016）。因而实现新型城镇化是为了适应我国经济发展形势转变的需要，也是为了跨越"中等收入陷阱"的现实要求。在这种情况下，产城融合是最终实现目标，而新型城镇化则是我国实现产城融合的手段。根据张新芝和李政通（2016）、谢呈阳（2016）等的研究，新型城镇化将"人"的发展提到了一个相当高的层次，本质是以人为本的城镇化。这种注重人的发展的城镇化理念对我国产城融合的实现模式具有驱动作用。在双管齐下推动产城融合的过程中，"以产促城"和"以城兴产"分别对应着"少数人"和"多数人"的产城融合，实现"少数人"的产城融合并不能代表整个社会实现产城融合，为此需要更加注重实现"多数人"的产城融合。在新型城镇化的推进过程中，需要重点推动中小城镇的城镇化，促进农村人口向中小城镇集中，推动中小城镇的基础设施逐步完善和产业发展（姚士谋等，2014）。因此，新型城镇化的发展对我国产城融合实现模式具有驱动作用，进一步驱动我国产城融合实现模式向"以城兴产"倾斜。

2. 产城融合对新型城镇化的导向作用

根据前文的分析，产城融合具有两种实现形式，也是新型城镇化的最终实现目标。在这种情况下，产城融合对新型城镇化具有内涵导向、方向导向和结构导向三种导向作用。其中，内涵导向要求新型城镇化不仅要注重农村人口流向城镇，更要求流向城镇的人口能够在当地立足。这是由于产城融合要求的是产业与城镇的融合，没有产业的城镇会形成"空城"。为此我国的新型城镇化需要从内涵上进行深入，将新型城镇化理念由简单的人口向城镇集聚深入人口向城镇扎根，实现安居乐业（李浩，2013）。如前文所述，产城融合的实现形式具有"以产促城"和"以城兴产"两种模式，其中"以城兴产"将成为我国产城融合的主体模式。而新型城镇化是我国实现产城融合的重要方式，为此在我国新型城镇化过程中需要更加注重中小城镇的城镇化，特别是注重一些镇、街道的城镇化，推动农村人口流向建制镇、街道，在一些人口较为密集的乡建立建制镇、街道等，推动当地人口就地城镇化。由此，产城融合对我国新型城镇化进程形成方向上的导向作用。不仅如此，产城融合还将对我国新型城镇化形成结构导向。因为产城融合的发展理念是为了解决我国"产脱离城"和"城脱离产"两种困境而提出来的，且产城融合的理念将"人"的发展提升到一个相当的高度。在这种理念的驱动下，我国新型城镇化更加需要注重人的发展，需要改变以往单独注重大城市的城镇化和忽略中小城镇的城镇化发展模式，城镇化发展的结构则需要更多向中小城镇倾斜（简新华等，2013）。在产城融合发展理念对我国新型城镇化的内涵深化、方向和结构导向双向融合下，我国新型城镇化将更加突出以人为本的发展理念，实现我国更大范围、更高质量的城镇化。

（三）新型城镇化、产业转移与产城融合的内在作用机理

1. 新型城镇化、产业转移与产城融合的关系及演变

从新型城镇化、产业转移与产城融合的发展历史来看，我国最早提出要推进产业转移，这适应国际产业转移大背景和我国地区经济发展不均衡的需要。但我国产业转移自20世纪90年代开始，虽然在一定程度上推动了中部、西部地区的经济发展，但东部、中部、西部地区的经济发展差距逐步扩大。而我国经济发展总量已经取得显著进步，并在2012年跃居世

第四章 产业转移与产城融合内在机理

界第二位，成为名副其实的经济大国。但中国经济大而不强，存在区域发展差距扩大、城乡收入不均等一系列问题，中国经济发展正需要跨越"中等收入陷阱"。在此情况下，我国更加注重经济发展的质量，为此提出了新型城镇化发展战略。相比较于传统城镇化，新型城镇化更加注重人口城镇化，在城镇化的方向上更加注重中小城镇的城镇化和就地城镇化。而新型城镇化的最终发展目标是实现产城融合。为此，从三者的关系来看，主要表现为如下三点。

（1）产业转移先于新型城镇化提出，新型城镇化是我国城镇化新模式。由于产业转移在理论上具有推动地区经济发展差异缩小的作用，我国政府自20世纪90年代以来就着力推进产业转移，力图将沿海地区的落后产业转移至我国中部、西部地区。根据前文的分析，产业转移对我国经济发展数量提升具有重要的作用，中部、西部地区等大城市（如武汉、成都）的经济发展取得了显著成果。从我国产业转移的实际来看，存在宏观层面的"东中西三级梯度差异"、中观上的"大小城市两级梯度差异"和微观上的"城乡两级梯度差异"三种特征，原有产业转移理念不适合我国现有经济发展状况的需要，需要取得新的突破。与此同时，我国的城镇化发展理念则由传统城镇化上升到新型城镇化，新型城镇化相对于传统城镇化最大的区别在于更加注重人的城镇化，是我国城镇化理念的创新和发展。因而，从产业转移和新型城镇化的理念来看，产业转移先于新型城镇化提出，但现有产业转移理念还没有适应实际发展需要，而新型城镇化则是我国城镇化的新模式。

（2）产城融合是我国城镇化发展的最终目标，新型城镇化是直接实现形式。2014年，国家发布《国家新型城镇化规划（2014~2020年）》，正式将新型城镇化发展上升到国家战略层面，并在《国家新型城镇化规划2014~2020年）》中确定新型城镇化的最终发展目标是实现产城融合。因而从新型城镇化与产城融合的关系来看，产城融合是我国城镇化的最终发展目标，而推动新型城镇化建设则是最直接的实现形式。无论是新型城镇化还是产城融合，都看重人的发展，新型城镇化要求注重人的市民化，是一种以人为本的城镇化；而产城融合则从我国目前的"空城"和"空转"两种模式来突破，本意仍然是推动我国人口更好地融入城镇，获取更为便利的生活环境。因而新型城镇化和产城融合均将人的发展上升到一个相当的高度，这适应我国经济发展的现实要求，也即我国经济发展不仅需要注重数量增长，更需要注重经济增长的质量提升，提高居民幸福感，建设幸福中国。

（3）实现产城融合需要我国新型城镇化发展进一步同产业转移结合起来。在前文的分析中，本课题重点阐述了我国产城融合发展面临的"产脱离城"和"城脱离产"两种困境，并提出我国实现产城融合的"以产促城"和"以城兴产"两种模式，在我国产城融合发展过程中，需要注重两种模式的结合，同时更加侧重以"以城兴产"来推动更大范围、更高质量的产城融合。产城融合是产业与城镇的融合，根据《国家新型城镇化规划（2014～2020年）》，虽然新型城镇化是产城融合的直接实现形式，但是缺乏产业支撑的新型城镇化仍将不能实现产城融合。为此，我国新型城镇化进程需要与产业转移更好地结合起来，同时要有所侧重。一方面，需要做到有产必有城和有城必有产，也即推动"以产促城"和"以城兴产"两种模式相互结合；另一方面，需要更加注重新型城镇化发展，推动产业转移更好地融入新型城镇化，也即更加侧重通过"以城兴产"模式来推动我国产城融合进程。

2. 基于产城融合理念的新型城镇化与产业转移深度融合机制

我国产业转移表现为宏观层面的东中西三级梯度差异、中观上的大小城市两级梯度差异和微观上的城乡两级梯度差异。这种梯度差异导致我国区域经济发展表现出显著的差距，且随着时间而呈现扩大趋势。为此，需要改变现有的产业转移模式，以适应我国经济发展的需要，推动区域经济均衡发展。而新型城镇化则要求我国城镇化由传统时期注重大中城市的城镇化转为注重中小城镇的城镇化。产城融合的发展理念对我国的新型城镇化进行具有内涵、方向和结构三种导向作用，推动我国新型城镇化不仅注重农村人口向城镇集中，更注重农村人口融入中小城镇，提高中小城镇的城镇化率在我国城镇化总体水平中所占的比重甚至形成主导作用。因而在产城融合理念的驱动下,我国产业转移的内涵与路径都需要进一步深化,产业转移不再仅仅是产业在空间上的流转,还要随着转入区的经济发展不断深化、人口随产业转移。在产城融合的发展理念下,我国产业转移与新型城镇化需要深度融合,具体表现为如下方面。

(1)产业转移与新型城镇化理念深化与融合。在产城融合发展理念的导引下,产业转移和新型城镇化均被赋予更为深入的内涵:产业转移不仅是产业的空间转移,更是区域经济发展深化,人口在区域内的转移;新型城镇化也不再是农村人口简单流入城镇,而是能够依托城镇扎根,真正地融入城镇。这种理念深化的原因在于产城融合更加注重人的发展,将人的发展提高到一个相当的高度,着力推动人更好地融入城镇、更好地获取发展平台。由此看来,在产城融合发展理念的牵引下,产业转移与新型城镇化面临理念深化和融合,这种深化与融合体现在产业转移与新型城镇化的内在方面。这种融合适应中国社会发展的必然趋势,也是对中国经济转型的回应。因而在我国逐步推进新型城镇化与产业转移的过程中,需要将两者融合起来,形成"以产促城"和"以城兴产"的新局面,从而成为产业转移的重要力量。

(2)产业转移与新型城镇化发展的方向同步。在产城融合发展理念的牵引下,新型城镇化与产业转移的本质内涵被赋予更为深入的内容。理念的深化与融合是产业转移与新型城镇化的内在机制,而基于产城融合发展理念的产业转移与新型城镇化发展方向同步则是外在表现。其外在表现主要为:其一,从宏观层面来看,新型城镇化重点发展的是中西部地区的城镇化,产业转移也要更多地转移至中西部地区,改变东部地区产业集中的局面;其二,从中观来看,新型城镇化的人口流向中小城镇,产业转移也更多地转移到中小城镇,缓解中西部地区特大城市产业过度集中的现状;其三,新型城镇化还将推动农村人口就地城镇化,产业转移也要根据地区的比较优势流向农村等地,减少城乡差距。基于产城融合发展理念的产业转移需要解决以往产业转移出现的宏观、中观和微观三种差异,对应的新型城镇化也需要推动宏观、中观和微观三个方面的城镇化得到深入发展。

这种基于产城融合发展理念的新型城镇化与产业转移内在深化、融合与外在方向同步更为深入地阐述了我国产城融合的两种模式——"以产促城"和"以城兴产"。我国产城融合发展则需要在这两种模式的交互作用下取得更大进步,且在我国经济总量取得快速进步的前提下,需要更加注重"以城兴产"对产城融合的促进作用。图4-4展示了三者之间的作用机制。

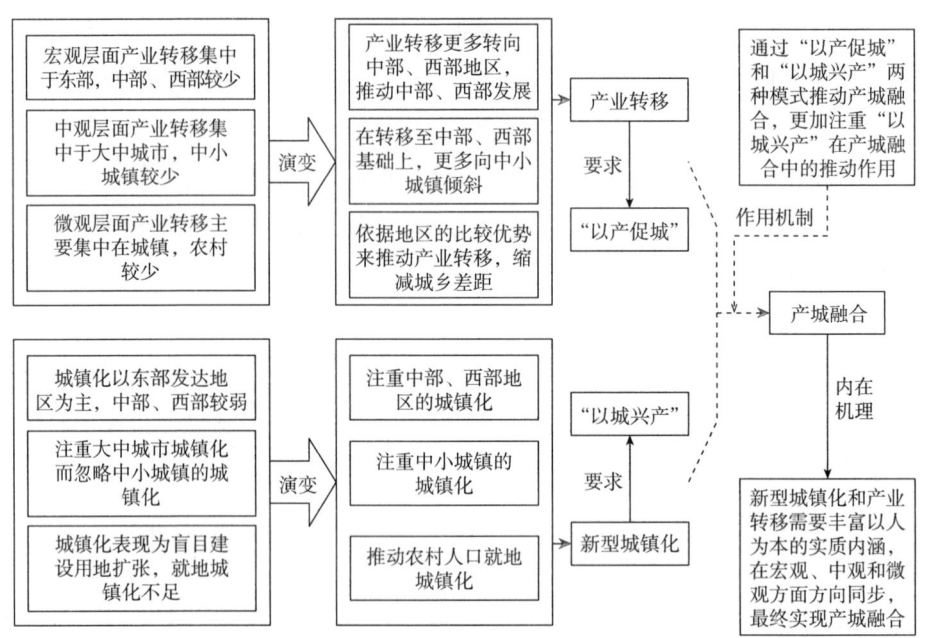

图4-4 新型城镇化、产业转移与产城融合内在机理

四、产业转移促进产城融合的作用机制

(一)产业转移对不同工业化发展阶段的影响

当地区的工业化处于较低水平时,其产业发展往往是不完善的,而产

业转移会推动地区的工业化水平不断提高。产业转移是由于资源供给或产品需求条件发生变化后某些产业从某一地区或国家转移到另一地区或国家的一种经济过程（周世军，2012），由于地区的产业基础较差，但资源与劳动力成本相对较低，转入的产业多是资源和劳动力导向型企业。区域间产业的转移会导致区域产业结构的调整和重构，从而引发生产要素的流动。倪鹏飞等（2014）认为，工业化与城镇化本质上都受劳动力转移的影响。从地区的产业结构和工业发展程度来看，产业转移可以提高人均非农产业产值，改善地区产业结构，并吸纳部分农村地区的剩余劳动力。同时，转入产业还会刺激城镇固定资产投资的增加，加大生产投入。另外，产业转移对于提高信息化程度和发展绿色制造改善环境保护有一定影响，但在工业化低水平阶段产业转移在信息化和绿色制造方面的影响较为微弱。

在工业化发展中等水平阶段，资源与劳动力导向型传统制造业发展较为完善，根据小岛清的边际产业扩张理论，较发达地区趋于淘汰的产业也即边际产业，由于具有相对优势而向落后地区转移（小岛清，1987）。因此，在此阶段产业转移表现为将资源与劳动导向型产业输出到工业化低水平、较低水平地区，并承接发达地区的高端制造业、新兴工业与高科技产业。由于第三产业比重也逐渐增大，产业转移在提高地区工业发展程度和城镇固定资产投资、引导地区产业结构改善方面的作用更加明显，且产业转移进一步推动地区产业绿色发展，加强了环境保护，对信息化水平的影响也逐渐加强。

在工业化发展高水平阶段，产业发展较为完善，高端制造业发展迅速，劳动力导向型、资源导向型传统制造业逐渐失去竞争力。产业转移表现为向外转移传统制造业及部分发展成熟的高端制造业，大力发展高科技产业、战略性新兴产业等技术导向型产业，由产业转移带来的资源充分利用和合理分配使工业化发展稳步前进，区域非农产业产值比重大大增加，工业发展程度加深；人均非农产业产值提高，产业结构不断调整升级；技术导向型产业的转入推动了绿色制造的发展，环境保护融入了高水平工业化发展过程中的每一步;同时,第三产业的发展在工业化发展高水平阶段对信息化水平的提高起到了重要的驱动作用,在此阶段产业转移对工业化各方面发展的影响显著增强。

(二) 产业转移对不同城镇化发展阶段的影响

1979年,诺瑟姆提出S形城市发展曲线,将城市化发展分为初期、中期及后期阶段,用S形曲线的左、中、右三段来表示(段辉,2015)。初期城镇化低水平阶段,属于城市发展S形曲线左段,城镇化发展水平低、速度慢,城市建设面积占比较小,基础设施建设不完善、产业发展不成熟,城镇化发展缺乏良好的基础与环境,而农业劳动力还未能充分转化为工业生产力,城镇人口尚少,并且存在部分劳动力流向发达地区的现象。周世军(2012)、彭继增等(2013)、张新芝和李政通(2016)等学者都认为产业转移与城镇化存在耦合协调关系,通过建立复合系统发展评价体系、协调度发展模型、区域产业转移模型以及从系统学角度论证了产业转移与城镇化之间的协调发展关系。在低水平城镇化阶段,产业转移对推动人口城镇化、增加城镇化建设面积有积极影响;同时,产业转移在一定程度上能降低城镇登记失业率,因此可以提高居民就业保障;而在此阶段产业转移对区域社会医疗服务以及城镇生态环境的改善程度较小,城镇化在这两方面的发展尚且不够完善。

在城市化发展中期,也即城镇化中等水平阶段,城镇化水平得到迅速提高,城市基础设施建设逐步完善,制造业发展良好,吸引大量农村人口进入城镇,并转化为工业劳动力,产业转移带来的城镇就业增加推动了城镇化水平的提升。彭继增等(2013)提出专业市场与产业转移、城镇化联系密切,由专业市场带来的工业集聚可以促进劳动力在三次产业间的转移,因此可以推动人口城镇化的发展。可见,产业转移对人口城镇化有较大的影响,且有利于进一步促进城镇建设面积的扩大,不断提高居民就业保障,完善社会医疗服务,推动城镇生态环境的绿色发展,产业转移对城镇化发展的影响有进一步增强。

在后期城镇化高水平阶段，城镇化发展较为成熟、速度减缓，但城市规划建设较好，此时区域城镇化的发展造成的地价、劳动力、资源等成本的提升会进一步推动产业在区域内的梯度转移。战略性新兴产业的转入可以推动良好的生活与工作环境的形成，进而吸引其他地区的高科技人才，人口城镇化水平提高，城镇建设面积扩大。产业发展可以吸纳更多的居民就业，并促进社会医疗服务更加全面地覆盖地区居民，同时兼顾城镇生态环境的保护与改善，可以促进新型城镇化的发展，达到高质量城镇化水平，可见在此阶段产业转移显著影响城镇化发展。

（三）产业转移对不同阶段工业化、城镇化融合发展的影响

产业转移系数在不同阶段对工业化与城镇化融合发展也具有不同影响。在低水平阶段，人口城镇化水平低导致工业劳动力不足，工业化与城镇化相互促进作用较小，产业转移对工业化与城镇化融合发展影响较为微弱。在中等水平阶段，人口城镇化可以为工业化发展提供充分的劳动力基础，良好的工业化发展又能为城镇人口提供便利的生活环境与完善的基础设施建设条件，工业化与城镇化可以形成互相促进的融合发展局面，产业转移对工业化与城镇化融合发展可以起到了重要的推动作用。在高水平阶段，由于高水平城镇化所吸引的高素质人才适配了此阶段大力发展的战略性新兴产业及高新科技产业的人才要求，城镇化与工业化融合发展更加协调，产业转移对工业化与城镇化融合发展起着更大的作用。

此外，由于我国地区发展存在东中西部的阶梯差距，因此省际间的产业转移有利于驱动劳动力要素、资本要素等发展资源向西流转，在一定程度上出现了劳动力回流现象，同时，也促进了农村劳动力向城镇的转移，为工业化发展提供必要条件。我国政府发布的《中国制造2025》《国务院关于进一步推进西部大开发的若干意见》《国务院关于中西部地区承接产业转移的指导意见》等政策文件中皆强调积极推动产业转移对地区工业化、城镇化长足发展的重要作用，尤其重视中西部地区产业的后发增长，鼓励中西部地区合理承接产业转移，并因地制宜发展特色产业，通过产业

发展进一步加深中西部地区工业化与城镇化发展程度。由此可见，产业转移对促进工业化与城镇化融合发展有着重要的推动作用。省际间产业转移在逐渐平衡东中部、西部地区资源的同时可以促进产业承接地的工业化与城镇化协调发展，形成工业化与城镇化相互促进、共同提升的局面。

第五章
区域产业转移路径的实证分析

一、两区域产业转移发生机制实证分析

(一)产业转移发生势差的研究假设

1. 发生势差的概念

本书将物理中的势能与势差的概念引入产业转移的分析中,用来度量产业转移的一种倾向。提出两个本书特有的概念——产业发展势能和产业转移发生势差,后者简称发生势差。产业转移势能包括转出区的产业发展势能和转入区的产业发展势能。本书所指的产业发展势能是指某个区域由于产业转移推拉综合力量的存在而具有产业向外转移或承接产业转移的某种潜在的势能。产业转移发生势差则是指转出区产业发展势能与转入区产业发展势能的差额。通过两者势差的比较能够判断出两区域间产业转移发生的可能性和倾向。

2. 分析假设

假设1:本书研究的产业转移是指发生在国内劳动密集型产业中两区

域之间的转移过程,是自发达区域向欠发达区域转移的过程。

假设2:整个产业转移发生在转出区与转入区之间,转出区和转入区内部都存在推拉力,并且这些力量存在不同的作用指向。

假设3:在转出区至转入区之间发生的产业转移是要达到一定的临界状态才能发生的,本书采用产业转移发生势差指标来表达和解释这种状态,这个势差的分解可以揭示这样一种规律,但对于转出区和转入区其意义是不一样的,分别为转出和转入势能。

假设4:区域产业转移发生势差可以分解为经济势差、产业势差、成本势差、交易成本势差和技术势差五个方面来描述,并且可以将这五个势差综合成为一个综合指标,再结合一定的评判标准和规则,据此对产业转移是否发生进行判断和评价。

假设5:产业转移发生存在两个必要条件:产业转移发生势差阈值和产业转移的对接。

假设6:区域产业转移发生势差分别由经济势差、产业势差、成本势差、交易成本势差和技术势差所构成。其中经济势差、成本势差和交易成本势差为差异指标,该势差越大则越促进产业转移的发生;而产业势差和技术势差(孔翔,2003)则为限制性指标,当转入区的某个该类指标明显大大低于某个标准时,其产业转移发生将会受到限制,即达不到相应的产业和技术基础,转移存在某些障碍。某些指标则为临界指标,当转出区与转入区的该指标势差值低于某个临界数值时,则会存在转移障碍。

在产业转移发生势差中本书假设经济势差和成本势差全由差异指标构成,而交易成本势差中的对外开放程度、产业势差中的制造业聚集指数、制造业地区平均集中率、技术势差中的科研人才比例和 R&D 投资比例皆为限制性指标,产业势差中的产业发展水平则为临界指标。关于限制性指标势差评分的数据处理,本书先根据转入区该项指标的标准化数值进行比较,当其指标的绝对值和相对值都低于中西部的平均值时,则判定该地区的该指标未能达到承接产业转移的基本条件,判定为限制性因素,直接判定该项指标的势差评分为 0 分;当其指标达到承接产业转移的基本条件时，直接用转出区势能数据减去转入区势能数据，其值即为该项指标的势差评分；当某个指标转出区的势能较小，其减去转入区势能后的得分为负值时，直接判定该项指标的势差评分为 0 分。临界指标的势差评分数据处理如下：先计算该指标标准化后转出区与转入区的平均值，计算其两者平均值的势差作为临界指标的标准，分别计算各区域该指标的势差数值，将其与临界指标的标准进行比较，当其势差值低于临界标准时，判定该指标势差评分为 0 分，即其势差达不到产业转移发生的势差标准。最后将所有差异指标、限制性指标和临界指标的各项得分加总起来得到总的势差评分即为综合评分结果。

（二）评价指标选取与研究路径

充分考虑到指标的全面性、代表性、可行性及可比性（陈佳贵等，2006），本书选择以下指标来构造区域产业转移发生势差的评价体系：经济势差方面，选择人均 GDP、地区 GDP 增长率、人均可支配收入三个为基本指标；产业势差方面，选择产业发展水平、制造业聚集指标、制造业地区平均集中率为基本指标；成本势差方面，选择劳动力价格、工业用电价格、土地购置成本为基本指标；交易成本方面，选择交易费用系数与对外开放程度为基本指标；技术势差方面，选择科研人才比例与 R&D 投资比例为基本指标。

根据上述衡量发生势差的指标体系和相应的标志值，本书选用指标含义清晰、综合解释能力强的传统评价法（加法合成法）来构造计算反映各发达区域至各欠发达区域的发生势差的综合评分数值 $K(K) = \sum_{i=1}^{n} \lambda_i w_i / \sum_{i=1}^{n} w_i$，其中 K 为各发达区域至各欠发达区域的发生势差的综合评价值；λ_i 为单个指标的评价值，n 为评价指标的个数；W_i 为各评价指标的权重——由层次分析法生成）。具体的研究路径如下：第一，收集数据，即收集评价指标体系中各指标的具体数值，并对其进行整理、统一口径；第二，对选定的指标进行指标同向性和无量纲化处理，得出各指标的评价值；第三，用层次分析法计算出各个指标的权重；第四，用加权合成法对各指标的评价值进行综合，得出我国各发达省级地区至欠发达省级地区发生势差的综合评价值，并对180个两区域产业转移发生势差的综合评价值进行排序；第五，用实际发生产业转移的状况来检验综合评价结果。

（三）数据处理与权重确定

1. 指标计算与数据处理

为确保各地区数据的可比性和研究的延续性，本书主要从各类官方统计年鉴中收集各省级地区相关数据，对于个别年份不能直接获取的数据则用相应的官方数据替代（如2004年与2000年工业用电数据是来自中国资讯行相应年度的《中国36个大中城市主要生产资料市场平均价格统计》中的普通工业用电的价格），个别年份缺少的数据将参考相关资料，并根据经验事实进行修正。2008年，28个省（市、区）的发生势差原始数据如表5-1所示。

（1）指标计算。表5-1中原始数据的个别指标为综合指标，其计算公式及说明请见《统计与决策》2011年第10期"中西部承接区域产业转移的竞争力研究——基于中西部18省市的实证研究"中的指标计算内容。

（2）数据处理。由于直接获取的指标数据的单位和量纲不同，为了使数据间具有可比性，有必要对指标数据进行标准化处理。本书采用极差标准化法进行标准化处理，由于这里只是比较各势差的大小，在标准化时不考虑是正向还是负向指标，统一采用正相关指标的标准化方法，计算公式为：

$$x_{ij} = \frac{K_{ij} - K_{ijmim}}{K_{ijmax} - K_{ijmim}} \tag{5-1}$$

将各地区各指标进行标准化以后，首先，分别乘以各指标的权重可以得到各转出区域各指标的势能值和各转入区域各指标的势能值。其次，找出所有限制性指标，如交易成本势差中的对外开放程度、产业势差中的制造业聚集指数、制造业地区平均集中率、技术势差中的科研人才比例和R&D投资比例，根据前面假定中的限制性指标的数据处理方法进行评分。

第五章 区域产业转移路径的实证分析

表 5-1 2008 年 28 个省（市、区）发生势差原始数据

省（市、区）	人均GDP（元）	GDP增长率（%）	人均可支配收入（元）	产业发展水平	制造业聚集指数（%）	制造业地区平均集中率（%）	职工平均工资（元）	工业用电价格（元/千瓦时）	土地购置价格（元/平方米）	相对交易费用系数（%）	进出口总额（亿美元）	地区科技人员数（人）	地区R&D投资（万元）
全国	22698	9	15781	28.8	1.0000	1.0000	29229	0.5235	1523.53	0.2873	25632	4967480	46160218
北京	63029	9	24725	72.1	1.0107	0.0157	56328	0.6502	7760.51	0.5039	2717	419741	5503499
天津	55473	17	19423	36	2.4890	0.0153	41748	0.5608	1955.93	0.2732	804	123965	1557166
河北	23239	10	13441	20.6	0.7629	0.0379	24756	0.4625	901.11	0.2140	384	142628	1091113
山西	20398	8.3	13119	29.8	0.7881	0.0236	25828	0.4151	890.66	0.2147	144	133570	625574
内蒙古	32214	17	14433	21.6	0.6770	0.0116	26114	0.3378	595.84	0.2081	89	47997	338950
上海	73124	9.7	26675	52.9	3.3781	0.0350	56565	0.6799	6758.58	0.3854	3221	224234	3553868
江苏	39622	12	18680	31.2	2.5918	0.1273	31667	0.5558	2336.17	0.2760	3923	511670	5809124
浙江	42214	10	22727	35.9	2.0597	0.0901	34146	0.5924	3294.99	0.3017	2111	413108	3445714
安徽	14485	13	12990	21.4	0.4683	0.0233	26363	0.5225	1200.36	0.2432	202	149049	983208
福建	30123	13	17961	28.6	1.3488	0.0353	25702	0.5024	2782.01	0.2762	848	130618	1019288
江西	14781	13	12866	14.5	0.6870	0.0213	21000	0.5465	735.96	0.2028	136	77340	631468
山东	33083	12	16305	23.7	1.5522	0.1039	26404	0.5203	1273.67	0.2268	1584	363503	4337171
河南	19593	12	13231	14.2	0.5852	0.0521	24816	0.4328	932.40	0.1736	175	206496	1222763
湖北	19860	13	13153	24.8	0.8088	0.0302	22739	0.5326	1083.28	0.2661	207	184072	1489859
湖南	17521	13	13821	19.8	0.5172	0.0320	24870	0.5145	761.62	0.2420	125	147648	1127040
广东	37589	10	19733	37.4	2.3551	0.1358	33110	0.7062	1912.93	0.3097	6850	527477	5025577
广西	14966	13	14146	17.1	0.3536	0.0139	25660	0.4508	696.64	0.2488	132	67486	328306

续表

省（市、区）	人均GDP（元）	GDP增长率（%）	人均可支配收入（元）	产业发展水平	制造业聚集指数（%）	制造业地区均集中率（%）	职工平均工资（元）	工业用电价格（元/千瓦时）	土地购置价格（元/平方米）	相对交易费用系数（%）	进出口总额（亿美元）	地区科技人员数（人）	地区R&D投资（万元）
海南	17175	9.8	12608	10.2	0.2662	0.0019	21864	0.6462	257.71	0.2661	45	10509	33479
重庆	18025	14	14368	29.7	0.6531	0.0155	26985	0.5183	1534.70	0.2765	95	87965	601525
四川	15378	9.5	12633	15.9	0.5110	0.0364	25038	0.4829	3097.38	0.2228	221	221582	1602595
贵州	8824	10	11759	24.9	0.2141	0.0109	24602	0.3836	577.77	0.2635	34	39387	189298
云南	12587	11	13250	21.2	0.2425	0.0175	24030	0.3882	706.97	0.2618	96	63737	309909
西藏	13861	10	12482	40.2	0.0543	0.0001	47280	0.5019	585.37	0.3467	8	3549	12285
陕西	18246	16	12858	21.9	0.5598	0.0167	25942	0.4310	1648.76	0.2175	83	147667	1432726
甘肃	12110	10	10969	24.5	0.4062	0.0116	24017	0.3765	586.81	0.2405	61	54031	318014
青海	17389	13	11640	23	0.4571	0.0017	30983	0.3115	602.52	0.2173	7	10879	39092
宁夏	17892	12	12932	25.3	0.6317	0.0033	30719	0.3887	478.29	0.2387	19	14780	75490
新疆	19893	11	11432	17.5	0.4043	0.0061	24687	0.4124	373.82	0.2199	222	34197	160113

注：各地的人均GDP、GDP增长率、人均可支配收入、三次产业比重、各地区就业人数、职工平均工资、土地购置费用与土地购置面积、各地各交易部门的交易费用绝对值、进出口总额的数据皆来自国家统计局的历年《中国统计年鉴》，制造业聚集指数中的制造业从业人员数、制造业地区平均集中率中率中的各制造业二位数行业的从业人员数则来自2008年各地区相应年度的《工业经济统计年鉴》中的数据（其中2004年的数据没有《工业经济统计年鉴》，来自2004年经济普查数据）。2008年工业用电价格来自中国资讯行相应年份中国工业用电价格年鉴数据是来自中国资讯行历年中国科技统计年鉴数据。为了动态地反映我国各地区市场平均价格的变化，本书除计算2008年的各地发生势差综合数值以外，还计算2000年与2004年、2007年的发生势差数值。受篇幅限制，本书这里未列出所有原始数据。

再次，找出临界指标——产业势差中的产业发展水平，同样采用前面假设中临界指标的数据处理方法进行评分。同时，当某个指标的转出区的势能较小，其减去转入区势能后的得分为负值时，直接判定该项指标的势差评分为0分。最后，将所有差异指标、限制性指标和临界指标的各项势差得分加总起来得到总的势差评分即为综合评分结果。

2. 权重确定

通过对14位研究区域经济的专家进行问卷调查，根据他们的打分，运用AHP专业软件（Yaahp 0.5.2）采用群决策——专家数据集结方法对该矩阵进行计算，得出各指标的权重结果如表5-2所示（矩阵的相对一致性指标 $CR = CI/RI = 0.00032429 < 0.1$，通过逻辑一致检验）。

表5-2　产业转移发生势差综合评价指标赋权值

一级指标	代号	权重小计	二级指标	代号	权重
经济势差	B1	0.1096	人均GDP	C1	0.0417
			地区GDP增长率	C2	0.0313
			人均可支配收入	C3	0.0366
产业势差	B2	0.2253	产业发展水平	C4	0.0892
			制造业聚集指数（区位商）	C5	0.0687
			地区制造业平均集中率	C6	0.0674
成本势差	B3	0.3498	劳动力价格	C7	0.1506
			工业用电价格	C8	0.0953
			土地购置成本	C9	0.1039
交易成本势差	B4	0.1702	交易费用系数	C10	0.0906
			制度势差：对外开放程度	C11	0.0797
技术势差	B5	0.1451	科研人才比例	C12	0.0828
			R&D投资比例	C13	0.0622

（四）评价结果及其检验

根据上述综合评价方法，可以计算出我国各发达区域至各欠发达区域所有省市的发生势差的综合评分,这也就是本书所构造的区域产业转移发生势差的综合指数。通过各发达区域至各欠发达区域发生势差的综合评分,可以大致反映全国产业转移发生的一种态势和将产业转移发生的可能性判断。

1. 发生势差综合评分结果及分析

表5-3为2008年各发达省市至各欠发达省市的发生势差综合评分结果。

表5-3　各发达地区至各欠发达地区的发生势差综合评分结果

综合评分	北京	天津	河北	上海	江苏	浙江	福建	山东	广东	海南	D
河南	0.7284	0.3887	0.0345	0.6857	0.3266	0.3286	0.1812	0.1442	0.4037	0.0715	0.3293
江西	0.6825	0.3351	0.0217	0.6397	0.3133	0.3125	0.1609	0.1367	0.3890	0.0513	0.3043
湖北	0.7002	0.3096	0.0135	0.6269	0.2588	0.2501	0.1016	0.1052	0.3388	0.0260	0.2731
湖南	0.7340	0.3596	0.0200	0.6599	0.2846	0.2990	0.1232	0.1243	0.3718	0.0346	0.3011
山西	0.7425	0.3592	0.0320	0.6726	0.3116	0.3029	0.1542	0.1512	0.3844	0.0592	0.3170
安徽	0.7056	0.3007	0.0155	0.5868	0.2301	0.2532	0.0957	0.0916	0.3199	0.0185	0.2618
A	0.7155	0.3421	0.0228	0.6453	0.2875	0.2910	0.1361	0.1255	0.3679	0.0435	0.2977
内蒙古	0.5549	0.2885	0.0320	0.5254	0.1763	0.2252	0.1055	0.0838	0.2350	0.0677	0.2294
广西	0.6074	0.2641	0.0114	0.5418	0.1942	0.2267	0.1083	0.0669	0.2769	0.0434	0.2341
重庆	0.6734	0.2908	0.0118	0.5977	0.1909	0.2005	0.0774	0.0572	0.2484	0.0135	0.2362
四川	0.7284	0.3539	0.0249	0.6527	0.2931	0.2912	0.1137	0.1171	0.3329	0.0279	0.2936
贵州	0.4933	0.2074	0.0371	0.4410	0.1428	0.1858	0.1055	0.0833	0.1820	0.0541	0.1932
云南	0.4899	0.2200	0.0279	0.4376	0.1341	0.1982	0.0967	0.0741	0.1732	0.0481	0.1900
西藏	0.4587	0.1416	0.0176	0.3931	0.1067	0.0966	0.0730	0.0528	0.1424	0.0147	0.1497
陕西	0.4991	0.2251	0.0042	0.4628	0.1356	0.1839	0.0748	0.0381	0.1636	0.0288	0.1816
甘肃	0.6965	0.3020	0.0506	0.5981	0.2324	0.2543	0.1555	0.1167	0.2999	0.0779	0.2784
青海	0.4847	0.1961	0.0142	0.4324	0.1314	0.1744	0.0941	0.0619	0.1706	0.0508	0.1811
宁夏	0.5411	0.2593	0.0027	0.5116	0.1653	0.1961	0.0891	0.0656	0.1946	0.0291	0.2055
新疆	0.6312	0.2879	0.0221	0.5656	0.2179	0.2240	0.1326	0.0852	0.2720	0.0583	0.2497
B	0.5715	0.2531	0.0214	0.5133	0.1767	0.2047	0.1022	0.0752	0.2243	0.0428	0.2185
C	0.6275	0.2866	0.0225	0.5645	0.2176	0.2365	0.1159	0.0935	0.2780	0.0440	0.2449

注：A 为某发达地区转移至中部地区平均势差；B 为某发达地区转移至西部地区平均势差；C 为某发达地区转移至各欠发达地区的平均势差；D 为各发达地区转移至各欠发达地区的平均势差。AD 相交数值为发达地区转移至中部地区发生势差的平均值；BC 相交数值为发达地区转移至西部地区发生势差的平均值；CD 相交数值为全国发生势差的平均值。

从表 5-3 中可以得出以下几点结论。

（1）发达地区转移到中部地区的势差数据的平均值高于转移至西部地区的势差平均值，根据本书测算的 2000 年、2004 年、2007 年和 2008 年的以上数据也一直都显示发达地区转移至中部地区的势差平均值一直高于西部地区的这一数据，表明中部地区在承接竞争力上比西部地区普遍更有竞争优势。

（2）根据本书测算的 2000 年、2004 年、2007 年和 2008 年的数据可以发现，发达地区转移到中部地区的势差平均值逐年增大，表明中部地区承接发达地区的优势明显，而且逐年在改善。与此同时，西部地区该数值却逐年下降，表明与中部地区相比，其改善速度稍缓。

（3）从各发达地区转到各中西部地区的势差平均值可以看到，以北京市和上海市为首，到了迫切转移的地步，广东省也达到了转移成必然之势的状态，紧随其后的是浙江与江苏，从 2000~2008 年，某发达地区转移至各欠发达地区势差的数据和排名未有较大变动，说明发达地区在产业发展势能上的趋势未有较大变化。

（4）中部地区的江西、湖南自 2000~2008 年各发达地区转移至该地的平均势差数据变化很大，都从 0.2 以下变为 0.3 的平均值，说明其承接产业转移的能力提高很快。安徽的这一平均值却下降得很快，说明安徽在承接产业转移的竞争能力提高上非常缓慢。河南、山西的这一数据则基本没有变化，一直保持在 0.3 以上，湖北则一直保持在 0.3 以下，且数据变化幅度非常小，说明这 3 个省在承接产业转移的竞争力能力上整体变化不大。

2. 两区域发生势差梯队划分结果及分析

根据表 5-4 全国各发达地区至各欠发达地区的所有产业转移发生势差，可以清楚地判断哪些地区到了非转不可的地步，哪些地区具备产业转移条件，哪些地区只是在某些产业上有转移的可能性。据此，可以根据全国的数据进行大致的聚类分析，根据发生势差的大小进行临界判断，分几个阶段可以更好地对各地的发生势差进行综合的判断和分类。

表 5-4 全国各地区产业转移发生势差的梯队划分结果

梯队划分	发达区域—欠发达区域	两区域发生势差综合评分	排序	梯队划分	发达区域—欠发达区域	两区域发生势差综合评分	排序	梯队划分	发达区域—欠发达区域	两区域发生势差综合评分	排序
第一梯队	北京—山西	0.7425	1	第二梯队	北京—陕西	0.4991	27	第二梯队	江苏—山西	0.3116	53
	北京—湖南	0.7340	2		北京—贵州	0.4933	28		天津—湖北	0.3096	54
	北京—河南	0.7284	3		北京—云南	0.4899	29		浙江—山西	0.3029	55
	北京—四川	0.7284	4		北京—青海	0.4847	30		天津—甘肃	0.3020	56
	北京—安徽	0.7056	5		上海—陕西	0.4628	31		天津—安徽	0.3007	57
	北京—湖北	0.7002	6		北京—西藏	0.4587	32	第三梯队	广东—甘肃	0.2999	58
	北京—甘肃	0.6965	7		上海—贵州	0.4410	33		浙江—湖南	0.2990	59
	上海—河南	0.6857	8		上海—云南	0.4376	34		江苏—四川	0.2931	60
	北京—江西	0.6825	9		上海—青海	0.4324	35		浙江—四川	0.2912	61
	北京—重庆	0.6734	10		广东—河南	0.4037	36		天津—重庆	0.2908	62
	上海—山西	0.6726	11		上海—西藏	0.3931	37		天津—内蒙古	0.2885	63
	上海—湖南	0.6599	12		广东—江西	0.3890	38		天津—新疆	0.2879	64
	上海—四川	0.6527	13		天津—河南	0.3887	39		江苏—湖南	0.2846	65
	上海—江西	0.6397	14		广东—山西	0.3844	40		广东—广西	0.2769	66
	北京—新疆	0.6312	15		广东—湖南	0.3718	41		广东—新疆	0.2720	67
	上海—湖北	0.6269	16		天津—湖南	0.3596	42		天津—广西	0.2641	68
	北京—广西	0.6074	17		天津—山西	0.3592	43		天津—宁夏	0.2593	69
	上海—甘肃	0.5981	18		天津—四川	0.3539	44		江苏—湖北	0.2588	70
	上海—重庆	0.5977	19		广东—湖北	0.3388	45		浙江—甘肃	0.2543	71
	上海—安徽	0.5868	20		天津—江西	0.3351	46		浙江—安徽	0.2532	72
	上海—新疆	0.5656	21		广东—四川	0.3329	47		浙江—湖北	0.2501	73
	北京—内蒙古	0.5549	22		浙江—河南	0.3286	48		广东—重庆	0.2484	74
	上海—广西	0.5418	23		江苏—河南	0.3266	49		广东—内蒙古	0.2350	75
	北京—宁夏	0.5411	24		广东—安徽	0.3199	50		江苏—甘肃	0.2324	76
	上海—内蒙古	0.5254	25		江苏—江西	0.3133	51		江苏—安徽	0.2301	77
	上海—宁夏	0.5116	26		浙江—江西	0.3125	52		浙江—广西	0.2267	78

第五章 区域产业转移路径的实证分析

续表

梯队划分	发达区域—欠发达区域	两区域发生势差综合评分	排序	梯队划分	发达区域—欠发达区域	两区域发生势差综合评分	排序	梯队划分	发达区域—欠发达区域	两区域发生势差综合评分	排序
第三梯队	浙江—内蒙古	0.2252	79		山东—山西	0.1512	105		福建—宁夏	0.0891	131
	天津—陕西	0.2251	80		山东—河南	0.1442	106		山东—新疆	0.0852	132
	浙江—新疆	0.2240	81		江苏—贵州	0.1428	107		山东—内蒙古	0.0838	133
	天津—云南	0.2200	82		广东—西藏	0.1424	108		山东—贵州	0.0833	134
	江苏—新疆	0.2179	83		天津—西藏	0.1416	109		海南—甘肃	0.0779	135
	天津—贵州	0.2074	84		山东—江西	0.1367	110		福建—重庆	0.0774	136
	浙江—重庆	0.2005	85		江苏—陕西	0.1356	111		福建—陕西	0.0748	137
第四梯队	浙江—云南	0.1982	86	第四梯队	江苏—云南	0.1341	112	第五梯队	山东—云南	0.0741	138
	浙江—宁夏	0.1961	87		福建—新疆	0.1326	113		福建—西藏	0.0730	139
	天津—青海	0.1961	88		江苏—青海	0.1314	114		海南—河南	0.0715	140
	广东—宁夏	0.1946	89		山东—湖南	0.1243	115		海南—内蒙古	0.0677	141
	江苏—广西	0.1942	90		福建—湖南	0.1232	116		山东—广西	0.0669	142
	江苏—重庆	0.1909	91		山东—四川	0.1171	117		山东—宁夏	0.0656	143
	浙江—贵州	0.1858	92		山东—甘肃	0.1167	118		山东—青海	0.0619	144
	浙江—陕西	0.1839	93		福建—四川	0.1137	119		海南—山西	0.0592	145
	广东—贵州	0.1820	94		福建—广西	0.1083	120		海南—新疆	0.0583	146
	福建—河南	0.1812	95		江苏—西藏	0.1067	121		山东—重庆	0.0572	147
	江苏—内蒙古	0.1763	96		福建—内蒙古	0.1055	122		海南—贵州	0.0541	148
	浙江—青海	0.1744	97		福建—贵州	0.1055	123		山东—西藏	0.0528	149
	广东—云南	0.1732	98		山东—湖北	0.1052	124		海南—江西	0.0513	150
	广东—青海	0.1706	99		福建—湖北	0.1016	125		海南—青海	0.0508	151
	江苏—宁夏	0.1653	100		福建—云南	0.0967	126		河北—甘肃	0.0506	152
	广东—陕西	0.1636	101	第五梯队	浙江—西藏	0.0966	127		海南—云南	0.0481	153
	福建—江西	0.1609	102		福建—安徽	0.0957	128		海南—广西	0.0434	154
	福建—甘肃	0.1555	103		福建—青海	0.0941	129		山东—陕西	0.0381	155
	福建—山西	0.1542	104		山东—安徽	0.0916	130		河北—贵州	0.0371	156

续表

梯队划分	发达区域—欠发达区域	两区域发生势差综合评分	排序	梯队划分	发达区域—欠发达区域	两区域发生势差综合评分	排序	梯队划分	发达区域—欠发达区域	两区域发生势差综合评分	排序
第五梯队	海南—湖南	0.0346	157	第五梯队	海南—湖北	0.0260	165	第五梯队	海南—西藏	0.0147	173
	河北—河南	0.0345	158		河北—四川	0.0249	166		河北—青海	0.0142	174
	河北—山西	0.0320	159		河北—新疆	0.0221	167		海南—重庆	0.0135	175
	河北—内蒙古	0.0320	160		河北—江西	0.0217	168		河北—湖北	0.0135	176
	海南—宁夏	0.0291	161		海南—湖南	0.0200	169		河北—重庆	0.0118	177
	海南—陕西	0.0288	162		海南—安徽	0.0185	170		河北—广西	0.0114	178
	河北—云南	0.0279	163		河北—西藏	0.0176	171		河北—陕西	0.0042	179
	海南—四川	0.0279	164		河北—安徽	0.0155	172		河北—宁夏	0.0027	180

注：第一梯队，发生势差综合评分大于等于 0.5；第二梯队，发生势差大于等于 0.3、小于 0.5；第三梯队，发生势差大于等于 0.2、小于 0.3；第四梯队，发生势差大于等于 0.1、小于 0.2；第五梯队，发生势差小于 0.1。

通过计算，可以得到评价期内全国 10 个发达地区分别与 18 个欠发达地区产业转移发生势差的综合评分及排名，可大致反映两区域产业转移发生趋势的状况，此处仅就产业转移发生势差的数据进行一个梯队划分及分析结果检验（马涛等，2009）。

（1）梯队划分。

第一梯队发生势差综合评分大于等于 0.5，表示劳动力密集型制造业到了非转不可的地步，而且其转出的条件和转入的势能都已经达到相当成熟的条件。

第二梯队发生势差大于等于 0.3、小于 0.5，表示劳动力密集型制造业达到了转移的状态，而且其转出的条件和转入的势能都已经达到比较成熟的条件。根据笔者博士学位论文研究的区域产业转移发生机制理论，当产业转移发生势差达到某一临界状态即具备产业转移的趋势，本书所界定的这一临界阈值预定为 0.3，即当两地区间的产业转移发生势差达到 0.3 及以上时，认为其已经具备产业转移的势差趋势。这一数据的选择亦来自全国历年各区域的产业转移发生势差数据的均值比较。历年的两区域产业转移发生势差数据的均值都在0.24~0.25徘徊，东部至中部的均值则在0.3徘徊，并且大部分年份在0.29左右，根据以上数据统计学上的经验，可以基本判断0.3及以上的值是中等偏上的状态，因此，本书将0.3作为产业转移发生势差临界状态的阈值。当然，此处预定0.3为临界阈值仅仅是理论上的判断和经验数据的选择，其进一步的检验则要再通过实际产业转移发生的数据来验证，这是笔者今后将要进一步继续研究的内容。

第三梯队发生势差大于等于0.2、小于0.3，表示劳动力密集型制造业达到可以转移的状态，而且其转出的条件和转入的势能都基本达到条件，在某些行业某些地区确实有转移的必要。

第四梯队发生势差大于等于0.1、小于0.2，表示劳动力密集型制造业在某些情况下可以达到转移的状态，其转出的条件和转入的势能未达到相应条件，但在某些行业或某些地区在有条件的或有特殊需要时可以有转移的必要。

第五梯队发生势差小于0.1，表示劳动力密集型制造业尚未达到转移的状态，其转出的条件和转入的势能均未能达到转移的相应条件，但在某些特殊行业或某些特殊需要时可以考虑转移的可能。

（2）结果评价分析及检验。

1）第一梯队（发生势差综合评分在0.5以上）都发生在上海和北京转移到中西部各地区，说明上海和北京在劳动力密集型制造业已经相当不具有优势，到了迫切转出的地步。这也与近年来北京和上海大量地进行劳动密集型产业转移的事实是相符的。北京自2000年以来大规模工业的转移不管是出于奥运的政治需要还是由于市场经济的自发需要，产业转移的事实已经发生，并且还将持续下去。这也可以说明北京的劳动密集型产业已经到了非转不可的地步。陈建军教授则在《要素流动、产业转移和区域经济一体化》一书中，用产业竞争力系数指标证实了长三角内部存在从上海到周边地区产业转移的存在及态势。

2）2004年第二梯队及以上的发生势差数据个数较多，表明2004年产业转移发生趋势到了一个剑拔弩张的状态。根据本书另外测算的2000年、2004年、2007年和2008年的数据比较发现，2004年第二梯队以上（大于等于0.3）的两区域产业转移发生势差有65个之多，比2000年和2007年、2008年都要多，比较有趣的是2000年、2007年、2008年大于等于0.3的势差都是57个，这表明在2000年已经有产业转移的必要，而且初见端倪，到2004年已经达到进一步转移的必要。自2004年以来开始陆续出现大规模的产业转移，包括西部大开发的进程加快，也包括近些年中部崛起战略的启动，都加速了发达区域向中西部地区的转移，2007年、2008年，已经有部分劳动密集型产业转移至各欠发达地区。这一事实也可以通过本书计算的制造业地区集中率和制造业集聚程度这两个指标的变化来加以印证。东部地区的制造业聚集指数自2000~2008年逐步下降，尤其是2004~2008年下降趋势非常明显，与此对应的是中部地区的制造业聚集指数则自2000年以来一直呈上升趋势，西部地区的这一数据呈缓步下降趋势，这一数据变化表明，自2000年以来，制造业由东部地区逐渐向中部地区发生转移。制造业地区平均集中率这一数据则在2004年呈现比较明显的态势。2000年，东部地区的制造业地区平均集中率为0.5，2004年达到0.64，表明其制造集中程度达到非常高的状态，这与东部地区的产业集群吸引各地制造业的集聚是分不开的，但自2004年达到顶峰以后呈现下降趋势，一直到2008年下降到0.598的状态。与此同时，中部地区与西部地区则在2004年都处于比较低的制造业地区平均集中率状态，至2008年，两地的该数据则一路上升，表明两地的制造业都呈现更加集中和规模增加的趋势。从这两个指标的变化，也依稀可以看到劳动力密集型制造业的产业转移发生势态，都在2004年达到顶峰时期，然后发生了大规模的产业转移，至2008年两者的数据都呈现下降状态，表明产业转移事实上已经发生。2007年与2008年大于等于0.3的势差个数又逐步回归到57的个数，这个数字依然表明产业转移成为必然之势。

（五）研究结论

（1）根据前面的理论分析探讨，本章预定产业转移发生势差的临界阈值为 0.3，其表示该两区域具备产业转移的趋势。即当两区域间的产业转移发生势差达到 0.3 及以上时，认为其已经具备产业转移发生势差的条件和状态。

（2）全国各发达地区转移至各欠发达地区的转移趋势可以用产业转移发生势差（发达地区的产业转出势能与欠发达地区的产业转入势能的相对差距）加以估计。本书以 2000 年、2004 年、2007 年、2008 年的年鉴数据为基础，用 13 个指标构建的产业转移发生势差的综合评分指标为对象，得到各年 10 个发达地区向 18 个中西部欠发达地区的产业转移发生势差的总排名。可直观地反映中国各区域的产业转移发生态势，有助于企业进行迁移时作为一个参考基准。

（3）中国各地区的产业转移发生势差综合评分与各地区在中国经济格局中的地位基本保持一致。可以从转出区与转入区的两方面进行综合比较，第一、第二、第三梯队的转出区主要集中在上海、北京、广东、浙江、江苏等地，这与各地区在中国经济格局中的地位是一致的。在转入区方面则亦可以看出，承接能力比较强的地区，其转入势能的综合评分也是比较高的，这也与各欠发达地区在经济格局中的地位基本是一致的。

本书基于两区域产业转移范式，结合目前国内产业转移现状，构建了一套可行、可比的区域产业转移发生势差综合评价体系，从经济势差、产业势差、成本势差、交易成本势差、技术势差五方面评价我国各发达区域至欠发达区域的产业转移发生势差，并运用 2000 年、2004 年、2008 年国家统计年鉴数据，对东部、中部、西部三大经济板块 28 个省市区的产业转移发生势差的特征做了长时段的研究。需要说明的是，本书是依靠大量数据的实证性研究，数据资料的可获取性和可靠性、数据处理方法和工具的先进性、有效性都直接决定研究的质量。虽然在数据的收集过程中，研究者已经最大限度地多方求证，在数据处理过程中，也选用多种方法对结果进行相互验证，但是错漏仍不可避免，但不会导致整体判断上有任何大的谬误。

二、两区域产业转移发生机制实证分析

（一）两区域产业转移的单—多模式

1. 产业转移发生势差测度

（1）主成分分析法评价得分。运用 Stata12 软件广东、湖南、福建、江西、浙江和安徽共 6 个省级行政区的产业转移势差进行主成分分析，共提取 2 个主成分，分别是 11.006 和 1.767，其中主成分 1 的贡献率为 78.617%，主成分 2 的贡献率为 12.622%，两个主成分的累积贡献率为 91.239% > 85%。这表明提取的主成分可以很好地反映总体样本的信息，对于模型具有很好的解释力。本课题得到的主成分载荷因子矩阵如表 5-5 所示。

表 5-5　主成分因子载荷矩阵

变量	f_1	f_2	变量	f_1	f_2
X_1	-0.155	0.270	X_8	0.093	0.033
X_2	-0.124	0.241	X_9	0.237	-0.182
X_3	0.156	-0.041	X_{10}	-0.151	0.272
X_4	-0.020	0.151	X_{11}	0.167	-0.056
X_5	0.089	0.019	X_{12}	0.074	0.054
X_6	0.185	-0.077	X_{13}	0.132	-0.011
X_7	-0.100	0.228	X_{14}	0.235	-0.138

可以看出，主成分1在固定资产投资价格指数（0.237）、有效发明专利数（0.235）、制造业城镇单位就业人员数（0.185）、货物进出口总额（0.167）和规模以上工业企业主营业务收入（0.156）上具有相对较大的载荷（>0.15），这些指标反映的是区域的生产情况，因而主成分1可以命名为产业转移发生机制的生产条件驱动效应；主成分2在人均消费支出（0.272）、人均地区生产总值（0.270）、人均可支配收入（0.241）和城镇单位就业人员平均工资（0.228）等上具有相对较大的载荷（>0.20），这些指标衡量的是区域产业转移的富裕差异，因而主成分2可以解释为区域产业转移发生机制的收入差距驱动效应。其中，生产条件驱动效应在驱动区域间产业转移中发挥着最为重要的作用，成为解释区域产业转移发生的主要成分。

（2）产业转移发生势差分析。依据表5-5提取的主成分和载荷因子矩阵，可以计算出产业转移势差总体的综合评价指数和各势差评价指数，如表5-6所示。

表5-6　各个省的主成分评价结果及其排名

省份	第一主成分 F_1		第二主成分 F_2		主成分综合 Y	
	得分	排名	得分	排名	得分	排名
广东	0.292	1	0.361	2	0.302	1
湖南	0.085	2	-0.027	6	0.069	3
福建	-0.017	5	0.344	3	0.034	5
江西	0.001	4	0.0001	5	0.001	6
浙江	-0.004	6	0.812	1	0.110	2
安徽	0.040	3	0.075	4	0.045	4

结合表5-5和表5-6可以看出：①主成分1和主成分2在发达地区和欠发达地区的作用表现出明显的差异性，其中主成分2在发达地区表现出较主成分1更为明显的作用，而主成分1则在欠发达地区的作用更为明显。广东（0.361）、福建（0.344）、浙江（0.812）和安徽（0.075）的

第二主成分得分均大于第一主成分得分,这表明收入差距驱动效应成为解释该地区产业转移的主要因素;而湖南(0.085)和江西(0.001)的第一主成分则明显大于第二主成分,也即生产条件驱动效应是这两个省份产业转移发生机制的主要驱动因素。②从综合得分来看,呈现广东(0.302)>浙江(0.110)>湖南(0.069)>安徽(0.045)>福建(0.034)>江西(0.001)的特征,这表明诸如广东和浙江等发达地区具有较为强烈的产业转移需求,但诸如湖南、安徽省份则虽然具有一定的产业转移需求,但自身的产业发展条件不能适应产业的发展,需要转移产业来提升和改善地区的生产条件。③两区域产业转移之间存在产业转移需求和产业转移条件的矛盾。发达地区由于企业生产成本提高,亟须将企业转移到欠发达地区,从而实现利润的最大化;与此同时,欠发达地区需要依托发达地区转移的产业来提升自身的经济发展水平。然而生产条件驱动效应成为发达地区产业转移发生机制的抑制因素,发达地区与欠发达地区两者之间存在转移需求与转移条件的矛盾。

由表5-5可知,两区域产业转移评价指标的重要程度由高到低的顺序是X_{14}、X_9、X_6、X_{11}等。将这些指标的系数进行归一化处理,可以得到每个指标的权重,再根据以上公式可以得到各个子势差和产业转移发生势差的计算结果,如表5-7所示。

表5-7 两区域产业转移的指标权重和各个势差计算结果

一级指标	二级指标	指标权重	广东	湖南	福建	江西	浙江	安徽
经济势差	X_1	0.02	0.93	0.05	0.17	0.00	0.53	0.05
	X_2	0.01						
	X_3	0.10						
产业势差	X_4	0.02	1.00	0.20	0.20	0.01	0.52	0.23
	X_5	0.06						
	X_6	0.10						
成本势差	X_7	0.01	1.00	0.64	0.22	0.00	0.46	0.14
	X_8	0.06						
	X_9	0.10						

续表

一级指标	二级指标	指标权重	广东	湖南	福建	江西	浙江	安徽
交易成本势差	X_{10}	0.02	0.98	0.01	0.17	0.01	0.36	
	X_{11}	0.24						
技术势差	X_{12}	0.07	1.00	0.12	0.12	0.00	0.42	0.15
	X_{13}	0.08						
	X_{14}	0.11						
产业转移发生势差			4.91	1.02	0.88	0.02	2.29	0.59
排名			1	3	4	6	2	5

为了方便对两区域的产业转移进行客观分析，本课题将两区域界定为发达地区向欠发达地区转移，而此案例中则主要考察广东—湖南、广东—江西、广东—安徽三个方向的产业转移。同时，如果产业发生转移，那么必然在两区域之间存在转移势差，即经济势差 EPD_{ij}、产业势差 IPD_{ij}、成本势差 CPD_{ij}、交易成本势差 $TCPD_{ij}$、技术势差 TPD_{ij} 和产业发生势差 RPD_{ij}（其中，i 为转出区，j 为转入区）；否则，两区域之间不会发生产业转移的现象。基于此，根据表 5-7 的相关数据，可以得到广东—湖南、广东—江西、广东—安徽的产业转移势差结果，如表 5-8 所示。

表 5-8 转移势差结果

指标	广东—湖南	广东—江西	广东—安徽
经济势差 EPD_{ij}	0.88	0.93	0.88
产业势差 IPD_{ij}	0.80	0.99	0.77
成本势差 CPD_{ij}	0.36	1.00	0.86
交易成本势差 $TCPD_{ij}$	0.97	0.97	0.96
技术势差 TPD_{ij}	0.88	1.00	0.85
产业转移发生势差 RPD_{ij}	3.89	4.89	4.32

由表5-8可知：经济势差由高到低的排序是广东—江西（0.93）、广东—湖南（0.88）、广东—安徽（0.88）。产业势差由高到低的排序是广东—江西（0.99）、广东—湖南（0.80）、广东—安徽（0.77）。成本势差由高到低的排序是广东—江西（1.00）、广东—安徽（0.86）、广东—湖南（0.36）。交易成本势差由高到低的排序是广东—江西（0.97）、广东—湖南（0.97）、广东—安徽（0.96）。技术势差由高到低的排序是广东—江西（1.00）、广东—湖南（0.88）、广东—安徽（0.85）。产业发生势差由高到低的排序是广东—江西（4.89）、广东—安徽（4.32）、广东—湖南（3.89）。如果势差越大，则表明两区域产业转移的趋势越强；反之，如果势差越小，则表明两区域产业转移的趋势越弱。下面就两区域产业转移的路径选择问题进行深入分析。

2. 产业转移单—多模式的路径调控与选择

由从表5-8可知，广东—湖南的产业转移发生势差值最低，本课题对势差值最低的广东—湖南的产业转移路径选择进行分析，其他产业转移路径选择分析类似。首先，将湖南省、江西省和安徽省3个转入区的原始数据取最小值，将该最小值作为湖南省调整后的基础数据。其次，分别计算调整后湖南省的经济势差、产业势差、成本势差、交易成本势差、技术势差和产业发生势差。最后，通过调整后产业转移发生机制评价指标与原有评价指标两者之间的差值得到产业转移发生势差。需要指出的是，文中对广东—湖南的势差调控是分别进行的，目的是分析调控哪些影响因素对于产业转移更加有效。具体计算结果如表5-9所示。

（1）经济势差指标调控。广东—湖南的经济势差指标调控可以从以下三个指标进行路径选择。

1）人均地区生产总值。它反映在一段时期内按照平均常住人口计算得到的地区生产总值。它是衡量该地区人民生活水平的一个重要标准，也是深入了解和掌握该地区宏观经济运行状况的主要工具。本课题将湖南的人均地区生产总值由40271元调整到34425元。

表5-9 广东—湖南的势差调控分析（分别调控）

	调控指标	原有基础数据	调整后基础数据	原有子势差	原有产业发生势差	调整后子势差	调整后产业发生势差	产业发生势差增值
经济势差	人均地区生产总值 X_1	40271	34425	0.88	3.89	0.93	3.93	0.04
	人均可支配收入 X_2	17621.7	16734.2					
	规模以上工业企业主营业务收入 X_3	33489.43	31077.54					
产业势差	规模以上工业企业单位数 X_4	13723	8996	0.80		1.00	4.09	0.20
	全社会固定资产投资 X_5	21242.9	15079.3					
	制造业城镇单位就业人员数 X_6	130.7	122.6					
成本势差	城镇单位就业人员平均工资 X_7	47117	46218	0.36		1.00	4.53	0.64
	电力消费量 X_8	1430.88	1018.52					
	固定资产投资价格指数 X_9	101.5	100.1					
交易成本势差	人均消费支出 X_{10}	13288.7	11088.9	0.97		0.98	3.90	0.01
	货物进出口总额 X_{11}	3083160	3083160					
技术势差	R&D人员全时当量 X_{12}	77428	28803	0.88		1.00	4.00	0.11
	R&D经费 X_{13}	3100446	1284642					
	有效发明专利数 X_{14}	14415	3383					

2) 人均可支配收入。它通常是指个人可以支配收入的平均值。它是由个人收入扣除各类直接税和非商业性费用等支出后计算得到的余额，也被认为是决定个人消费开支的最重要因素。所以，人均可支配收入可以衡量该地区人们生活水平的变化趋势。在对人均可支配收入的实际增长进行计算时，需要对居民消费价格指数进行扣除。本课题将湖南的人均可支配收入由17621.7元调整到16734.2元。

3) 规模以上工业企业主营业务收入。它反映该地区工业企业的经营状况。基于统计学视角，通常将年主营业务收入作为衡量企业实际规模的标准，如果某工业企业达到一定规模指标，那么该企业就可以称为规模以上工业企业。规模以上工业企业也可以分为特大型、大型、中型和小型等工业企业。目前，我国将年主营业务收入2000万元以上的工业企业认定为规模以上工业企业。本课题将湖南的规模以上工业企业主营业务收入由33489.43万元调整到31077.54万元。

由表5-9可知，通过以上数据调整，广东—湖南的经济势差由0.88调整到0.93，产业发生势差由3.89调整到3.93，产业发生势差增值为0.04。这表明通过对湖南省经济势差指标的数据调整，广东—湖南的产业转移将会出现增大趋势。

（2）产业势差指标调控。广东—湖南的产业势差指标调控可以从以下三个指标进行路径选择。

1) 规模以上工业企业单位数。它反映该地区工业经济的整体发展状况。通过对该指标的调控，可以对区域产业转移产生直接影响。本课题将湖南的规模以上工业企业单位数由13723个调整到8996个。

2) 全社会固定资产投资。它是将建设和采购固定资产活动的工作量以货币形式表现。它综合反映固定资产投资的速度、规模、比例和目的等内容。全社会固定资产投资是全社会对固定资产进行再生产的主要途径，通过建设和采购固定资产不断促进技术装备更新，调整部门整体规划，优化地区经济结构和生产力布局，提高区域经济竞争实力，为提升人们的物质文化生活水平创造良好的外部环境，这对区域产业转移具有重要的现实意义。本课题将湖南的全社会固定资产投资由21242.9亿元调整到15079.3亿元。

3) 制造业城镇单位就业人员数。它反映该地区城镇制造业的经营状况和发展水平。通过对该指标的有效调控，能够对区域产业转移带来联动效应。本课题将湖南的制造业城镇单位就业人员数由130.7万人调整到122.6万人。

由表 5-9 可知，通过以上数据调整，广东—湖南的产业势差由 0.80 调整到 1.00，产业发生势差由 3.89 调整到 4.09，产业发生势差增值为 0.20。这表明通过对湖南产业势差指标的数据调整，广东—湖南的产业转移也将会有所增大。

（3）成本势差指标调控。广东—湖南的成本势差指标调控可以从以下三个指标进行路径选择。

1）城镇单位就业人员平均工资。它反映该地区城镇劳动力成本的整体状况。对于欠发达地区劳动力成本的调控应当使其与发达地区劳动力成本保持相对优势，严格调控欠发达地区城镇单位就业人员平均工资的增加幅度不能超过发达地区，努力维持甚至降低其在全国的排位。考虑到社会性因素和通货膨胀因素的综合影响，通常情况下，城镇单位就业人员平均工资一般只会提高而很少降低。本课题将湖南的城镇单位就业人员平均工资由 47117 元调整到 46218 元。

2）电力消费量。它反映该地区用电的整体需求状况以及电力成本总量大小。因为平均销售电价取决于该地区用电的供应水平和实际需求，这意味着电价在一定程度上可以进行适当调整。尽管如此，电力消费量仍然在相当程度上决定该地区的电力成本总量。本课题将湖南的电力消费量由 1430.88 亿千瓦小时调整到 1018.52 亿千瓦小时。

3）固定资产投资价格指数。它是一个能够客观反映固定资产投资额的价格变动程度和发展趋势的相对指标。一般情形下，固定资产投资额主要由三项内容构成，即建筑安装工程投资完成额、设备工器具采购投资完成额和相关费用投资完成额。所以，对于固定资产投资价格指数的调控应当对以上三项投资完成额价格指数进行综合调控。而相关费用投资完成额可能涉及土地购置价格，因为该价格是由政府全面掌控，所以土地购置价格相对比较容易调控。根据历史经验和社会发展趋势，通常情况下，土地价格均会出现上涨态势，因此，需要将其增幅范围控制在合理区间，故将湖南的固定资产投资价格指数由 101.5 调整到 100.1。

由表 5-9 可知，通过以上数据调整，广东—湖南的成本势差由 0.36

调整到1.00，产业发生势差由3.89调整到4.53，产业发生势差增值为0.64。这表明通过对湖南成本势差指标的数据调整，将有助于加快推进广东—湖南的产业转移。

（4）交易成本势差指标调控。广东—湖南的交易成本势差指标调控可以从以下两个指标进行路径选择。

1）人均消费支出。它反映人们为了满足日常生活消费需求而付出的相关费用，它主要包括服务性消费支出和购买物品消费支出。人均消费支出不仅体现社会消费需求的主流，而且展示该地区人们生活的实际水平和整体质量，更是推动整个地区经济增长的主导因素。本课题将湖南的人均消费支出由13288.7元调整到11088.9元。

2）货物进出口总额。它反映某个地区实际进出我国国境的货物总金额。它主要用于观察该地区在对外贸易方面呈现的总体发展规模，并在一定程度上体现该地区的对外开放水平。为了能够更好地实现区域产业转移，减少外部交易产生的相关费用，从理论上来说，欠发达地区的货物进出口总额应当趋向较高，但是，如果欠发达地区的货物进出口总额过高，这也就意味着其与发达地区之间的势差不明显，从而导致产业转移的驱动力不足。因此，需要将该地区与欠发达地区的平均值进行比较，如果低于欠发达地区的平均值，那么就应当提高该地区的货物进出口总额，以进一步缩短与发达地区的对外开放水平差距。本课题将湖南的货物进出口总额保持在3083160万美元不变。尽管对于交易成本势差中涉及的两个指标调控在短时期内不容易实现，但是可以通过政策引导和政府扶持等方法进行适度调控。

由表5-9可知，通过以上数据调整，广东—湖南的交易成本势差由0.97调整到0.98，产业发生势差由3.89调整到3.90，产业发生势差增值为0.01。这表明通过对湖南交易成本势差指标的数据调整，广东—湖南的产业转移将会有所增大。

（5）技术势差指标调控。广东—湖南的技术势差指标调控可以从以下三个指标进行路径选择。

1）R&D人员全时当量。它是一种可以衡量研究人员参与科研项目的投入状况与发展水平的重要指标。对于某地区的科研水平和技术实力可以通过R&D人员全时当量进行客观评价。R&D人员全时当量越大，说明该地区的技术支撑相对较强；R&D人员全时当量越小，说明该地区的技术支撑相对较弱。本课题将湖南的R&D人员全时当量由77428人年调整到28803人年。

2）R&D经费。它代表一个地区对科研项目的费用投入状况。它也在一定程度上反映该地区对技术发展的重视程度，以及科技水平的发展前景。R&D经费越多，表明该地区科学研发的驱动力强劲；R&D经费越少，表明该地区科学研发的驱动力偏弱。本课题将湖南的R&D经费由3100446万元调整到1284642万元。

3）有效发明专利数。它反映该地区的科研成果数量和科技发展前景。通常情况下，有效发明专利应当符合以下几个条件，即发明专利已经通过国家知识产权局审批授权、发明专利得到正常的维护、发明专利没有超过法定的保护年限、发明专利没有出现被诉无效的情况。本课题将湖南的有效发明专利数由14415件调整到3383件。

技术势差指标调控的要求比较苛刻。如果技术势差很高，欠发达地区可能缺乏相应的技术支撑，从而导致技术转移困难，也难以得到充分吸收和有效利用；如果技术势差很低，欠发达区可能拥有扎实的技术支撑，通过自身的努力研发也有可能取得技术突破，那么其对引进发达地区先进技术的积极性就会偏低，也就意味着很难实现技术转移价值。所以，技术势差调控只有在适当的势差范围内才可能发挥良好的应用价值。

由表5-6可知，广东—湖南的技术势差由0.88调整到1.00，产业发生势差由3.89调整到4.00，产业发生势差增值为0.11。这表明通过对湖南技术势差指标的数据调整，广东—湖南的产业转移也将会增大。

总之，基于上述势差指标的调控分析，并结合产业转移发生势差的数据，可以综合得到，通过对经济势差、产业势差、成本势差、交易成本势差和技术势差的指标数据进行调整都可能有助于促进广东—湖南的产业转移，其中，成本势差的指标数据调整对广东—湖南的产业转移影响最大，而交易成本势差的指标数据调整对广东—湖南的产业转移影响最小。

（二）两区域产业转移的多—多模式

1. 我国省际产业转移发生势差得分测度

（1）全局主成分法结果分析。前面本课题分析了两区域产业转移的单—多模式转移路径，以广东对安徽、湖南、江西省的转移为例进行实证研究。然而实际情况表明，产业转移在更为复杂的环境中发生。在此情况下，一个产业转出区面对的不仅仅是几个产业转入区，而可能是相当多数量个产业转入区；同理，一个产业转入区面对的可能是多个产业转出区。为此，原有的单—多产业转移模式不能适应更复杂的产业转移状况。首先，对我国省际的产业转移发生势差进行测度。根据前文的研究，选取的指标体系如表5–10所示。

表5–10　两区域产业转移评价指标体系

一级指标	二级指标	代码
经济势差	人均地区生产总值（元）	X_1
	人均可支配收入（元）	X_2
	规模以上工业企业主营业务收入（亿元）	X_3
产业势差	规模以上工业企业单位数（个）	X_4
	全社会固定资产投资（亿元）	X_5
	制造业城镇单位就业人员数（万人）	X_6
成本势差	城镇单位就业人员平均工资（元）	X_7
	电力消费量（亿千瓦/小时）	X_8
	固定资产投资价格指数	X_9
交易成本势差	人均消费支出（元）	X_{10}
	货物进出口总额（万美元）	X_{11}
技术势差	R&D人员全时当量（人/年）	X_{12}
	R&D经费（万元）	X_{13}
	有效发明专利数（件）	X_{14}

第五章 区域产业转移路径的实证分析

本课题收集了我国31个省级行政区（不含港澳台地区）2004~2014年的数据，所收集的指标如表5-10所示，数据来源于中华人民共和国国家统计局。在本课题收集的数据中，对于个别年份存在缺失的，采用几何平均法进行补充，以保证数据的完整性。由于本课题研究的是我国31个省级行政区的数据，需要运用全局主成分的方法对数据进行分析。根据姚成胜（2016）等的研究，全局主成分是基于时序立体数据表进行运算的，该表是一系列按照时间顺序排列的平面数据表序列，所有数据表都有完全同名的样本点和变量指标。如果按照一般的主成分分析法对每张数据表分别进行分析，则可以得到每一个年份不同样本点主成分投影，但这些不同年份的主成分投影具有完全不同的主超平面，这样就无法保证系统分析的统一性、整体性和可比性，更无法对样本的动态变化进行表述（刘耀彬和陈志，2006）。因此，对于时序立体数据表，应该从全局的角度来观察和分析，以便寻求对所有数据表来说是统一的简化子空间 L（u1，u2，…，um），并且从全局看，该子空间的综合效果是最佳的（乔峰和姚俭，2003）。由于有效地解决面板数据条件下的熵值法不能更好地比较个体之间的差异性问题，近年来全局主成分法已被较多地应用于经济学及其他学科的分析中，用以衡量一个系统某种属性的评价指数。若统计 p 个地区，使用相同的 q 个指标变量来描述，记原数据表为 $X=(x_{ij})_{p\times q}$，其中 p 为样本点个数，q 为变量个数。每年一张表，共有 T 张数据表，构成一个"全局数据表" $X=(x_{ij})_{pT\times q}$。在进行全局主成分分析之前，需要对数据进行标准化，本课题采用极差标准化的方法对全国31个省级行政区2004~2014年的数据进行标准化。最后，本课题运用Stata12软件提取两个主成分，分别是8.94和2.47，对应的方差贡献率分别为63.88%和17.63%，累积贡献率高达81.51%，如表5-11所示。

表5-11 全局主成分分析结果

变量名	主成分1	主成分2
人均地区生产总值（元）	0.240	0.398

续表

变量名	主成分1	主成分2
人均可支配收入（元）	0.252	0.397
规模以上工业企业主营业务收入（亿元）	0.312	-0.146
规模以上工业企业单位数（个）	0.257	-0.267
全社会固定资产投资（亿元）	0.271	-0.052
制造业城镇单位就业人员数（万人）	0.297	-0.220
城镇单位就业人员平均工资（元）	0.195	0.486
电力消费量（亿千瓦小时）	0.294	-0.201
固定资产投资价格指数	-0.072	-0.204
人均消费支出（元）	0.246	0.398
货物进出口总额（万美元）	0.289	-0.122
R&D 人员全时当量（人/年）	0.314	-0.170
R&D 经费（万元）	0.320	-0.109
有效发明专利数（件）	0.281	-0.093
特征值	8.94	2.47
贡献率（%）	63.88	17.63
累积贡献率（%）	63.88	81.51

从表5-11中可以看出，主成分1在R&D经费（万元）、R&D人员全时当量（人/年）和规模以上工业企业主营业务收入（亿元）上具有较大的载荷（>0.3），而这些指标展示的是产业转移的经济势差和技术势差，其中技术势差的影响要大于经济势差，因而主成分1可以解释为产业转移的技术经济驱动效应。而主成分2则在城镇单位就业人员平均工资（元）、人均消费支出（元）、人均地区生产总值（元）和人均可支配收入（元）上具有较大的载荷（>0.35），而这些指标显示的是产业转移的经济势差效应、成本效应和交易成本效应，因而主成分2可以解释为产业转移的经济成本驱动效应。其中，技术经济驱动效应在我国产业转移中发挥最为重要的作用，其次才是经济成本驱动效应。这表明，在满足地区成本差异的基础上，我国产业转移目前更加注重地区的科技发展差异。其原因在于随

着我国经济发展取得显著进展，我国的转移产业结构发生了变化，劳动密集型产业转移较少，需要一些技术含量的产业日益成为我国产业转移的重要构成。

运用提取的主成分和载荷因子矩阵，可以计算出每个指标所占的权重。所得到的结果如表 5-12 所示。

表 5-12 产业转移发生势差指标体系权重

指标	权重	指标	权重
人均地区生产总值（元）	0.077	电力消费量（亿千瓦/小时）	0.077
人均可支配收入（元）	0.080	固定资产投资价格指数	0.028
规模以上工业企业主营业务收入（亿元）	0.078	人均消费支出（元）	0.078
规模以上工业企业单位数（个）	0.073	货物进出口总额（万美元）	0.071
全社会固定资产投资（亿元）	0.063	R&D人员全时当量（人/年）	0.080
制造业城镇单位就业人员数（万人）	0.079	R&D经费（万元）	0.077
城镇单位就业人员平均工资（元）	0.072	有效发明专利数（件）	0.068

可以看出，人均可支配收入（元）和 R&D 人员全时当量（人年）在评价地区产业转移势差中所占的比重最大，这两个指标分别表示的是产业转移的经济势差和技术势差，也即产业转移的经济势差和技术势差对产业转移影响最大。另外，固定资产投资价格指数则在评价产业转移势差中所占的比重最小，仅为 0.028，这表明该指标对于我国产业转移的作用影响较小。

（2）产业转移势差测度。运用表 5-12 中关于产业转移势差指标评价体系权重的测度和极差标准化方法得到的标准化数据可以计算出我国 31 个省级行政区的产业转移发生势差及其分势差，如表 5-13 所示。

表 5-13 中国省际产业转移总势差

省份	2004年	2005年	2006年	2007年	2008年	2009年	2010年	2011年	2012年	2013年	2014年
北京	0.138	0.149	0.169	0.198	0.231	0.229	0.267	0.301	0.327	0.355	0.383
天津	0.095	0.099	0.116	0.141	0.185	0.183	0.227	0.266	0.288	0.307	0.334

续表

省份	2004年	2005年	2006年	2007年	2008年	2009年	2010年	2011年	2012年	2013年	2014年
河北	0.081	0.086	0.102	0.125	0.158	0.158	0.199	0.231	0.247	0.269	0.289
山西	0.056	0.063	0.072	0.093	0.122	0.103	0.133	0.161	0.173	0.184	0.191
内蒙古	0.046	0.056	0.070	0.093	0.122	0.126	0.162	0.197	0.215	0.234	0.257
辽宁	0.093	0.104	0.122	0.149	0.190	0.192	0.237	0.270	0.291	0.316	0.326
吉林	0.042	0.045	0.056	0.074	0.097	0.099	0.120	0.145	0.160	0.172	0.184
黑龙江	0.054	0.057	0.065	0.079	0.101	0.092	0.121	0.142	0.148	0.162	0.172
上海	0.179	0.190	0.213	0.251	0.293	0.297	0.348	0.390	0.401	0.428	0.464
江苏	0.197	0.208	0.251	0.309	0.392	0.407	0.489	0.545	0.602	0.685	0.751
浙江	0.195	0.213	0.250	0.294	0.341	0.345	0.408	0.434	0.459	0.497	0.538
安徽	0.048	0.050	0.065	0.090	0.119	0.116	0.160	0.192	0.213	0.238	0.267
福建	0.093	0.101	0.120	0.147	0.171	0.176	0.219	0.256	0.279	0.294	0.326
江西	0.043	0.041	0.055	0.073	0.097	0.087	0.122	0.149	0.158	0.180	0.198
山东	0.156	0.183	0.216	0.259	0.313	0.326	0.384	0.438	0.483	0.533	0.578
河南	0.085	0.083	0.101	0.131	0.169	0.169	0.210	0.250	0.269	0.303	0.335
湖北	0.061	0.065	0.077	0.101	0.132	0.136	0.178	0.210	0.230	0.257	0.289
湖南	0.060	0.066	0.077	0.100	0.126	0.130	0.160	0.196	0.212	0.236	0.261
广东	0.221	0.251	0.291	0.348	0.416	0.427	0.517	0.583	0.642	0.725	0.777
广西	0.041	0.043	0.051	0.068	0.094	0.091	0.120	0.143	0.152	0.166	0.186
海南	0.026	0.023	0.030	0.048	0.070	0.052	0.080	0.100	0.108	0.113	0.130
重庆	0.046	0.050	0.060	0.081	0.107	0.101	0.128	0.158	0.176	0.191	0.217
四川	0.066	0.073	0.084	0.106	0.139	0.135	0.163	0.195	0.215	0.241	0.264
贵州	0.032	0.030	0.037	0.052	0.071	0.067	0.082	0.105	0.118	0.134	0.154
云南	0.046	0.047	0.051	0.064	0.083	0.078	0.099	0.122	0.137	0.152	0.166
西藏	0.030	0.031	0.033	0.053	0.062	0.061	0.072	0.082	0.089	0.099	0.109
陕西	0.045	0.051	0.059	0.077	0.105	0.102	0.129	0.157	0.179	0.199	0.219
甘肃	0.034	0.035	0.044	0.053	0.068	0.068	0.082	0.099	0.112	0.125	0.139
青海	0.025	0.030	0.037	0.050	0.073	0.064	0.082	0.105	0.113	0.125	0.139
宁夏	0.031	0.033	0.040	0.055	0.080	0.075	0.096	0.122	0.127	0.134	0.149
新疆	0.033	0.037	0.044	0.058	0.081	0.067	0.096	0.121	0.135	0.154	0.175

2. 省际产业转移势差时空演变特征

(1) 产业转移总势差时空演变特征。首先测度了我国31省（市、区）的产业转移总势差，可以得到如下结论。

1) 东部沿海省份产业转移总势差变动幅度最大，西南、西北普遍偏小。研究显示，2004~2014年，广东的产业转移总势差得分变动幅度最大，从0.221增加到0.777，变动幅度为0.557。这表明广东的产业发展在全国处于前列，具有产业转移的优势条件。紧随其后的是江苏，产业转移总势差由2004年的0.197变动至2014年的0.751，变动幅度为0.555。变动幅度处于前十的分别是广东、江苏、山东、浙江、上海、河南、北京、天津、辽宁和福建，除了河南位于我国中部外，其余9省（市）均为我国东部沿海地区。由此可见，东部沿海地区在我国产业转移中占据重要地位，也是我国转移产业的转出区。中部地区的河南、湖北、安徽和湖南变动幅度分别列第6位、第11位、第12位和第15位，表明这些地区的产业发展情况较好，具备一定的产业转移条件，但与东部沿海地区相比则差距较大。与此同时，产业转移总势差增加幅度最小的是西藏，2004~2014年的产业转移总势差增加幅度仅为0.078，其后是海南、甘肃、青海、黑龙江、宁夏、云南、贵州等西北部和西南部省份。我国产业转移总势差的增幅表现出明显的东中西部差异，东部＞中部＞西部。

2) 区域产业发展差距进一步拉大，不平衡加速。2004年，我国省际产业转移总势差位于前十的省份分别是广东、江苏、浙江、上海、山东、北京、天津、福建、辽宁和河南，这10个省份中有9个位于我国东部沿海地区。根据前文的研究，从2004~2014年，变动幅度最大的也是这10个省份。这表明从2004~2014年，我国产业发展处于较高水平的格局基本没有变化，且产业转移总势差的变动幅度更大，相比较于其他地区的产业发展呈现扩大化趋势。2004年，处于产业转移总势差最低水平的10个省份分别是青海、海南、西藏、宁夏、贵州、新疆、甘肃、广西、吉林和江西，这些省份的产业转移总势差在11年间的变动幅度要远远小于东部沿海9省（市）和河南的变动。由此可以认为，我国区域产业发展差距进一步拉大，区域产业发展不平衡加速。

3）产业转移总势差的区域格局呈现总体不变、部分收缩的特征：①我国产业发展东中西差异明显，东部发展要优于中部，中部优于西部。②西北和西南地区的产业发展同其他地区的差距进一步拉大。在2004年只有贵州、西藏和西北五省处于第四层次，而到2009年则增加了云南和广西，这一格局一直保持到2014年。这表明西北和西南地区同其他地区产业发展的差距得到扩大。③我国产业发展表现出向沿海和中间迁移的趋势。一方面，西南和西北地区的产业发展总势差得分同其他地区的差距越来越大；另一方面，东北地区的黑龙江和吉林两省均从第三层次掉入第四层次，中部地区的江西和山西产业发展同其他地区的差距日益拉大，我国省际产业发展逐步集中于东部沿海省份和长江中下游省份。这是由于这些地区具备更好的自然地理条件和人文经济条件，经济发展较为迅速。

(2) 产业转移分势差时空演变特征。

1）产业转移经济势差。经济势差的变动幅度总体与总势差变动幅度一致。首先，从经济势差的变动幅度来看，江苏、山东、北京、广东、浙江、上海、天津、辽宁、内蒙古和福建分别为2004～2014年经济势差变动幅度最大的十大省份，其中江苏变动0.154，处于最高位置。结合前文的研究可以看出，我国经济势差的变动幅度总体与总势差的变动幅度一致，但在排序上表现出一定的差异。江苏取代广东成为经济势差变动的第一位，内蒙古相对于河南有更好的发展水平。不仅如此，我国产业转移的经济势差得分变动幅度处于后十位的分别是西藏、甘肃、云南、贵州、青海、黑龙江、海南、新疆、宁夏和山西，基本也维持了总势差中的格局。这进一步印证了我国经济势差的变动幅度总体与总势差变动幅度表现出一致性的特征，且还可以看出我国经济势差也表现出明显的区域发展差异，东部地区的经济势差要远大于中西部地区的经济势差，而中部地区的经济势差又大于西部地区的经济势差，表现出明显的阶梯状特征。

地区产业转移经济势差表现出缩小趋势，由"带状"向"块状"演变。2004年，我国省际产业转移势差表现出明显的阶梯状特征，仅有北京、上海、浙江和广东处于产业转移经济势差的第一梯度，天津、山东、福建和江苏则处于第二梯度，除江西和安徽外的中部四省以及东北三省、内蒙古和西藏则处于第三梯度，其余省份均处于第四梯度。产业转移的经济势差表现出明显的带状特征和阶梯状差异，东部要明显高于中部，中部则又优于西部。到2014年，我国产业转移的经济势差在空间上表现出较大程度的转移：一方面，东部沿海地区仍然是我国产业转移经济势差评价得分最高的地区；另一方面，产业转移经济势差分布呈现出由"带状"向"块状"演变的特征，主要在于我国长江中下游省份的产业转移经济势差得到发展。其原因则是由于我国长江中下游省份的经济得到显著发展，推动该地区产业转移的经济势差表现出地区均衡的特征。但一个显著的趋势是，中西部地区的省份产业转移经济势差与东部地区的产业转移经济势差越来越大，进一步表明我国省际的经济势差表现出总体差距扩大和局部区域收敛的特征。

2）产业转移产业势差。中部地区省份的产业势差变动较大，缩小同东部地区的差异。不同于产业转移总体势差和经济势差，中部省份产业势差变动幅度更大。研究显示，2004~2014年，产业势差变动排在前10位的分别是广东、江苏、山东、河南、湖北、安徽、河北、四川、辽宁和湖南，其中广东、江苏、山东、河北和辽宁位于我国东部沿海地区，河南、湖北、安徽和湖南则位于我国中部地区，四川是我国西部省份。这与产业转移总体势差和经济势差表现出明显的差异。其主要原因在于随着我国中部崛起战略和西部大开发战略的实施，我国中西部地区的部分省份成为吸纳产业转移和劳动力就业的中坚力量，产业发展实力得到显著增长，因而中部地区的产业势差得到了显著增长，缩小了同东部地区的发展差异。

我国省际产业势差阶梯状差异呈现缩小趋势。2004年，仅有山东、江苏、浙江和广东四省处于第一梯度，辽宁、河北、河南、福建处于第二梯度，我国大部分西部地区都处于产业势差的第三梯度，也即我国产业势差在2004年表现出明显的区域差异。到2009年，广大中部地区的省份诸如湖北、湖南、安徽的产业得到快速发展，已经位于第二梯度；到2014年，处于第一梯度的省份得到压缩，由2004年的四个压缩到2014年的山东、江苏和广东共三个，处于第四梯度的省份也相应减少。由此可以看出，从2004~2014年，我国省际产业势差格局发生了显著变化，区域之间的产业势差发展差距逐步缩小，地区均衡化开始显现。

3）产业转移成本势差。东部沿海地区成本势差增幅较大，产业转出意愿迫切。研究显示，2004~2014年，我国省际产业转移成本势差变动最大的是江苏，由0.054变动到0.121。排在前10位的分别是江苏、广东、北京、山东、上海、浙江、内蒙古、新疆、河北和福建，这些省份中除了内蒙古和新疆外均位于我国东部沿海地区，表明近年来东部沿海地区的产业成本势差呈现快速增长态势。而处于我国产业成本势差增幅后10位的省级行政区分别是黑龙江、海南、吉林、江西、甘肃、云南、西藏、河南、湖南和辽宁，这些地区的产业转移成本势差也较小。根据产业成本势差在产业转移中的作用来看，我国东部沿海地区具备产业转移的迫切需求，希望通过产业转移降低产业发展成本，形成更为广阔的利润空间。而诸如黑龙江等地区则具备产业转移的条件，拥有显著的成本优势，在不考虑其他因素的前提下是产业转移的可选方向。

产业转移成本势差表现出向西北转移的特征，地区发展差异缩减。2004年，我国产业转移成本势差主要集中于我国华北、华中和华南地区，以山东、河南、江苏、浙江和广东为主要集聚地区；2009年，我国产业转移成本大面积向西北方向扩散，中部省份和西北省份的产业转移成本势差均得到显著发展，形成块状区域，覆盖面积广；2014年，新疆和内蒙古的产业转移成本势差凸显，地区均衡化更加突出。其原因在于，东部沿海地区是我国产业最为发达的地区，在我国经济增长中占据重要的地位，因而产业转移的成本势差评分较大。在西部大开发和中部崛起的大战略背景下，诸如新疆、内蒙古、河南、湖北、四川等省份的经济取得了显著发展，产业转移的成本势差越来越高，这就进一步缩小了同东部地区的差异。

4）产业转移交易成本势差。东部沿海地区的交易成本势差较大且增幅也较大。从我国省际交易成本势差的空间格局来看，东部沿海地区的交易成本势差要高于中西部地区，本质原因在于东部沿海地区的经济发展水平更好，居民收入和消费水平更高。另外，东部沿海地区的交易成本势差增幅也是我国最高的。研究显示，2004~2014年我国交易成本势差增幅处于全国前10位的省级行政区分别是广东、上海、江苏、浙江、北京、天津、山东、辽宁、福建和内蒙古，除内蒙古外其余9个省份均位于我国东部沿海地区，这些地区也是我国经济发展水平最高的地区。

我国省际交易成本势差的空间差异逐步凸显。2004年，我国省际交易成本势差表现出以东部沿海地区为主导，长江中下游省份和我国北部地区处于第三梯度，其余地区处于第四梯度的阶梯差异。这种阶梯差异一方面表明我国省际交易成本势差表现出显著的区域差异，另一方面也表明在宏观区域差异的前提下我国交易成本势差表现出区域趋同的特征。然而到2014年，我国省际交易成本势差仅形成东部地区为带状区域以及内蒙古、重庆处于较高水平，其他地区同属于较低水平的断崖式特征。我国省际的交易成本势差在经历11年的发展后，由原有的阶梯状差异演变为断崖式差异，这表明我国省际交易成本势差的空间差异逐步凸显。

5）产业转移技术势差。部分东部沿海和中部省份具有技术势差总量和增幅优势。从各个省级行政区的技术势差总量来看，2014年排在前10位的分别是广东、江苏、山东、浙江、上海、河南、安徽、湖北、福建和湖南，这些省份中河南、安徽、湖北和湖南位于我国中部地区，其余省份均为我国东部沿海省份，这表明这些地区的技术势差水平较高。从其增幅来看，排前10位的分别是广东、江苏、山东、浙江、上海、安徽、河南、湖北、福建和天津，其中湖北、安徽和湖南都是我国中部大省。与2014年的总评分的前10个省份比较来看，天津取代湖南成为增幅第十的省份。

我国省际技术势差呈现溢出特征，向中西部倾斜。研究表明，2004年我国技术势差主要集中于辽宁、山东、江苏、浙江和广东五个省份，广大中西部地区的技术势差水平不高，我国技术势差分布呈现带状特征。到2014年，我国技术势差则主要集中于山东、江苏、上海、浙江、福建和广东为主体的东部沿海地区以及河南、安徽、湖北和湖南为主的中部地区，我国技术势差分布呈现块状特征。四川、陕西和重庆等西部省份的技术势差也取得了显著进步。这表明我国省际技术势差呈现溢出特征，由主要集中于东部沿海向中西部倾斜，由"带状"分布向"块状"分布演变。

3. 产业转移多——多模式转移路径分析

在进行产业转移路径研究时，首先需要确定产业转出区和转入区。根据前文的研究，运用产业转移的总势差来衡量产业转移的转出区和转入区。本课题根据我国大陆31个省（市、区）2004~2014年的产业转移总势差平均值大致划定产业转出区和产业转入区，将排名处于前15位的省份认定为产业转出区，也即这些地区具备一定的产业转移能力；将排名处于后16位的认定为产业转入区，也即这些地区具备一定的产业转入基础。根据前文的研究，即使是产业转出区也不一定转出产业，即使是产业转入区也不一定有产业转入。因而这种方法显得更为简单，根据研究实际可以进一步进行细化研究。故本课题将广东、江苏、浙江、山东、上海、北京、辽宁、天津、福建、河南、河北、湖北、四川、湖南和内蒙古15个省（市、区）认定为产业转出区，其余省份为产业转入区。

（1）类型1：低端产业的转移路径。当势差1和势差2均属于经济势差、产业势差、成本势差三个势差时，产业转移表现为低端产业在空间上的转移。为此，可以划分六种情况的产业转移，其中势差1和势差2分别对应的是（经济势差，产业势差）（经济势差，成本势差）（产业势差，成本势差）（产业势差，经济势差）（成本势差，经济势差）（成本势差，产业势差）。但是，在实际研究过程中，仅需要考虑（经济势差，产业势差）（经济势差，成本势差）（产业势差，成本势差）即可。接下来，分三种情景研究产业在空间上的转移情况。

情景1：势差1和势差2分别为经济势差和产业势差。产业转出区处于经济势差前七位的地区分别有广东、江苏、浙江、山东、上海、北京和天津，而产业势差前七位的省份分别是广东、江苏、浙江、山东、辽宁、福建和河南。据此，可知处于高经济势差和高产业势差区间的省份是广东、江苏、浙江、山东,而处于高经济势差和低产业势差区间的省份是上海、北京、天津,处于低经济势差和高产业势差区间的省份是辽宁、福建、河南,处于低经济势差和低产业势差区间的省份有河北、湖北、四川、湖南、内蒙古。

产业转入区处于经济势差排名前八位的分别是吉林、重庆、安徽、陕西、山西、江西、黑龙江和广西,而处于产业势差的前八位分别是安徽、江西、陕西、广西、吉林、重庆、黑龙江和山西。由此可见,产业转入区的高经济势差省份和高产业势差省份完全重合,因而仅形成产业转移的绝对优势。

此时最佳的产业转移路径有两条:其一,从广东、江苏、浙江、山东转移至安徽、江西、陕西、广西、吉林、重庆、黑龙江和山西等地;其二,由河北、湖北、四川、湖南、内蒙古转移至云南、贵州、新疆、甘肃、宁夏、海南、青海和西藏等地。

情景2:势差1和势差2分别为经济势差和成本势差。产业转出区处于经济势差排名前七位的分别有广东、江苏、浙江、山东、上海、北京和天津等地,而处于成本势差前七位的地区是广东、江苏、山东、浙江、上海、北京和河北。因而处于高经济势差和高成本势差区间的省是广东、江苏、浙江、山东、上海、北京,而处于高经济势差和低成本势差区间的省份是天津,处于低经济势差和高成本势差区间的省份是河北,处于低经济势差和低成本势差区间的省份有河南、辽宁、内蒙古、四川、福建、湖北、湖南。

产业转入区处于经济势差前八位的分别是吉林、重庆、安徽、陕西、山西、江西、黑龙江和广西,而处于成本势差的前八位分别是山西、安徽、陕西、云南、新疆、宁夏、西藏和贵州。故产业转入区处于高经济势差和高成本势差区间的省份是安徽、陕西、山西,而处于高经济势差和低成本势差区间的省份是吉林、重庆、江西、黑龙江、广西,处于低经济势差和高成本势差区间的省份是云南、新疆、宁夏、西藏、贵州,处于低经济势差和低成本势差区间的省份有青海、甘肃、海南。

此时的最佳产业转移路径：其一，由广东、江苏、浙江、山东、上海、北京转移至安徽、陕西、山西；其二，由河南、辽宁、内蒙古、四川、福建、湖北、湖南转移至青海、甘肃、海南等地区；其三，由天津转移至吉林、重庆、江西、黑龙江和广西等地；其四，由河北转移至云南、新疆、宁夏、西藏、贵州。

情景3：势差1和势差2分别为产业势差和成本势差。产业发达地区处于产业势差前七位的分别是广东、江苏、浙江、山东、辽宁、福建和河南，而处于成本势差前七位的分别是广东、江苏、山东、浙江、上海、北京和河北。故同时处于高产业势差和高成本势差的地区有广东、江苏、浙江、山东，而同时处于高产业势差和低成本势差区间的省份是辽宁、福建、河南，处于低产业势差和高成本势差区间的省份是上海、北京、河北，处于低产业势差和低成本势差区间的省份有天津、内蒙古、四川、湖北、湖南。

产业转入区产业势差排在前八位的有安徽、江西、陕西、广西、吉林、重庆、黑龙江和山西，而成本势差排在前八位的分别是山西、安徽、陕西、云南、新疆、宁夏、西藏和贵州。因而产业转入区处于高产业势差和高成本势差区间的省份有安徽、陕西、山西，处于高产业势差和低成本势差区间的省份有吉林、重庆、江西、黑龙江、广西，处于低产业势差和高成本势差区间的省份有云南、新疆、宁夏、西藏、贵州，处于低产业势差和低成本势差区间的省份有青海、甘肃、海南。

此时最佳产业转移路径：其一，由广东、江苏、浙江、山东转移至安徽、陕西、山西等地；其二，由天津、内蒙古、四川、湖北、湖南转移至青海、甘肃、海南等地；其三，由辽宁、福建和河南转移至吉林、重庆、江西、黑龙江和广西等地；其四，由上海、北京和河北转移至云南、新疆、宁夏、西藏、贵州等地。

（2）类型2：较低端产业的转移路径。根据前文的理论分析，当势差1属于经济势差、产业势差、成本势差三个势差之中的一个，而势差2则属于交易成本势差和技术势差时，产业转移表现为较低端产业在空间上的转移。此时可以划分六种情况的产业转移，其中势差1和势差2分别对应的是（经济势差，交易成本势差）（经济势差，技术势差）（产业势差，交易成本势差）（产业势差，技术势差）（成本势差，交易成本势差）（成本势差，技术势差）。

情景1：势差1和势差2分别为经济势差和交易成本势差时。产业转出区处于经济势差前七位的分别是广东、江苏、浙江、山东、上海、北京和天津，而处于交易成本势差的前七位分别是广东、上海、江苏、北京、浙江、天津和山东。因而处于高经济势差和高交易成本势差区间的省份是广东、上海、江苏、北京、浙江、天津、山东，两者完全重合；处于低经济势差和低交易成本势差区间的省份有福建、辽宁、内蒙古、湖北、河北、湖南、四川、河南。

产业转入区处于经济势差前八位的分别是吉林、重庆、安徽、陕西、山西、江西、黑龙江和广西，而处于交易成本势差的前八位分别是重庆、吉林、黑龙江、宁夏、陕西、安徽、山西和广西。由此可见，产业转入区处于高经济势差和高交易成本势差区间的省份是吉林、重庆、安徽、陕西、山西、黑龙江、广西，而处于高经济势差和低交易成本势差区间的省份是江西，处于低经济势差和高交易成本势差区间的省份是宁夏，处于低经济势差和低交易成本势差区间的省份有海南、新疆、青海、云南、甘肃、贵州、西藏。

此时最佳的产业转移路径有一条，广东、上海、江苏、北京、浙江、天津和山东转移至吉林、重庆、安徽、陕西、山西、黑龙江和广西。

情景2：势差1和势差2分别为经济势差和技术势差时。产业转出区处于经济势差前七位的分别是广东、江苏、浙江、山东、上海、北京和天津，而处于技术势差的前七位分别是广东、江苏、山东、浙江、上海、河南和辽宁。因而处于高经济势差和高技术势差区间的省份是广东、上海、江苏、山东、浙江；处于高经济势差和低技术势差的省份有北京、天津；处于低经济势差和高技术势差的省份有河南、辽宁；处于低经济势差和低技术势差区间的省份则有湖北、福建、湖南、四川、河北和内蒙古。

产业转入区处于经济势差前八位的分别是吉林、重庆、安徽、陕西、山西、江西、黑龙江和广西，而处于技术势差前八位的分别是安徽、陕西、黑龙江、重庆、山西、江西、吉林和广西。由此可见，产业转入区处于高经济势差和技术成本势差区间的省份是吉林、重庆、安徽、陕西、山西、江西、黑龙江、广西，处于低经济势差和低技术势差区间的省份有云南、甘肃、贵州、新疆、宁夏、海南、青海、西藏。

此时最佳的产业转移路径有一条，即从广东、上海、江苏、北京、浙江、天津和山东转移至吉林、重庆、安徽、陕西、山西、江西、黑龙江和广西。

情景3：势差1和势差2分别为产业势差和交易成本势差时。产业转出区处于成本势差前七位的分别是广东、江苏、山东、浙江、上海、北京和河北，而处于交易成本势差前七位的分别是广东、上海、江苏、北京、浙江、天津和山东。因而处于高产业势差和高交易成本势差区间的省份是广东、上海、江苏、北京、浙江、山东；处于高产业势差和低交易成本势差的省份有河北；处于低产业势差和高交易成本势差的省份为天津；处于低经济势差和低交易成本势差区间的省份有福建、辽宁、内蒙古、湖北、湖南、四川、河南。

产业转入区处于产业势差前八位的分别是安徽、江西、陕西、广西、吉林、重庆、黑龙江和山西，而处于交易成本势差前八位的分别是重庆、吉林、黑龙江、宁夏、陕西、安徽、山西和广西。由此可见，产业转入区处于高产业势差和高交易成本势差区间的省份是吉林、重庆、安徽、陕西、山西、黑龙江、广西，而处于高产业势差和低交易成本势差区间的省份是江西，处于低产业势差和高交易成本势差区间的省份是宁夏，处于低产业势差和低交易成本势差区间的省份有海南、新疆、青海、云南、甘肃、贵州、西藏。

此时最佳的产业转移路径有两条：第一条，由广东、上海、江苏、北京、浙江和山东转移至吉林、重庆、安徽、陕西、山西、黑龙江和广西；第二条，由河北转移至宁夏。

情景 4：势差 1 和势差 2 分别为产业势差和技术势差时。产业转出区处于成本势差前七位的分别是广东、江苏、山东、浙江、上海、北京和河北，而处于技术势差前七位的分别是广东、江苏、山东、浙江、上海、河南和辽宁。因而处于高产业势差和高技术势差区间的省份是广东、上海、江苏、浙江、山东；处于高产业势差和低技术势差的省份有北京、河北；处于低产业势差和高技术势差的省份为河南、辽宁；处于低经济势差和低技术势差区间的省份有天津、福建、内蒙古、湖北、湖南、四川。

产业转入区处于产业势差前八位的分别是安徽、江西、陕西、广西、吉林、重庆、黑龙江和山西，而处于技术势差前八位的分别是安徽、陕西、黑龙江、重庆、山西、江西、吉林和广西。由此可见，产业转入区处于高产业势差和高技术势差区间的省份是安徽、江西、陕西、广西、吉林、重庆、黑龙江、山西，两者完全重合；处于低产业势差和低技术势差区间的省份则有海南、新疆、青海、云南、甘肃、贵州、西藏、宁夏。

此时最佳的产业转移路径有一条，即由广东、上海、江苏、浙江和山东转移至吉林、重庆、安徽、陕西、山西、黑龙江、广西和江西。

情景 5：势差 1 和势差 2 分别为成本势差和交易成本势差时。产业转出区处于成本势差前七位的分别是广东、江苏、山东、浙江、上海、北京和河北，而处于交易成本势差前七位的分别是广东、上海、江苏、北京、浙江、天津和山东。因而处于高成本势差和高交易成本势差区间的省份是广东、江苏、浙江、山东、上海、北京，而处于高成本势差和低交易成本势差区间的省份是河北，处于低成本势差和高交易成本势差区间的省份是天津，处于低产业势差和低成本势差区间的省份有内蒙古、四川、湖北、湖南、福建、辽宁、河南。

产业转入区处于成本势差前八位的分别是山西、安徽、陕西、云南、新疆、宁夏、西藏和贵州，而处于交易成本势差前八位的分别是重庆、吉林、黑龙江、宁夏、陕西、安徽、山西和广西。由此可见，产业转入区处于高成本势差和高交易成本势差区间的省份是安徽、陕西、山西、宁夏，而处于高成本势差和低交易成本势差区间的省份是云南、新疆、西藏、贵州，处于低成本势差和高交易成本势差区间的省份是吉林、重庆、黑龙江、广西，处于低成本势差和低交易成本势差区间的省份有江西、青海、甘肃、海南。

此时最佳的产业转移路径有两条：第一条，从广东、江苏、浙江、山东、北京和上海转移至安徽、陕西、山西和宁夏；第二条，由河北转移至吉林、重庆、黑龙江、广西等地。

情景6：势差1和势差2分别为成本势差和技术势差时。产业转出区处于成本势差前七位的分别是广东、江苏、山东、浙江、上海、北京和河北，而处于技术势差前七位的分别是广东、江苏、山东、浙江、上海、河南和辽宁。因而处于高成本势差和高技术势差区间的省份是广东、江苏、浙江、山东、上海，而处于高成本势差和低交易成本势差区间的省份是北京、河北，处于低成本势差和高交易成本势差区间的省份是河南、辽宁，处于低产业势差和低成本势差区间的省份有内蒙古、四川、湖北、湖南、福建、天津。

产业转入区处于成本势差前八位的分别是山西、安徽、陕西、云南、新疆、宁夏、西藏和贵州，而处于技术势差前八位的分别是安徽、陕西、黑龙江、重庆、山西、江西、吉林和广西。由此可见，产业转入区处于高成本势差和高技术势差区间的省份是安徽、陕西、山西，而处于高成本势差和低技术势差区间的省份是云南、新疆、西藏、贵州、宁夏，处于低成本势差和高技术势差区间的省份是吉林、重庆、黑龙江、广西、江西，处于低成本势差和低技术势差区间的省份有青海、甘肃、海南。

此时最佳的产业转移路径有两条：第一条，从广东、江苏、浙江、山东和上海转移至安徽、陕西和山西；第二条，由河北和北京转移至吉林、重庆、黑龙江、江西和广西等地区。

（3）类型3：较高端产业的转移路径。根据前文的理论分析，当势差1属于交易成本势差和技术势差，而势差2则属于经济势差、产业势差、成本势差三个势差之中的一个时，产业转移表现为较高端产业在空间上的转移。为此，可以划分六种情况的产业转移，其中势差1和势差2分别对应的是（交易成本势差，经济势差）（技术势差，经济势差）（交易成本势差，产业势差）（技术势差，产业势差）（交易成本势差，成本势差）（技术势差，成本势差）。

情景1：势差1和势差2分别为交易成本势差和经济势差时。产业转出区处于交易成本势差前七位的分别是广东、上海、江苏、北京、浙江、天津和山东，而产业转出区处于经济势差前七位的分别是广东、江苏、浙江、山东、上海、北京和天津。因而处于高交易成本势差和高经济势差区间的省份是广东、上海、江苏、北京、浙江、天津、山东，两者完全重合；处于低交易成本势差和低经济势差区间的省份有福建、辽宁、内蒙古、湖北、河北、湖南、四川、河南。

产业转入区处于交易成本势差前八位的分别是重庆、吉林、黑龙江、宁夏、陕西、安徽、山西和广西，而处于经济势差前八位的分别是吉林、重庆、安徽、陕西、山西、江西、黑龙江和广西。由此可见，产业转入区处于高交易成本势差和高经济势差区间的省份是吉林、重庆、安徽、陕西、山西、黑龙江、广西，而处于高交易成本势差和低经济势差区间的省份是江西，处于低交易成本势差和高经济势差区间的省份是宁夏，处于低交易成本势差和低经济势差区间的省份有海南、新疆、青海、云南、甘肃、贵州、西藏。

此时最佳的产业转移路径有一条，由广东、上海、江苏、北京、浙江、天津和山东转移至福建、辽宁、内蒙古、湖北、河北、湖南、四川、河南。

情景2：势差1和势差2分别为技术势差和经济势差时。产业转出区处于经济势差前七位的分别是广东、江苏、浙江、山东、上海、北京和天津，而处于技术势差前七位的分别是广东、江苏、山东、浙江、上海、河南和辽宁。因而处于高经济势差和高技术势差区间的省份是广东、上海、江苏、山东、浙江；处于高经济势差和低技术势差的省份有北京、天津；处于低经济势差和高技术势差的省份有河南、辽宁；处于低经济势差和低技术势差区间的省份有湖北、福建、湖南、四川、河北和内蒙古。

产业转入区处于经济势差前八位的分别是吉林、重庆、安徽、陕西、山西、江西、黑龙江和广西，而处于技术势差前八位的分别是安徽、陕西、黑龙江、重庆、山西、江西、吉林和广西。由此可见，产业转入区处于高经济势差和技术成本势差区间的省份是吉林、重庆、安徽、陕西、山西、江西、黑龙江、广西，处于低经济势差和低技术势差区间的省份有云南、甘肃、贵州、新疆、宁夏、海南、青海、西藏。

此时最佳的产业转移路径有一条，即从广东、上海、江苏、北京、浙江、天津和山东转移至湖北、福建、湖南、四川、河北和内蒙古。

情景3：势差1和势差2分别为交易成本势差和产业势差时。产业转出区处于成本势差前七位的分别是广东、江苏、山东、浙江、上海、北京和河北，而处于交易成本势差前七位的分别是广东、上海、江苏、北京、浙江、天津和山东。因而处于高产业势差和高交易成本势差区间的省份是广东、上海、江苏、北京、浙江、山东；处于高产业势差和低交易成本势差的省份有河北；处于低产业势差和高交易成本势差的省份为天津；处于低经济势差和低交易成本势差区间的省份有福建、辽宁、内蒙古、湖北、湖南、四川、河南。

产业转入区处于产业势差前八位的分别是安徽、江西、陕西、广西、吉林、重庆、黑龙江和山西，而处于交易成本势差前八位的分别是重庆、吉林、黑龙江、宁夏、陕西、安徽、山西和广西。由此可见，产业转入区处于高产业势差和高交易成本势差区间的省份是吉林、重庆、安徽、陕西、山西、黑龙江、广西，而处于高产业势差和低交易成本势差区间的省份是江西，处于低产业势差和高交易成本势差区间的省份是宁夏，处于低产业势差和低交易成本势差区间的省份有海南、新疆、青海、云南、甘肃、贵州、西藏。

此时最佳的产业转移路径有两条：第一条，由广东、上海、江苏、北京、浙江和山东转移至福建、辽宁、内蒙古、湖北、湖南、四川和河南；第二条，由河北转移至宁夏。

情景4：势差1和势差2分别为技术势差和产业势差时。产业转出区处于成本势差前七位的分别是广东、江苏、山东、浙江、上海、北京和河北，而处于技术势差前七位的分别是广东、江苏、山东、浙江、上海、河南和辽宁。因而处于高产业势差和高技术势差区间的省份是广东、上海、江苏、浙江、山东；处于高产业势差和低技术势差的省份有北京、河北；处于低产业势差和高技术势差的省份为河南、辽宁；处于低成本势差和低技术势差区间的省份有天津、福建、内蒙古、湖北、湖南、四川。

产业转入区处于产业势差前八位的分别是安徽、江西、陕西、广西、吉林、重庆、黑龙江和山西，而处于技术势差前八位的分别是安徽、陕西、黑龙江、重庆、山西、江西、吉林和广西。由此可见，产业转入区处于高产业势差和高技术势差区间的省份是安徽、江西、陕西、广西、吉林、重庆、黑龙江、山西，两者完全重合；处于低产业势差和低技术势差区间的省份有海南、新疆、青海、云南、甘肃、贵州、西藏、宁夏。

此时最佳的产业转移路径有一条，即由广东、上海、江苏、浙江和山东转移至天津、福建、内蒙古、湖北、湖南和四川。

情景5：势差1和势差2分别为交易成本势差和成本势差时。产业转出区处于成本势差前七位的分别是广东、江苏、山东、浙江、上海、北京和河北，而处于交易成本势差前七位的分别是广东、上海、江苏、北京、浙江、天津和山东。因而处于高成本势差和高交易成本势差区间的省份是广东、江苏、浙江、山东、上海、北京，而处于高成本势差和低交易成本势差区间的省份是河北，处于低成本势差和高交易成本势差区间的省份是天津，处于低产业势差和低成本势差区间的省份有内蒙古、四川、湖北、湖南、福建、辽宁、河南。

产业转入区处于成本势差前八位的分别是山西、安徽、陕西、云南、新疆、宁夏、西藏和贵州，而处于交易成本势差前八位的分别是重庆、吉林、黑龙江、宁夏、陕西、安徽、山西和广西。由此可见，产业转入区处于高成本势差和高交易成本势差区间的省份是安徽、陕西、山西、宁夏，而处于高成本势差和低交易成本势差区间的省份是云南、新疆、西藏、贵州，处于低成本势差和高交易成本势差区间的省份是吉林、重庆、黑龙江、广西，处于低成本势差和低交易成本势差区间的省份有江西、青海、甘肃、海南。

此时最佳的产业转移路径有两条：第一条，从广东、江苏、浙江、山东、北京和上海转移至内蒙古、四川、湖北、湖南、福建、辽宁和河南；第二条，由河北转移至吉林、重庆、黑龙江和广西等地区。

情景6：势差1和势差2分别为技术势差和成本势差时。产业转出区处于成本势差前七位的分别是广东、江苏、山东、浙江、上海、北京和河北，而处于技术势差前七位的分别是广东、江苏、山东、浙江、上海、河南和辽宁。因而处于高成本势差和高技术势差区间的省份是广东、江苏、浙江、山东、上海，而处于高成本势差和低交易成本势差区间的省份是北京、河北，处于低成本势差和高交易成本势差区间的省份是河南、辽宁，处于低产业势差和低成本势差区间的省份有内蒙古、四川、湖北、湖南、福建、天津。

产业转入区处于成本势差前八位的分别是山西、安徽、陕西、云南、新疆、宁夏、西藏和贵州，而处于技术势差前八位的分别是安徽、陕西、黑龙江、重庆、山西、江西、吉林和广西。由此可见，产业转入区处于高成本势差和高技术势差区间的省份是安徽、陕西、山西，而处于高成本势差和低技术势差区间的省份是云南、新疆、西藏、贵州、宁夏，处于低成本势差和高技术势差区间的省份则是吉林、重庆、黑龙江、广西、江西，处于低成本势差和低技术势差区间的省份有青海、甘肃、海南。

此时最佳的产业转移路径有两条：第一条，从广东、江苏、浙江、山东和上海转移至内蒙古、四川、湖北、湖南、福建和天津；第二条，由河北和北京转移至吉林、重庆、黑龙江、江西和广西等地区。

（4）类型4：高端产业的转移路径。当势差1和势差2均属于交易成本势差和技术势差这两个势差时，产业转移表现为高端产业在空间上的转移。此时可以划分两种情景的产业转移，其中势差1和势差2分别对应的是（交易成本势差，技术势差）（技术势差，交易成本势差）。但是，在实际研究过程中，仅需要考虑（交易成本势差，技术势差）即可，两者的转移路径相同。产业转出区处于交易成本势差前七位的分别是广东、上海、江苏、北京、浙江、天津和山东,而处于技术势差前七位的分别是广东、江苏、山东、浙江、上海、河南和辽宁。因而,处于高交易成本势差和高技术势差区间的省份是广东、江苏、浙江、山东、上海,而处于高交易成本势差和低技术势差区间的省份是北京、天津,处于低交易成本势差和高技术势差区间的省份是河南、辽宁,处于低产业势差和低成本势差区间的省份有河北、内蒙古、四川、湖北、湖南、福建。

据此可知,广东、江苏、浙江、山东、北京和上海相对于内蒙古、四川、湖北、湖南、福建、辽宁和河南而言具有绝对优势,而河北则相对于天津互相具有比较优势。在这种类型下,产业具有一条转移路径,即从广东、江苏、浙江、山东和上海转移至内蒙古、四川、湖北、湖南、福建、辽宁和河南。

第六章
产业与城镇发展耦合效应评价

一、产业与城镇发展综合评价

（一）产业与城镇综合评价指标体系

现有研究表明，城镇化概念往往涉及人口、土地、经济、社会以及生态等多个方面，故本书拟从人口结构、空间构成、居民生活、社会发展和生态环境五个维度构建指标体系。在人口城镇化方面，国内外大多数学者均采用城镇人口占总人口比重来衡量人口城镇化进程，本书参考贺建凤和吴慧（2016）的研究，采用城镇人口占年末常住人口的比重来衡量人口城镇化水平；随着城镇化的发展，土地扩张是城镇化明显的特征之一，建成区面积能够很好地衡量土地城镇化程度，采用人均建成区面积可以更加客观地诠释各地区土地城镇化水平；传统城镇化往往过度注重城镇规模的扩大，而忽视城镇质量的发展，而新型城镇化应该秉持"以人为本"的发展理念，最终目的是提升人民生活水平，保障劳动者权益，故本书在居民生活城镇化上采用城镇登记失业率作为评价指标；随着社会不断进步，人们应当在年老或者无法劳动时享有安度晚年的权利,因此社会医疗服务城镇化是反映城镇化程度的一个重要指标,本书选取城镇养老保险覆盖率作为社会发展城镇化的衡量标准;除此之外,良好的城镇发展还需要优越的生态环境,需要维护城镇生态平衡(赵丹等,2011),故本书选取人均公园绿地面积这一指标衡量生态环境城镇化。

本书从产业结构、生产投入、经济效益、绿色制造和信息水平5个维度来构造工业化综合评价指标体系。工业化进步发展首先表现为产业结构的变化,但随着经济发展水平不断提高,地区的工业产值占总产值比重表现出先增后减的趋势,而农业产值占总产值比重却表现持续下降趋势,故本书采取非农产业产值比重作为工业化的衡量指标(张克俊和曾科,2004)。在生产投入方面,城镇固定资产投资反映工业化的生产水平,而地区非农产业总值则表现为其产出水平,故本书采取城镇固定资产投资/地区非农产业总值来衡量工业化发展的生产投入效率。在工业化的经济效益方面,大多数研究采用地区生产总值或者人均地区生产总值来反映经济效益,考虑到工业化主要是在城镇地区,本书采取人均非农业产值来代表工业化的经济效益。在工业化的绿色制造方面,传统的工业发展模式已经难以为继,电力消费量能够很好地反映一个地区的能源消耗,故本书把电力消费量和地区第二、第三产业产值相比来衡量绿色制造水平。另外,新型工业化与传统工业化最大的不同,就是新型工业化是以信息技术为导引的工业化(钱津,2017)。参考以往的研究,本书采用人均邮电业务总量来衡量地区的信息化发展水平。工业化和城镇化耦合协调的指标体系如表6-1所示。

表6-1 工业化和城镇化耦合协调的指标体系

系统层	指标层	指标含义	计算公式	符号
城镇化系统	人口城镇化	人口结构	城镇人口/常住人口	+
	城镇建设面积	空间构成	人均建成区面积	+
	居民就业保障	居民生活	城镇登记失业率	-
	社会医疗服务	社会发展	城镇养老保险覆盖率	+
	城镇生态环境	生态环境	人均公园绿地面积	+

续表

系统层	指标层	指标含义	计算公式	符号
工业化系统	工业发展程度	产业结构	非农产业产值比重	+
	城镇固定投资	生产投入	地区生产总值/城镇固定资产投资	-
	产业结构	经济效益	人均非农产业产值	+
	环境保护	绿色制造	地区生产总值/电力消费量	-
	信息化程度	信息水平	人均邮电业务总量	+

（二）产城融合综合评价方法

1. 因子分析法

因子分析法就是从变量的内部联系出发，从一系列错综复杂紧密联系的变量出发，提出少数几个综合因子以达到降维目的的一种多变量统计分析方法。因子分析法就是用较少的指标来综合反映原来较多指标中所包含的信息。

因子分析法的步骤具体包括：①对于原始数据矩阵 X 进行标准化处理；②计算标准化处理矩阵的相关系数矩阵 R：$R = (r_{ij})_{m \times n}$，其中，$r_{ij}$ 是变量之间的相关系数；③计算相关矩阵的特征值 $\lambda_1 \geq \lambda_2 \geq \cdots \geq \lambda_n \geq 0$ 和特征向量 $I = (I_1, I_2, \cdots, I_m)$；④确定公共因子个数，以累计贡献量是否达到 85% 为衡量标准；⑤建立因子载荷矩阵 Z，并对其实行方差最大旋转；⑥计算因子得分，并进行综合评价和排序。

2. 耦合协调度

（1）耦合度模型。耦合是指两个或者两个以上的系统或运动方式通过各种相互作用而彼此影响以及相互制约以至联合起来的现象，是在各个子系统的良性互动下，相互依赖、协调而又相互促进的动态关联关系。耦合度是反映系统之间耦合程度的重要指标，可以用于判别工业化和城镇化之间相互作用的强度。借鉴物理学中的容量耦合概念以及容量耦合系数模型，构建工业化和城镇化的耦合度模型，如下：

$$C = 2\left(\frac{U_1 \times U_2}{(U_1 + U_2)^2}\right)^{1/2} \qquad (6-1)$$

式中，C 是耦合度，取值为 $[0, 1]$，C 值越大表明创新投入和工业化以及城镇化之间越发接近良性耦合状态，系统趋向于新的有序结构；C 值越小意味着工业化及城镇化之间的相互作用程度低，系统趋向于无序状态。

（2）耦合协调度模型。耦合度模型只能反映出工业化以及城镇化的耦合强度，却不能很好地反映工业化和城镇化的协调程度，当工业化和城镇化水平都很低时，系统也呈现出较大的耦合度。因此，需要进一步改进模型，构建耦合协调度模型，如下：

$$D = \sqrt{C \times T} \quad (6-2)$$

$$T = \alpha U_1 + \beta U_2 \quad (6-3)$$

式中，D 为耦合协调度，T 为工业化和城镇化的综合发展指数，反映两者的整体效益水平。考虑到两者在社会经济发展过程中地位同等重要，本书取 $\alpha = \beta = 0.5$。为了更好地说明工业化与城镇化发展的协调程度，对耦合协调度进行等级划分，本书参考张勇等（2013）的研究成果，结合当前实际协调发展的情况，将耦合协调度划分为极不协调（0，0.3）、一般协调（0.3，0.5）、中度协调（0.5，0.7）和高度协调（0.7，1）四种类型。

二、产业与城镇发展综合评价

首先基于SPSS19中的因子分析方法分别对工业化和城镇化系统中的原始数据进行标准化处理，并得到工业化和城镇化指标之间的相关系数矩阵，得出相关系数矩阵的同时，进行KMO和Bartlett's球形检验，检验结果如表6-2所示。

表6-2　工业化和城镇化系统的KMO与Bartlett's球形检验

检验样本	KMO检验	Bartlett's球形检验	
		卡方值	P值
工业化系统	0.692	1033.116***	0.000
城镇化系统	0.754	1314.107***	0.000

注：***、**、*分别表示在1%、5%、10%的显著性水平下显著。

KMO检验结果表明，工业化系统的KMO值为0.692，接近0.7；城镇化系统的KMO值为0.754，大于0.75；Bartlett's球形检验均在1%的显著性水平下显著。这表明城镇化系统与工业化系统均适宜运用因子分析方法进行综合评价。根据累计贡献率大于85%的原则，分别对工业化系统和城镇化系统提取3个和3个主成分因子及其累计贡献率，如表6-3所示。

表6-3　工业化和城镇化主成分分析结果

指标	工业化系统			指标	城镇化系统		
	主成分1	主成分2	主成分3		主成分1	主成分2	主成分3
产业结构	0.660	-0.429	0.002	人口结构	0.396	0.111	-0.050
生产投入	0.064	0.079	1.003	空间构成	0.341	0.018	0.016
经济效益	0.262	0.214	-0.051	居民生活	0.134	1.034	0.020
绿色制造	-0.321	0.923	0.064	社会发展	0.384	0.052	-0.080
信息水平	0.358	0.070	0.125	生态环境	-0.087	0.020	1.013
特征值	2.008	1.370	1.027	特征值	2.574	1.019	1.011
贡献率（%）	40.163	27.399	20.534	贡献率（%）	51.481	20.385	20.229
累积贡献率（%）	40.163	67.562	88.096	累积贡献率（%）	51.481	71.866	92.094

可以看出，工业化系统中3个主成分的累计贡献率为88.096%，涵盖工业化系统中的大部分信息。其中主成分1在产业结构中具有较大的载荷（>0.65），这表明主成分1主要反映工业化系统中工业结构发展水平，称为产业结构因子；主成分2则在工业化系统的绿色制造中具有极大载荷

(>0.90),大幅度超过工业化系统中其余指标的影响程度,故主成分2可以称为绿色制造因子;对于主成分3而言,其主要载荷反映在生产投入上,达到1.003,表明主成分3主要反映工业化系统的生产投入情况,称为生产投入因子。同样,从城镇化系统中提取出3个主成分因子,累计贡献率高达92.094%。其中主成分1在人口结构和社会发展中均具有相对较大的载荷(>0.35),这表明主成分1反映人口城镇化率以及城镇养老保险覆盖率对于城镇化系统的影响程度,可以视为城镇发展因子;主成分2则在城镇化系统的居民生活中占有极大载荷(>1.00),远远超过城镇化系统中其余指标的影响,因此主成分2可以看作居民生活因子;其中,主成分3在生态环境指标中的载荷达到了1.013,反映出主成分3只反映人均公园绿地面积指标在城镇化系统中的信息,因此主成分3称为绿色环境因子。根据提取的主成分因子和因子载荷矩阵,可以计算出我国30个省份历年的工业化和城镇化综合评价得分,对数据加以处理得到2000年、2008年和2016年我国30个省级行政区的工业化和城镇化综合评价结果,如表6-4所示。

表6-4 2000年、2008年、2016年我国工业化与城镇化综合得分

省份	工业化系统			增量	城镇化系统			增量
	2000年	2008年	2016年		2000年	2008年	2016年	
北京	-0.650	0.783	1.099	1.749	-0.017	1.635	2.545	2.562
天津	0.131	4.814	1.346	1.215	0.220	0.816	1.286	1.066
河北	-1.064	-0.168	0.123	1.187	0.389	-0.065	-0.214	-0.603
山西	-1.154	-0.365	0.140	1.295	-0.271	-0.025	-0.266	0.005
内蒙古	-0.516	0.304	0.730	1.245	-0.511	-0.266	-0.011	0.500
辽宁	0.165	0.743	1.239	1.074	0.179	0.013	0.620	0.442
吉林	-0.110	0.392	0.529	0.638	-0.304	-0.093	0.357	0.661
黑龙江	-0.194	0.549	0.877	1.070	0.298	0.166	-0.030	-0.327
上海	0.796	0.898	1.722	0.926	0.284	1.575	2.537	2.253
江苏	-0.578	0.154	0.706	1.284	0.468	0.460	0.910	0.442
浙江	-0.310	0.320	0.711	1.021	0.091	0.924	1.203	1.112

续表

省份	工业化系统			增量	城镇化系统			增量
	2000年	2008年	2016年		2000年	2008年	2016年	
安徽	-0.909	-0.293	-0.128	0.781	0.223	-0.431	-0.124	-0.347
福建	-1.008	0.053	0.611	1.618	0.643	0.354	0.584	-0.059
江西	-1.070	-0.464	0.057	1.126	-0.085	-0.412	-0.030	0.055
山东	-0.685	0.093	0.573	1.258	0.305	0.303	0.259	-0.045
河南	-1.331	-0.598	-0.297	1.034	0.551	-0.152	-0.087	-0.638
湖北	-0.491	0.113	-0.181	0.311	0.182	-0.118	0.229	0.047
湖南	-0.802	-0.127	0.213	1.015	0.376	-0.146	0.225	-0.151
广东	-0.628	0.071	0.767	1.395	0.202	1.267	1.260	1.058
广西	-1.030	-0.465	-0.388	0.643	-0.045	-0.303	-0.262	-0.217
海南	-0.334	-0.076	-0.206	0.128	-0.374	-0.323	-0.265	0.109
重庆	-0.781	0.034	0.743	1.525	-0.444	-0.337	0.425	0.869
四川	-0.717	-0.050	0.440	1.157	-0.237	-0.332	-0.009	0.228
贵州	-0.931	-0.658	-0.398	0.532	-0.860	-0.574	-0.455	0.405
云南	-1.371	-0.455	-0.249	1.122	-0.090	-0.450	-0.383	-0.293
陕西	-1.188	-0.286	0.021	1.209	-0.357	-0.182	0.124	0.480
甘肃	-1.247	-0.712	-0.700	0.547	-0.547	-0.410	-0.601	-0.055
青海	-1.180	-0.309	-0.061	1.118	-0.847	-0.406	-0.410	0.438
宁夏	-0.091	0.475	0.981	1.072	-0.787	-0.565	-0.255	0.532
新疆	-0.425	-0.099	-0.060	0.365	-0.535	-0.120	-0.602	-0.067

从工业化和城镇化综合评价结果增量来看，东部地区工业化与城镇化的增长量一直高于中西部地区，且差距有扩大的趋势；从工业化和城镇化综合评价结果增长速度来看，2000~2008年中部地区工业化与城镇化综合评价结果增长速度快于东部和西部，同时绝大部分省份的综合评价结果增长速度超过0.1，说明2000年以来我国省际工业化与城镇化呈现出加速发展态势。由此可以看出：①我国工业化和城镇化发展水平自2000年以来呈现出增长趋势，但是不同区域发展速度存在个体差异。这与我国改革开放以来持续增长的经济密不可分，同时，我国又于2002年提出新型工业

化与城镇化建设目标，在党的十八大报告中也指出要注重新型城镇化建设。不过尽管总体上工业化与城镇化水平上升，但是其中仍然有部分省份的个体差异，其中新疆2016年工业化水平呈现出下降趋势。②工业化和城镇化发展分布呈现出"东高西低"态势。从综合得分结构来看，工业化与城镇化发展水平与我国经济社会发展水平的空间分布基本一致，即东部大幅度领先于中西部发展，中部次之，西部最低。这主要是东中西部地区的经济基础、资源禀赋以及政策环境等方面的差异导致的。我国长期实行非均衡的区域经济发展战略，以先富带动后富，东部地区地理区位优越、经济基础良好、城镇设施齐全，又是改革开放的窗口和对外贸易的先锋，使投资、贸易、财政、教育和环境等政策均向东部地区倾斜，导致工业化与城镇化水平较高的省份大多分布于东部地区。

三、产业与城镇发展的耦合效应分析

根据前文的计算结果，可以测算出我国各省级行政区的产业与城镇发展协调度，如表6-5所示。

表6-5 我国产业与城镇发展协调度

地区	协调度			地区	协调度		
	2004年	2010年	2016年		2004年	2010年	2016年
北京	0.741	0.797	0.806	河南	0.529	0.621	0.675
天津	0.726	0.797	0.810	湖北	0.590	0.677	0.691
河北	0.574	0.695	0.723	湖南	0.548	0.634	0.667
山西	0.579	0.679	0.729	广东	0.663	0.740	0.802
内蒙古	0.642	0.747	0.802	广西	0.530	0.632	0.666
辽宁	0.684	0.765	0.705	海南	0.515	0.647	0.674

续表

地区	协调度			地区	协调度		
	2004年	2010年	2016年		2004年	2010年	2016年
吉林	0.610	0.711	0.711	重庆	0.584	0.718	0.753
黑龙江	0.615	0.707	0.682	四川	0.564	0.651	0.701
上海	0.767	0.800	0.797	贵州	0.505	0.575	0.685
江苏	0.647	0.750	0.804	云南	0.543	0.615	0.667
浙江	0.672	0.741	0.816	陕西	0.558	0.673	0.716
安徽	0.545	0.658	0.705	甘肃	0.551	0.613	0.677
福建	0.601	0.712	0.763	青海	0.607	0.655	0.721
江西	0.562	0.664	0.708	宁夏	0.643	0.773	0.821
山东	0.613	0.719	0.776	新疆	0.600	0.663	0.724

（1）2004~2016年，我国产城融合协调度总体属于较为协调的水平并呈现上升趋势。从整体来看，除了无法获取数据的省份以外，2004年、2010年及2016年全国各省产城融合协调度均处于中度协调及以上水平。从时间维度来看，与2004年相比，2010年新增11个高度协调省份，2016年共有22个高度协调省份，总体看来我国产城融合协调度水平呈现出较为明显的上升趋势。通过分析可知，出现此种趋势的原因在于近年来我国区域产业发展迅速，随着产业规模扩大，经营生产人口的定居和消费需求驱动城镇规模扩大（邹德玲和丛海彬，2019），因此由工业化发展带动的城市扩张以及城镇人口增加加速了城镇化水平的提升。城镇化的发展又为工业化发展提供了基础设施支撑以及人力资源支撑（彭兴莲，2018），促进了生产要素和资源在城镇的集聚，为产业发展提供良好的基础，因而进一步推动了我国产城融合协调度的整体提高。

（2）2004年、2010年、2016年产城融合协调度表现出了"东高西低"的地区差异特点。从表6-5中可以发现，北京、天津、上海、黑龙江、吉林、辽宁、江苏、浙江、山东等东部地区在2004年、2010年以及2016年中有两年以上处于高度协调度水平，其中北京、天津、上海三年都处于高度协调水平；相反，三个年度数据中，西部地区中属于中度协调水平的省份数量占比最大，其中广西、云南、甘肃和贵州在 2004 年、2010 年、2016 年均处于中度协调水平，在全国总体协调水平提高的同时，西部地区协调水平并未有较大提升。不同省份之间的工业化与城镇化协调度存在一定差异，显而易见，发展水平越高的省份，产城融合协调度也越高（郭进和徐盈之，2016），东部地区省份产城融合协调度水平高于中西部地区省份的阶梯特征也符合我国经济发展水平特点。究其原因，我国整体城镇化发展水平低于工业化发展水平，此特征在中西部地区尤其显著，随着中部崛起、西部大开发等支持中西部经济发展政策的实施，中西部地区产业结构逐渐演变为重工业化特征，但城镇化建设滞后于工业化建设，因此中西部地区产城融合协调度也较低。

第七章
产业转移驱动产城融合实证分析

一、研究方法

(一) 熵值法

由于本书采用综合指标评价工业化和城镇化耦合协调度,通过熵值法计算城镇化系统和工业化系统中的各项指标权重,参考姚成胜等(2016)学者的研究,权重计算步骤如下。

(1) 数据标准化处理:由于采用综合指标评价,各项指标的取值方向存在正负差别,同时还具有量纲和数量级的差异,因此需要对初始数据进行标准化处理。针对正负两类指标,标准化处理的方法分别如下所示。

①正作用指标,如下:

$$X'_{ij} = (X_{ij} - \min X_j)/(\max X_j - \min X_j) \tag{7-1}$$

②负作用指标,如下:

$$X'_{ij} = (\max X_j - X_{ij})/(\max X_j - \min X_j) \tag{7-2}$$

(2) 计算第 i 年第 j 项指标值的比重。

$$Y_{ij} = X'_{ij} / \sum_{i=1}^{m} X'_{ij} \tag{7-3}$$

(3) 指标信息熵的计算：

$$e_j = -k \sum_{i=1}^{m} (Y_{ij} \times \ln Y_{ij}) \tag{7-4}$$

令 $k = \dfrac{1}{\ln m}$，则有 $0 \leqslant e_j \leqslant 1$，且当 $Y_{ij} = 0$ 时，令 $Y_{ij} \times \ln Y_{ij} = 0$。

(4) 信息熵冗余度的计算。

$$d_j = 1 - e_j \tag{7-5}$$

(5) 指标权重的确定。

$$w_i = d_j / \sum_{j=1}^{n} d_j \tag{7-6}$$

式中，X'_{ij} 和 X_{ij} 分别表示第 i 年第 j 项单项指标的标准化数据和原始数据，$\max X_j$ 和 $\min X_j$ 分别为所有年份中第 j 项单项指标的最大值和最小值，m 为评价年数，n 为指标数。

（二）产业转移驱动产城融合因素分解

对工业化和城镇化的协调度评价提取还需要外生的控制变量。参照现有研究，本书分别从对外开放、财政支持、投资能力三个方面选取同工业化、城镇化和创新投入水平密切相关的控制变量。对外开放程度的提高是如今经济全球化背景下一个显著事实，随着改革开放，大量外资的注入无疑对工业化与城镇化建设产生了重要的影响，相关研究也显示它对产业的地区集聚具有不可忽视的作用。宛群超等（2017）的研究也表明，外商直接投资能够很好地优化产业结构、提升企业效率，促进工业化和城镇化的发展，故本书选取外商企业投资总额与该地区生产总值的比值来测度对外开放程度。考虑到政府在我国工业化和城镇化进程中发挥着重要作用，政府支持也为创新投入活动提供物质保障，使创新活动顺利进行，故本书选择政府财政一般预算支出比同年财政收入作为财政收支的衡量指标。最后，固定资产投资是工业化和城镇化水平提高的重要投入要素，对于社会生产产生供给效应，对于城镇化发展起着较强的拉动作用，故本书选取社会固定资产投资/生产总值作为投资能力的替代指标。本书参考毕茜和于连超（2016）的研究，设定基本回归模型，如下：

$$(Indus, urban)_{i,t} = \alpha_0 + \alpha_1 tran_{i,t} + \sum Control_{i,t-1} + \varepsilon_{i,t} \quad (7-7)$$

固定效应面板分位数回归区别于传统平衡面板固定效应模型，不使用最小二乘法估计，而是在工业化与城镇化水平的不同分位点进行产业转移系数对工业化及城镇化水平的估计，有利于排除极端值影响，公式为：

$$Q_{(Indus, urban)_{i,t}}(\tau \mid Indus, urban) = \alpha_i + tran_{i,t}^T \beta(\tau) \quad i=1,\cdots,n \quad t=1,\cdots,m_i \quad (7-8)$$

式（7-8）中固定效应系数不随分位点改变，但 $tran$ 的估计系数根据分位点的变化而变化，为了同时估计式（7-8）在不同分位点的参数，需要对式（7-9）求解：

$$\min_\beta \sum_{k=1}^q \sum_{t=1}^T \sum_{i=1}^n \omega_k \rho_{\tau k}[(Indus, urban)_{i,t} - \alpha_i - tran_{i,t}^T \beta(\tau)] + \lambda \sum_{i=1}^n |\alpha| \quad (7-9)$$

式中，ω_k 表示不同分位数的权重，λ 表示调节系数，本书参考 Koenker（2004）研究中的估计方法对式（7-9）求解。最后构建分解模型，如下：

$$y_{it} = \alpha_{it} + \sum_{k=1}^K \beta_{k,it} x_{k,it} + \beta_y X_y + \varepsilon_{it} \quad (7-10)$$

其中，i 表示省份，t 表示年份，本文中 y_{it} 代表工业化和城镇化综合得分，为被解释变量；$x_{k,it}$ 则代表 i 省份在 t 年的产业转移系数，为解释变量；α_{it} 为常数项，$\beta_{k,it}$ 是面板数据回归系数，X_y 表示控制变量，β_y 表示控制变量的回归系数，ε_{it} 为面板随机扰动项。

第七章 产业转移驱动产城融合实证分析

二、实证分析

(一) 我国省际制造业产业转移时空演变特征

通过制造业固定资产投资转移系数计算公式,运用我国2004~2016年30个省份(不含港澳台和西藏地区)及全国制造业固定资产投资数据,测算得到2004~2016年我国省际制造业产业转移系数。参考金涛(2014)的研究,本书界定制造业固定资产转移系数在0~0.9为产业转出类型区,转移系数在0.9~1.1为产业稳定类型区,转移系数大于1.1为产业转入类型区,通过统计该省2004~2016年分别处于产业转出区、产业稳定区和产业转入区的年份次数,数据处理统计后如表7-1所示。

表7-1 2004~2016年我国30个省份产业转移情况

地区	产业转出	产业稳定	产业转入	地区	产业转出	产业稳定	产业转入
北京	4	5	4	河南	0	3	10
天津	1	5	7	湖北	0	4	9
河北	0	4	9	湖南	0	4	9
山西	0	9	4	广东	0	8	5
内蒙古	1	6	6	广西	0	3	10
辽宁	2	4	7	海南	6	1	6
吉林	1	4	8	重庆	0	3	10
黑龙江	1	5	7	四川	0	7	6
上海	7	6	0	贵州	1	5	7
江苏	0	6	7	云南	0	5	8
浙江	0	12	1	陕西	0	4	9
安徽	1	4	8	甘肃	1	6	6

续表

地区	产业转出	产业稳定	产业转入	地区	产业转出	产业稳定	产业转入
福建	0	5	8	青海	1	6	6
江西	0	4	9	宁夏	1	5	7
山东	0	9	4	新疆	0	6	7

（1）产业转出区数量从时间线上来看呈现先降后增的趋势，从总数来看产业转出区主要位于我国东部沿海地区。2004年、2010年、2016年产业转出区数量分别为1个、0个、2个，但产业转出区省份2004~2016年总数不低，可见产业转出的省份较少并高度集中在个别省份，且产业转出区数量总体呈现先降后增的特征。从统计的2004~2016年产业转出区总数来看，产业转出年份最多的为上海、海南、北京、辽宁等省份。由此可见，我国产业发展较早的东部沿海地区是主要的产业转出区，产业转移态势较为明显地表现为自东向西倾斜。特别地，上海市作为我国高速发展的经济中心是最主要的产业转出地，产业转移系数总体偏低，2004~2016年基本处于产业转出或稳定状态，不存在属于产业转入区的年份。Ottaviano 和 Thisse（2003）研究认为，生产要素对市场非均衡的反映是从其丰富的地区向其稀缺的地区转移，生产要素的流动性将保证各地区的收益均衡，因此劳动力、技术、资本等生产要素丰富的东部地区是主要的产业转出区符合生产要素的流动规律。

（2）产业稳定区数量表现出持续增长的趋势，比例最大的依然是我国东部地区，但呈现中西部地区比例逐步增大的特征。2004年属于产业稳定区的有东部地区的上海、江苏和浙江，西部地区的甘肃和青海共5个省份；2010年属于产业稳定区的有东部地区的河北、上海、浙江、山东和广东，中部地区的山西，西部地区的内蒙古、四川和陕西共9个省份；2016年属于产业稳定区的有东部地区9个、中西部地区各7个共23个省份，总体表现出持续增长的趋势。特别地，浙江省在2004~2016年的13年中，只有2006年处于产业转入状态，其余12年均属于产业稳定区，可见浙江省产业发展表现得尤为平稳。另外，2016年，除了属于产业转出区的辽宁与海南之外,其余东部地区省份皆属于产业稳定区,也即东部地区省份2016年不存在产业转入;同时,除了属于产业转入区的江西之外,2016年其余中部地区省份皆为产业稳定省份,中部地区从2004年的全部属于产业转入地区到2016年基本处于产业稳定区,可见中部地区产业发展态势良好,能够将前期承接的产业转移稳定吸收;西部地区属于产业稳定区的省份也有明显增加,但始终是产业转入的主要承接地区。

(3) 产业转入区数量表现出持续减少的趋势,主要分布在中西部地区。产业转入地区的数量由2004年的24个减少到2010年的21个,到2016年仅有5个,呈现持续减少趋势。2004年,属于产业转入区的24个省份中东中西部地区平分秋色各占8个;2010年,属于产业转入区的省份有东部地区6个、中部地区7个、西部地区8个;2016年,属于产业转入区的省份有中部地区的江西,西部地区的四川、重庆、贵州和宁夏共计5个省份。从属于产业转入区的年份总数来看,最高的是河南、广西和重庆三省(市),其次是江西、陕西、湖北、湖南和河北5个省份,显然除了河北以外主要的产业转入地是中西部地区省份。由此可见,改革开放以来蓬勃发展的东部沿海地区逐渐失去廉价劳动力及土地资源优势,在国家东北振兴、中部崛起、西部大开发等政策引导下,中西部地区开始完善产业发展路径,积极承接产业转移,因此由东向西的产业转移趋势是符合经济发展规律的。施同兵(2015)研究表明,东部产业向中西部地区的转移增强了中西部地区吸纳就业的能力,推动农民工就近就地城镇化,对驱动区域经济协调发展具有重要作用。此外,刘伟和李琳(2011)通过系统动力学方法分析认为,高素质人才、科技创新以及资本是中后期区域产业转移中更为重要的因素,因此中西部地区应在稳步发展第二产业的基础上积极引进第三产业,掌握人才、科技、资本等稀缺要素,实现新型工业化和城镇化发展。

(二) 我国工业化与城镇化综合评价

根据工业化与城镇化耦合协调指标体系选取相关数据,并通过熵值法计算指标权重,进一步测算我国30个省份工业化与城镇化综合评价得分,如表7-2所示。

表7-2 2004年、2010年、2016年我国30个省份工业化与城镇化综合得分

省份	工业化系统			增量	城镇化系统			增量
	2004年	2010年	2016年		2004年	2010年	2016年	
北京	0.541	0.660	0.593	0.052	0.558	0.614	0.736	0.178
天津	0.496	0.662	0.624	0.127	0.568	0.612	0.697	0.130
河北	0.343	0.530	0.549	0.206	0.317	0.450	0.501	0.184
山西	0.458	0.581	0.597	0.138	0.288	0.404	0.489	0.201
内蒙古	0.442	0.611	0.620	0.178	0.390	0.520	0.671	0.281
辽宁	0.434	0.594	0.429	-0.005	0.514	0.577	0.665	0.151
吉林	0.348	0.506	0.461	0.113	0.404	0.505	0.575	0.172
黑龙江	0.339	0.470	0.408	0.069	0.446	0.537	0.582	0.136
上海	0.542	0.632	0.591	0.049	0.658	0.648	0.694	0.037
江苏	0.416	0.572	0.644	0.228	0.421	0.553	0.647	0.227
浙江	0.459	0.563	0.710	0.251	0.445	0.537	0.632	0.187
安徽	0.310	0.484	0.518	0.208	0.287	0.398	0.480	0.193
福建	0.357	0.559	0.599	0.242	0.364	0.470	0.566	0.202
江西	0.345	0.477	0.501	0.156	0.295	0.415	0.503	0.208
山东	0.392	0.510	0.576	0.183	0.361	0.526	0.633	0.272
河南	0.305	0.480	0.516	0.211	0.262	0.339	0.417	0.155
湖北	0.349	0.475	0.487	0.139	0.348	0.443	0.468	0.120
湖南	0.302	0.432	0.442	0.140	0.298	0.379	0.448	0.150
广东	0.432	0.534	0.598	0.165	0.448	0.565	0.707	0.259
广西	0.296	0.470	0.474	0.178	0.269	0.359	0.420	0.152
海南	0.226	0.406	0.439	0.213	0.382	0.432	0.473	0.091
重庆	0.422	0.531	0.519	0.098	0.300	0.501	0.640	0.340
四川	0.330	0.475	0.478	0.148	0.309	0.390	0.506	0.198
贵州	0.400	0.496	0.511	0.110	0.216	0.281	0.439	0.223
云南	0.347	0.499	0.506	0.159	0.265	0.327	0.406	0.142
陕西	0.430	0.537	0.553	0.123	0.267	0.405	0.482	0.215

续表

省份	工业化系统			增量	城镇化系统			增量
	2004年	2010年	2016年		2004年	2010年	2016年	
甘肃	0.401	0.520	0.546	0.145	0.262	0.322	0.409	0.147
青海	0.491	0.585	0.459	-0.032	0.318	0.368	0.637	0.319
宁夏	0.507	0.612	0.660	0.153	0.365	0.584	0.688	0.323
新疆	0.379	0.482	0.559	0.179	0.343	0.409	0.498	0.154

根据2004年、2010年、2016年工业化和城镇化综合评价结果可以看出，我国工业化和城镇化整体综合评价大体上呈上升趋势，但存在部分省份评分下降现象。

（1）从工业化综合评价结果来看，在时间上我国各省工业化综合得分整体呈现上升趋势，在空间上东部、中部、西部地区工业化平均综合得分表现出"山谷形地势"特征，即东西部地区高、中部地区低的地区差异。2004~2016年河北、陕西、内蒙古、江苏、浙江等21个省份工业化综合得分呈现持续上升特征，而北京、天津、辽宁、上海、吉林、黑龙江、重庆、青海工业化综合得分呈现先升后降的趋势。除了辽宁、青海出现负增长，其他省份2016年评分依然高于2004年，符合总体上升趋势。罗文章（2005）研究认为，制造业是工业化与城镇化协调发展的重要驱动力，是第三产业发展的基础和核心，没有制造业发展的基础就没有工业化和城镇化的推进。通过探究发现，国务院在2006~2016年发布了多项关于调整、新建辽宁省各地国家级自然保护区的通知，重点关注辽宁省自然保护区环境建设与维持，注重当地生态保护，在一定程度上减缓了辽宁省传统工业的发展进程；而青海省由于在2010年发生玉树地震，造成重大经济、社会损失，严重影响了青海省工业化进程。此外，地区差异的原因在于东部地区发展较早，产业结构逐渐向发展高端制造业及高新科技产业转变，工业化水平远高于中西部地区；中部地区发展较晚，高端制造业尚且较少，发展不完善，工业化水平次于东部地区；西部地区评分高于中部地区可能是由于前期经济较为落后，中后期受到优先发展重工业的影响，出现重工业占主要地位、逐渐"重工业化",进而导致工业化评分较高的情况(陈雪琴,2014)。

(2)从城镇化系统评分结果来看,我国总体城镇化水平在时间上呈持续上升趋势,在空间上整体表现出东高西低的特征。除了上海的城镇化综合得分先降后升之外,其他29个省份的城镇化综合得分均呈持续上升状态,且上海的城镇化综合得分在2004年、2010年居全国第一,2016年也位列前茅;从增量上分析,重庆、青海及宁夏增量最大,上海增量最小。此外,东中西部地区城镇化平均综合评价得分呈现自东向西递减的特征,据此分析,我国东部城镇化水平远高于中西部地区,但增速有所减缓,从增量来看,西部地区前期城镇化水平最低但到中后期城镇化速度加快,尤鑫(2015)的研究表明,西部地区在2000~2010年平均城镇化水平年均增长率达到3.54%,甚至高于全国年均增长率,可见西部地区城镇化水平增长迅速。同时,对比工业化综合评价结果可知,较为发达的东部地区省份普遍城镇化综合评分高于工业化评分,中西部地区则相反。由此可知,经济较发达地区往往容易出现城镇化过度现象,而按照发展路径来看,工业化与城镇化融合发展前期主要是由工业化带动城镇化发展,后期逐渐出现城镇化反超现象,东部地区与中西部地区正是工业化和城镇化融合发展的后期与前期阶段(姜爱林,2004)。

由此可见,近年来我国工业化及城镇化整体发展水平良好,尤其是城镇化进程得到明显推进,总体城镇化率及工业化率有所增长,自改革开放以及家电下乡、新农村改造、普及互联网等政策的提出以来,全国基础设施建设、交通运输、金融体系、社会保障体系等不断完善和发展,为工业化、城镇化的推进提供了重要动力。

(三)基于产业转移的产城融合综合评价

根据工业化与城镇化综合评价以及产业转移测度结果,通过面板分位数法及耦合模型进行影响系数及耦合协调度测算,得到回归系数,如表7-3所示。

表7-3 基于面板分位数回归的多阶段产业转移对工业化与城镇化影响系数

变量	工业化					城镇化				
	10%	30%	50%	70%	90%	10%	30%	50%	70%	90%
产业转移	-0.012 (0.037)	-0.071* (0.043)	-0.101* (0.054)	-0.186*** (0.067)	-0.235*** (0.070)	-0.097** (0.040)	-0.133** (0.053)	-0.160** (0.074)	-0.215** (0.082)	-0.221*** (0.064)
FDI	0.360 (0.319)	0.381 (0.262)	0.384 (0.402)	0.861 (0.565)	0.998 (1.216)	0.981*** (0.307)	1.423*** (0.412)	1.290*** (0.459)	0.964 (0.602)	0.177 (0.551)
政府支出	-0.087*** (0.029)	-0.070*** (0.028)	-0.060*** (0.022)	-0.044** (0.021)	-0.025 (0.024)	-0.082*** (0.029)	-0.050* (0.028)	-0.051** (0.024)	-0.040* (0.021)	-0.041** (0.018)
固定资产投资	0.027 (0.027)	-0.042 (0.034)	-0.096* (0.049)	-0.163*** (0.061)	-0.260*** (0.071)	0.216*** (0.029)	0.157*** (0.054)	0.120 (0.076)	0.047 (0.084)	-0.044 (0.116)
常数项	0.619*** (0.087)	0.724*** (0.099)	0.799*** (0.122)	0.936*** (0.123)	1.072*** (0.097)	0.482*** (0.087)	0.519*** (0.115)	0.628*** (0.157)	0.786*** (0.151)	0.961*** (0.150)

注：*、**、***分别表示10%、5%、1%的显著性水平。

由工业化及城镇化影响因素回归系数表可知，产业转移系数在不同分位点的回归系数有显著差异，同时也具有一定的规律性，总体回归结果较为显著，得到如下主要结论。

（1）产业转移系数对工业化及城镇化水平有负向影响，即产业系数越小（产业转出越多），城镇化与工业化水平越高。由表可见，产业转移系数在工业化及城镇化面板的回归系数皆为负，除了工业化0.1分位处的回归系数之外，其他分位处的产业转移系数回归结果均为显著的。同时，结合产业转移测度结果及工业化和城镇化综合评价结果可知，上海、北京、海南、辽宁等产业转移系数最小的东部地区省份，工业化和城镇化综合评价得分最高。其原因在于，产业转出是由于产业转出地进行产业升级，淘汰部分耗费大量能源及劳动力的传统制造业，转而发展科技导向的战略性新兴产业，实现工业升级。通过带动产业转出地区科技创新，促进人才引进，实现人口城镇化发展，对于本地产业结构调整、发展新型工业化和城镇化有重要推动作用。

（2）工业化及城镇化水平越高，产业转移系数的影响力越大。回归系数结果显示，在分位数越大的点，产业转移系数的回归系数绝对值越大，并且显著性水平有所提升。产业转移的回归系数绝对值在工业化面板中由低水平阶段的0.012逐渐增加到高水平阶段的0.235，同时低水平阶段结果不显著，较低水平阶段及中等水平阶段在5%的显著性水平下显著，较高水平阶段及高水平阶段在1%的显著性水平下显著；回归系数绝对值在城镇化面板中由0.097增加到高水平阶段的0.221，同时，低水平、较低水平、中等水平及较高水平阶段结果在5%的显著性水平下显著，高水平阶段在1%的显著性水平下显著。其原因在于，在工业化和城镇化水平较低的阶段，产业转出的动力表现为产业转入地的巨大劳动力、资源等优势拉力，而非转出地的产业升级推力，是被动的产业转出状态，在此情况下，产业转移对工业化及城镇化水平的提升影响力较弱；在较高水平阶段，产业转移表现为产业转出地的"卖方市场"，具有技术优势的产业转出地具有选择产业承接地的权力，是为主动转移，而通过将低端产业的转出来协调高端产业的资源利用,进行本地产业升级调整,扩大经济优势,吸引高端人才及资本投资,对产业转出地新型工业化及城镇化发展有显著影响。

(3)产业转移系数对城镇化水平的影响力高于对工业化水平的影响力。通过观察回归系数结果可以发现,在各分位点处产业转移系数的城镇化回归系数绝对值要普遍高于工业化回归系数绝对值,并且显著性明显较高,说明产业转移系数对城镇化水平的影响力高于对工业化水平的影响力。分析其原因可知,产业转出时的当地工业化发展倾向于区域产业升级及结构调整,并不一定会导致工业产业比例的大幅增加,而由经济结构调整、科技能力提升带来的人口城镇化是较为直观的产业转移结果,因此产业转移系数对于城镇化水平影响较大。

基于产业转移的我国工业化与城镇化系统协调度如表7-4所示。

表7-4　基于产业转移的我国工业化与城镇化系统协调度

地区	协调度			地区	协调度		
	2004年	2010年	2016年		2004年	2010年	2016年
北京	0.633	0.543	0.552	河南	0.980	0.822	0.740
天津	0.575	0.556	0.726	湖北	0.872	0.724	0.780
河北	0.884	0.755	0.659	湖南	0.930	0.839	0.801
山西	0.879	0.607	0.606	广东	0.763	0.641	0.607
内蒙古	0.736	0.600	0.736	广西	0.969	0.819	0.798
辽宁	0.374	0.496	0.959	海南	0.817	0.591	0.825
吉林	0.663	0.634	0.692	重庆	0.848	0.626	0.519
黑龙江	0.791	0.393	0.709	四川	0.910	0.802	0.651
上海	0.725	0.584	0.591	贵州	0.942	0.854	0.662
江苏	0.786	0.535	0.606	云南	0.960	0.795	0.761
浙江	0.809	0.639	0.622	陕西	0.895	0.690	0.689
安徽	0.956	0.696	0.694	甘肃	0.926	0.732	0.713
福建	0.880	0.575	0.608	青海	0.841	0.292	0.740
江西	0.922	0.705	0.652	宁夏	0.800	0.597	0.753
山东	0.855	0.666	0.512	新疆	0.820	0.713	0.671

(1) 基于产业转移的产城融合协调度与初始产城融合协调度相比有明显提高。从全国平均系统协调度而言，2004~2016年，基于产业转移的产城融合协调度均比初始协调度高，全国初始平均协调度均为0.6以下，而基于产业转移的协调度全国平均值均为0.65以上，显然制造业产业转移对于产城融合协调度的提高有明显影响。姜爱林（2004）的研究表明，在早期城镇化发展滞后于工业化发展，因此当发生产业转移时，城镇化加速发展，水平得到比工业化更大幅度的提升，进而工业化与城镇化水平差距逐渐减小。由此可见，制造业产业转移有利于改善工业化与城镇化发展步调不一致的状况，促进工业化与城镇化融合发展。

(2) 基于产业转移的产城融合协调度具有集中在高度协调及极度协调水平的趋势。2004年有1个基本协调省份、2个高度协调省份，极度协调省份占总比90%，共27个；2010年有1个极度不协调省份，1个基本协调省份，3个中度协调省份，11个高度协调省份，14个极度协调省份；而到了2016年不存在极度不协调与基本协调省份，所有省份均处于中度协调及以上水平，其中2个中度协调省份，7个高度协调省份，21个极度协调省份，极度协调省份数量虽然经历先减后增、总数减少的变化，但一直保持在占比最大的地位。由此可见，从协调度水平划分结果来看，我国省份基于产业转移的产城融合协调度总体水平表现出上升的特征，即使年度协调度绝对值在下降，但表现为个别省份从极度协调水平下降到高度协调水平，而全国总体协调度水平依然有所提高，说明产业转移对工业化及城镇化融合发展仍起不可忽视的作用。陈雪琴（2014）研究发现，由产业转移带来的劳动力要素、技术要素、资本要素的流动不仅是工业化过程中的必要因素，也是城镇化过程中的必要因素，因此产业转移有利于促进生产要素的整合，促进工业化与城镇化融合协调发展。

(3) 基于产业转移的产城融合协调度地区差异呈现东部地区低、中西部地区高的特征。从这三年数据总体来看，北京、天津、上海、江苏、浙江、福建、海南、广东等东部地区省份均处于基本协调、中度协调或极度协调水平，江西、河南、湖北、湖南、广西、四川、贵州、陕西、甘肃、新疆等中西部地区省份则在2004年、2010年、2016年均处于极度协调水平，从东中西部平均协调度来看，东部地区2004年、2010年、2016年的平均协调度为0.665，而中部地区为0.754，西部地区为0.753，也表现出明显的中西高、东部低的特征。李会宁和叶民强（2006）在对我国东中西部地区经济发展差异进行研究时发现，西部地区在西部大开发政策实行以后经济有了明显的加速增长趋势，中西部地区在政策引导下得到快速发展。同时结合产业转移测度结果分析，东部地区为主要的产业转出区，而中西部地区为主要产业转入区。因此，产业转入有利于工业化和城镇化协调度的提高，由产业转入所引起的工业比重增加以及农村劳动力向城镇转移也加速城镇化的发展，进一步促进工业化与城镇化融合发展。

三、结论与对策

（一）研究结论

本书通过构建工业化与城镇化综合评价指标体系对我国30个省份（不含港澳台及西藏地区）2004~2016年工业化及城镇化水平进行测度，同时构建制造业固定资产投资转移系数进行产业转移测度，然后利用面板分位数回归的实证研究方法对产业转移系数和工业化与城镇化关系进行研究，最后运用耦合模型计算基于产业转移的工业化与城镇化耦合协调度。本书得到以下结论：

（1）产业转移对工业化与城镇化融合发展在不同阶段均有显著影响，在越高水平阶段影响力越大，并且产业转移对城镇化的驱动作用大于对工业化的驱动作用。产业转移对城镇化的驱动作用，在工业化与城镇化融合发展的不同阶段，其驱动作用也不同：首先，在工业化带动城镇化发展阶段，产业转移完善城镇基础建设和产业配套功能，城镇通过承接产业转移壮大产业规模，通过产业集聚促进空间规模的扩大和城镇人口的增长，带动城镇集约化发展和水平提升。其次，在工业化与城镇化互动发展阶段，产业转入区承接产业转移之后，生产规模和技术水平都得到一定的提升，对吸纳当地劳动力就业和带动外出务工劳动力回流具有显著影响，进而加快当地的城镇化进程。最后，在城镇化带动工业化发展阶段，承接产业转移带动工业自主创新能力建设，影响城镇现代服务业的快速发展和功能完善。

  与此同时，一方面，产业转移系数关于工业化与城镇化水平的负回归系数结果表现为产业转出促进工业化与城镇化水平提升，且回归系数绝对值随着工业化与城镇化水平提升而增大，由此可见产业转移是工业化与城镇化融合发展举足轻重的重要驱动力；另一方面，产业转移系数关于城镇化的回归系数绝对值大于对工业化的绝对值，可见产业转移对城镇化的促进作用更加显著，城镇化的发展离不开产业转移，产业转移有利于城镇地区形成产业集群，发挥集群优势，让产业发展带动城镇发展，提升城镇化质量，加快工业化与城镇化进程。工业化是产业转入区的必经阶段，加大承接转移产业对推动该地区工业化和城镇化进程具有重要作用。推进工业化过程中，结合城镇化建设，推动工业化与城镇化协调互动发展，促进产城融合一体化进程。结合工业化与城镇化发展特征可知，这一现象更有利于产业转移驱动城镇化快速发展，补足前期滞后水平，达到与工业化共同协调发展的效果。

  （2）我国省际产业转移驱动工业化与城镇化多阶段融合协调度水平整体上处于高度协调、极度协调状态，同时总体协调度水平随着时间发展呈现向高度协调及极度协调状态集中的趋势。产业转移对构建城镇化产业体系、优化区域资源要素配置、促进区域协调发展均有一定的促进作用，产业转移是促进我国区域经济协调发展的必然要求，产城融合发展是社会经济发展到一定阶段的必然产物。早期存在产城融合系统协调度极度不协调和基本协调水平省份，但从时间上来看，各省系统协调度水平有逐渐向高度协调和极度协调水平集中的趋势，尤其进入21世纪以来，我国积极实施了"西部大开发""中部崛起"和"东北老工业基地振兴"等区域战略，中西部地区的投资环境和不断优化和东部地区资源约束与环境压力的不断增大、市场的逐渐饱和，由东部发达地区向中西部欠发达地区进行的区际产业转移增加。对于全国总体来说，产业转移能部分地将沿海地区和国外的经济联系转向沿海地区和内陆地区的联系，实现我国广大内陆地区的开放，带动国内各种配套设施体系的发展，最大限度地拉动各区域的就业及城镇建设，推动工业化与城镇化协调发展，并最终有93%的省份处于高度协调和极度协调水平。由此可见，我国总体基于产业转移的产城融合系统协调度有所提高，且达到较高的协调水平，产业转移对工业化与城镇化发展水平有积极的影响。

（二）对策建议

本书研究发现产业转移对工业化与城镇化融合发展存在显著影响，且工业化与城镇化发展互相促进、共同提高，因此提出以下对策：

（1）打造良好环境，通过吸引产业转入提高工业化和城镇化协调发展水平。产业转移通过生产要素的流动和整合，构建国内产业链价值体系，能够推动经济发展，并最大限度地发挥工业对城镇化的带动作用，从而提升东部的城镇化发展质量，提高中西部城镇化发展水平，是新形势下我国城镇化发展的重要动力。对于产业转入区而言，产业转移能引起劳动力、技术、资本等要素在本地进行整合，这一过程既是工业化发展的过程，同时也是城镇化发展的过程。产业转入区地方政府应积极出台承接产业转移的相关优惠政策，降低交易成本，保持劳动力等生产要素的低成本优势，增强产业吸引力，并做好承接产业转移后的稳定发展措施，保证承接的产业有效发展，转化为本地优势企业。同时，在承接产业过程中加快中西部地区城镇化建设，提高城镇化与工业化协调水平，为工业化发展提供人才、资本及环境基础，促进工业化与城镇化融合发展。

（2）积极调整产业发展结构，利用产业转出促进新型工业化和城镇化发展。产业稳定区及产业转出区应大力推进本地产业结构调整升级,支持科技创新,转出资源消耗型、劳动密集型产业进而对本地生产要素进行重新分配,重点发展战略性新兴产业,通过传统产业转出提高工业化和城镇化协调水平。不断优化产业结构,我国的城镇化与产业结构的升级是同步的。也就是说,要加快我国城镇化进程,产业结构必须不断优化。充分发挥产业转移在工业化和城镇化较高水平阶段的显著影响力,加快新型工业化和新型城镇化道路发展。对于产业转出区而言,短期内产业转移可能导致资金外流、产业"空心化"等问题,但从中长期来看,产业转移有利于东部发达地区集中生产要素进行重组,实现产业结构调整和转型升级,从而大大提升城镇化发展质量,推动城镇化发展迈向新的高度。短期内,东部地区可通过产业的省内转移或者采取区域合作共享机制来过渡。

(3)基于产业园区或者产业集群基地承接产业转移。积极承接产业转移,引导企业和项目向工业园区聚集,促进产业集群发展。在未来以产业转移来推动城镇化发展过程中,要坚持以园区为载体的集群化发展,促进要素集中,降低交易成本,提高投资效益。产业转入区要制定好相关产业集群发展规划和指导意见,注重产业链的配套合作,引导企业向园区集中、园区向城镇集中,以此进一步带动和提高重点区域工业化水平,以工业化带动城镇化,促进产城融合,提高工业化与城镇化协调度。

(4)强化政策保障,综合利用激励性和限制性政策推动产业的有序转移。政策保障落实到位,是加快承接产业转移的关键和前提,以强有力的政府政策支撑,吸引产业转出区的快速产业转移。重视制度创新,搭建产业转移与城镇化互动平台;坚持制度创新,深化重点领域和关键环境改革,发挥市场机制在产业转移与城镇化互动中的作用,使产业转移与城镇化更加紧密地结合在一起。当前,已经发布的相关政策性文件有《主体功能区规划》和《产业转移知道目录(2012)》,在总体规划的基础上出台相关财税、金融、土地和环保等配套政策支持符合国家产业布局的相关产业转移,在承接产业转移中注意产业链的配套合作。

(5)深化区域合作。加强产业转入区和产业转出区的合作,共同构建产业转移承接促进平台，是加快承接产业转移的重要基础。应积极沟通、主动融入、完善机制、友好对接，实现多种资源共享、多种互动合作，打造优先承接载体。区域产业转移通过产业结构的重组优化，可以丰富产业转入区的产业类型和产业规模，增强城镇化建设所需的产业基础，通过规模化、集聚化的产业引进形成产业集群，以重点产业园区为依托，带动人口、资源聚集，从而实现产业转移与城镇化的互动有序发展。

第八章
产业转移促进产城融合案例分析

一、江西产业转移与集群状况

(一) 江西产业发展现状

改革开放以来,我国经济经历了长达30多年的高速增长时期,但随着我国经济体量不断增大,经济改革不断深入,我国经济增长进入新常态。在经济增长新常态下,我国经济增长速度从高速转向中高速,发展方式从规模速度型转向质量效率型,经济结构调整从增量扩能为主转向调整存量、做优增量并举,发展动力从主要依靠要素投入转向创新驱动。自20世纪90年代以来,江西省立足自身的资源优势,通过产业转移和本土培育的模式形成大量的工业园区,成为江西省经济发展的重要力量。工业仍然是江西经济发展的主要构成,推动工业企业发展是江西省未来经济增长的必然要求。1991年,江西省首设南昌高新区,工业园区成为江西省工业发展的重要载体。现有研究表明,工业园区汇集了众多企业,形成完善的产业发展要素集聚,从而对城市化、经济增长发挥着重要的促进作用(刘

第八章 产业转移促进产城融合案例分析

冠军，2016；张云飞，2014；张新芝等，2010）。

1. 发展现状

（1）工业园区对江西经济增长的贡献呈上升趋势。2014年，全省工业增加值6994.7亿元，同比增长12.5%，全国排名第四，占地区生产总值比重为44.5%。按可比价格计算，比2010年增长65.5%，年均增长率高达13.4%。而全省工业园区全年完成工业增加值5454.0亿元，占全省规模以上工业的79.8%，同比提高2个百分点；2014年实现主营业务收入23226.7亿元、工业增加值5454.5亿元、上缴税金1077.2亿元，分别增长12.3%、12%、17.1%。这表明，江西省工业园区以高于全省工业平均水平的增速增长，为全省规模工业保持9.5%的中高速增长、增幅居全国第四作出了重要贡献。数据还显示，2015年1~8月，全省工业园区经济总量进一步扩大，有55个园区的主营业务收入超过百亿元，同比新增5个；9298家投产企业完成了全省79%的工业GDP、81.5%的工业税收，对全省工业增长、税收增长贡献率分别达到87.3%和84.6%。园区主营业务收入总量在2009年之后呈现快速增长态势，2010年接近10000亿元，2013年底接近20000亿元，3年内实现了翻番（见图8-1）。

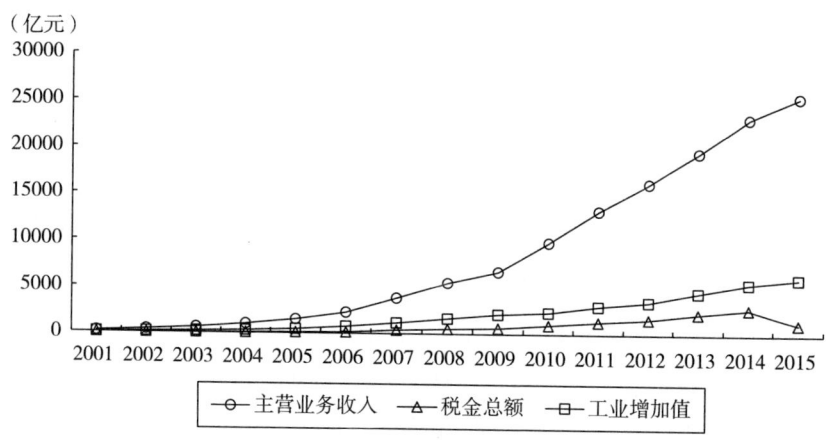

图8-1　2001~2015年江西工业园区主要经济指标

（2）江西工业园区发展规模迅速壮大。近年来，江西省园区经济快速发展，发展升级步伐不断加快。以收入超千亿元园区为龙头、国家级开发区为引领，收入过百亿元园区为主体，筹建园区和其他园区为补充，覆盖11地级市的全省工业园区格局基本形成。2015年，江西省主营业务收入超过1000亿元的园区有4个，超500亿元园区有16个，超300亿元园区有30个，超200亿元园区47个，超100亿元园区达到75个（见图8-2）。这表明，近年来江西省工业园区发展规模迅速壮大，在江西省经济发展中发挥着越来越重要的作用。

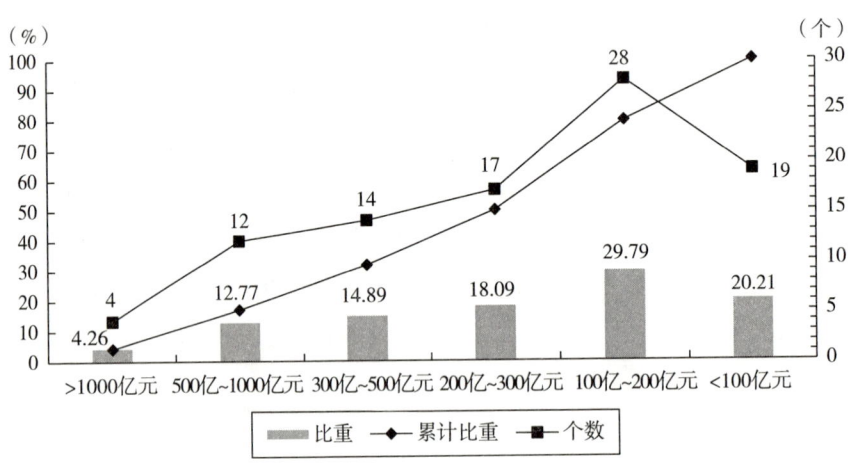

图 8-2 2015 年江西工业园区发展状况

（3）江西工业园区区域发展差异显著。截至2015年，江西省共设立由国家发改委等有关部门审核审批的工业园区94个，基本上达到每个县（市、区）都有一个工业园区。其中，包括15个国家级工业园区，20个省级重点工业园区，分别占工业园区总数的16%和21%。赣州工业园区数量最多，共16个，占全省工业园区总数的17.02%；其次是九江市和吉安市，分别拥有14个和13个工业园区，比例为14.89%和13.83%（见表8-1）。上饶市、宜春市、抚州市和南昌市拥有工业园区数量比较均衡，每个市约有10个工业园区。然而,在11个地级市中拥有工业园区数量较少的是新余市、鹰潭市、景德镇市和萍乡市。15个国家级工业园区中,赣州和南昌市各占3个,其余9个地级市每个市均拥有一个国家级工业园区。20个省级重点工业园区中,宜春和上饶市各有3个,南昌、萍乡、鹰潭、吉安和抚州市各有2个,其余地级市每市有1个。

表8-1 2015年江西工业园区分布情况

地区	园区数量		其中:国家级园区		其中:省级重点园区	
	数量(个)	占比(%)	数量(个)	占比(%)	数量(个)	占比(%)
南昌市	9	9.57	3	20.00	2	10
景德镇市	3	3.19	1	6.67	1	5
萍乡市	3	3.19	1	6.67	1	5
九江市	14	14.89	1	6.67	2	10
新余市	2	2.13	1	6.67	1	5
鹰潭市	3	3.19	1	6.67	2	10
赣州市	16	17.02	3	20.00	1	5
吉安市	13	13.83	1	6.67	2	10
宜春市	10	10.64	1	6.67	3	15
抚州市	10	10.64	1	6.67	2	10
上饶市	11	11.70	1	6.67	3	15
全省	94	100	15	100	20	100

2. 发展阶段划分

(1)起步发展阶段(1991~2000年)。江西省工业园区起步于20世纪90年代,创建于1991年的南昌高新技术产业开发区是江西省首个工业园区,开启了江西工业园区与产业集群发展序幕。1992年,江西省政府在南昌、抚州、景德镇等地设立了7个经济技术开发区,成为江西第一批省级开发区。到1999年,全省共创建21个开发区,其中包括2个国家级开发区和19个省级开发区。2000年,江西工业园区发展初见成效,当年人均地区生产总值4851元,完成地区生产总值2003.07亿元。然而这一时期江西的工业经济基础依然薄弱,发展起点低,工业园区发展整体上比较缓慢，在全国经济处于相对落后地位。

（2）全面发展阶段（2001~2003年）。进入21世纪以来，江西省委、省政府提出了"以工业化为核心、以大开发为主战略"的重要部署，确定了江西发展的"三个基地、一个后花园"的战略定位，强调"把工业园区建设成为经济发展的带动区、体制和科技创新的试验区、城市发展的新区"，并推出一系列促使"实现江西在中部地区崛起"的政策举措。为此，江西省各地全面开启了依托园区办工业的发展模式，大大激发了江西产业集群发展活力。2003年，全省工业园区数量发展至顶峰时期高达137个，实际投产企业达3579个；完成工业增加值192.89亿元，增长82.9%；实现销售收入587.7亿元，增长90%；利润总额33.99亿元，增长51.1%；实交税金28.9亿元，增长74.3%；安置就业人员52.85万人，增长61.3%。

（3）规范整顿阶段（2004~2005年）。在全面发展阶段之后，由于政府对兴办工业园区的鼓励支持，不合理的政绩观使政府在招商引资过程中放宽要求，某些地区存在大量圈地、违规建设和扩增园区的乱象。江西省于2004年对园区发展开始规范整顿，通过减园合并，开发区数量由137个减少到98个，撤并率高达28.5%。总规划面积由1155平方千米减至512平方千米，减幅高达55.7%。这一阶段，尽管工业园区的数量和占地面积都有较大幅度的减少，但是工业园区在龙头企业带动下，聚集了相关配套企业，形成了较为完整的产业链，初步培育起具有一定竞争力的产业集群。例如，南昌经济技术开发区形成了家电产业集群，袁州、樟树医药工业园打造成医药企业聚集地，贵溪市工业园则形成了以铜加工为主要特色的产业集群。

（4）提质发展阶段（2006~2010年）。"十一五"期间，江西工业园区和产业集群进入提质发展阶段。随着鄱阳湖生态经济区建设，加大了工业园区建设项目环境影响评价，集中建设了污染防治基础设施，加强了工业园区循环经济发展，积极推进了生态工业园建设和发展。在产业集群建设方面，大力壮大支柱产业，积极打造块状经济，进一步加速产业集聚。

2010年，全省工业园区实现工业增加值2310亿元、主营业务收入9833亿元、利税总额973亿元，分别占全省规模以上工业的74.5%、69.3%、67.3%。主营业务收入超百亿元园区达到34个，其中超200亿元的有13个；国家级高新区、经开区达到13个，比2005年增加10个；省级生态工业园区试点达到42个，南昌高新技术产业开发区、南昌经济技术开发区获环保部批准进行国家级生态工业示范园区试点建设。

（5）升级初级阶段（2011~2015年）。"十二五"时期，江西工业园区和产业集群进入了升级初级阶段。江西省先后出台了《关于在全省工业园区推进产业集群促进集约发展的指导意见》《关于加快产业集群发展促进工业园区发展升级的意见》，对园区产业集群升级提出了指导性要求。接着出台了《关于推进工业园区体制机制创新的意见》，从9个方面完善工业园区体制机制创新，着力培育打造60个省级重点产业集群和20个示范产业集群。积极推进园区"两化融合"，加快了传统产业升级换代，建设了"两化融合"示范区。2014年，全省工业园区实现主营业务收入首次突破20000亿元大关，同比增长12.3%，占全省规模以上工业主营业务收入的76.0%；工业增加值首次突破5000亿元大关，增长12%，占全省规模以上工业的80.0%。全省60个重点产业集群主营业务收入突破9000亿元，跨15大行业，分布45个县区市，百亿元以上产业集群达35个，提供的就业岗位占江西工业园区用工岗位的一半以上。

（二）江西产业集群发展现状

1. 江西产业集群发展

截至2015年，江西省共培育154个产业集群，其中重点产业集群60个。全省60个重点产业集群在2015年完成主营业务收入10361亿元，利税984亿元。主营业务收入占全省工业比重由2013年的24.9%提高到2015年的40.62%。全省主营业务收入超100亿元产业集群增加到41个，占60个重点产业集群的68.33%；超300亿元产业集群10个，占60个重点产业集群的16.67%；前10强产业集群主营业务收入达4099.6亿元，占60个重点产业集群的39.57%。江西省已经确定节能环保、新能源、新材料、生物和新医药、航空产业、先进装备制造、新一代信息技术、锂电及电动汽车、文化暨创意、绿色食品十大产业为江西省重点培育和发展的战略性新兴产业。全省60个重点产业集群构成由锂电、机械、软件、机电、汽车、航空、食品、冶金、钢铁、光伏、建材、医药、石化、纺织、电子信息、轻工和有色金属共17个产业组成的产业集群体系。江西省按照"抓点、连线、扩面、健体"立体式推进的要求,以园区为主要载体,每个设区市已重点培育2~3个产业集群,每个县市区基本上重点发展1个产业集群,已初步形成布局集中、特色鲜明的集群发展格局。表8-2汇总了江西省60个产业集群的发展及分布情况。

表8-2　2015年江西60个重点产业集群概括与分布

地区	产业集群个数（个）	主要产业	主营业务收入总额（亿元）
南昌市	9	针织服装、医药、光电、通信、软件与信息、汽车与零部件、钢结构、医疗器械	1596.5
九江市	9	钢铁、食品、服装、手机、有机硅、复合材料、纺织、节能灯	1543.9
景德镇市	3	精细化工、直升机、陶瓷	737.0
萍乡市	3	工业陶瓷、粉末冶金、电瓷	265.0
新余市	3	钢材加工、苎麻纺织、光伏	620.5
鹰潭市	3	铜加工、水工、铜合金材料	855.7
赣州市	6	家具、氟盐化工、永磁电机、复合材料、稀土精深加工、数字视听	1258.2
宜春市	10	建筑陶瓷、再生铝、医药、制鞋、棉纺织、盐化工、光电、绿色食品、锂电新能源	1711.7
上饶市	4	光伏、红木、有色金属回收、光学	715.6
吉安市	7	通信终端、皮制品、数字视听、触控显示器、碳酸钙、通信传输、盐卤药化	771.3
抚州市	3	变电设备、香料、汽车及零部件	286.0

2. 江西产业集群发展存在的问题

（1）产业集群经济规模偏小，产业集聚水平不高。2015 年，全省 60 个重点产业集群没有一个单个产业集群的主营业务收入超过千亿元。60 个重点产业集群中具备较强影响力和带动力的集群不多，大多数产业集群缺乏实力雄厚、技术领先、带动作用大的龙头企业作支撑。江西省产业集聚发展表现出明显的水平不高、集群优势不突出等现象，产业园区表现出盲目招商引资的特征，从而不少工业园区都是"小而全"的综合型工业园区，缺乏各自特色（吴志军和谷唐敏，2015）。工业园区企业产业关联度低，尚未形成相互依存的专业化分工协作的产业网络体系，产业链条不长，没有体现集群效应。

（2）产业同构现象普遍，产业集群竞争优势不突出。江西省 94 个工业园区之中，主导产业不突出、产业分工不明确的问题十分凸显。调查显示，江西省 2014 年大部分园区都有 3 个以上的主导产业，最多的有 6 个主导产业，其中有 3 个以上主导产业的园区有 73 个，占比 77.7%。这些园区虽然都有较大规模的同类企业群，明确了 1~2 个首先发展的产业集群，但多数存在产业结构不合理、产业布局不协调、产业园区布局分散、产业发展和项目选择随意等问题，难以凝聚形成体量大、带动广、竞争强的产业集群。专业化分工协作的产业链尚未完全形成，难以发挥产业集聚效应。

（3）产业创新能力不强，产业集群发展缺乏内生动力。江西省企业研发活动覆盖面小，2014 年全省规模工业企业研发覆盖率为 11.5%。在全国 1098 家国家级企业技术中心中，江西仅有 12 家。企业研发投入强度弱，企业研发经费占主营业务收入比重仅为 0.41%，低于全国 0.84% 的一半。研发平台数量少，全省建立研发机构的规模工业企业 705 家，研发机构普及率仅为 7.8%，缺乏核心技术和自主品牌。现有研究表明，科技进步是企业发展的重要推动力（蒋仁爱等，2012），对企业经营发展具有内生影响。而江西省工业园区乃至企业的创新不足，直接导致园区投入产出效益不高，也导致以工业园区为根基的产业集群发展缺乏内生动力。

（4）资源集约利用水平不高，产业集群发展缺乏长期动力。江西省工业园区过度依靠要素投入驱动，长期形成的结构性矛盾和增长方式粗放的问题尚未根本改变，导致面临的资源环境约束日益加剧（廖兵等，2013）。江西省各地工业园区每年用地指标普遍紧张，同时又普遍存在大量闲置和低效用地现象，批而未用率偏高，土地利用强度偏低，全省园区综合容积率只有沿海发达省份的一半左右。在园区环境保护方面，有些园区对废气、废物分散排放没有集中治理，导致园区环境保护难度较大。存在园区污水处理厂建得多、用得少，配套管网建设滞后、监管困难等问题。而建设资源节约型社会是未来发展的必然要求，江西省工业园区的资源集约利用水平不高直接导致园区内产业集群发展缺乏长期动力，难以适应社会发展的要求。

（5）园区服务平台建设滞后，产业集群社会功能设施不足。江西省信息服务和电子商务基础不足，导致工业园区开展"互联网＋"缺乏先发优势。园区企业物流成本普遍偏高，集聚效应得不到更好体现。金融配套服务不足，融资手续烦琐、周期长、成本高，导致园区融资难。园区用地指标紧张，用地指标报批困难，土地供需矛盾突出，制约园区转型升级发展空间。多数园区尚未建立完整有效的"一站式"服务大厅，导致交易成本较高，从而也抑制了产业集群发展。多数工业园区相对重视生产性服务设施配套，园区相关社会事业建设却相对滞后。工业园区升级发展要求有相对完备的学校、商业、医院、交通、休闲娱乐等生活配套设施，江西大多数工业园区的配套生活社区尚未建立，产业集群的社会功能设施滞后，产城融合发展进程推进缓慢。

（三）江西产业集群升级路径

中国经济新常态为江西工业园区和产业集群转型升级带来了大有作为的战略机遇，《中国制造2025》为江西加快工业园区和产业集群转型升级发展带来了政策支撑，长江经济带、长江中游城市群等国家区域战略和"一带一路"发展倡议为江西实现工业强省和产业集群升级发展带来了广阔空间，2016年国家发改委发布的《中长期铁路网规划》更让南昌市成为区域交通枢纽。多种国家战略交叠以及极为便利的交通条件已经成为江西发展的强劲推动力,然而江西省工业发展基础薄弱、研发水平不足、产业层次低下,经济发展水平也显著落后于周边省份(刘镇和黄晗,2008)。由此导致江西省工业经济发展面临龙头企业优势和带动能力不足、产业集群集约化水平偏低、产业链条延伸有待加深、科技创新能力有待加强、体制机制改革攻坚克难等诸多问题和挑战。在此情况下,江西省工业园区发展需要实现转型升级,加快工业产业集群升级发展是江西省发展当务之急、现实之需。

1. 促进产业集群培育壮大,助推转型升级新战略

产业集群是工业园区发展的重要支柱,工业园区则是培育产业集群的主要载体。工业园区发展升级的核心是产业升级,产业升级的关键是工业升级,工业升级的核心动力是产业集群加快发展(曹休宁,2004)。为此,江西省工业园区需要加大龙头企业培育引进,增强产业集群带动能力,聚焦发展一批核心竞争力强的大企业;优选一批有成长前景、有爆发空间、有增长后劲、有突破潜力、有管理优势的成长型企业,实施重点扶持。同时,还需要完善延伸产业链条,加强产业集群配套水平。这需要加快扶持发展大批具有"专精特新"特征的中小企业,促进中小企业对龙头企业的支撑作用。同时,还需要加强产业集群专业配套,促进产业融合发展。在此基础上,需要进一步完善提升产业链条,推动产业集聚发展。最终形成以龙头企业为依托,以产品生产的上下游关系为纽带,推动产业链向两头延伸,带动配套企业发展,鼓励中小企业进入龙头企业网络,完善提升并形成分工有序、相互协作、前后配套、连接紧密的产业链条。

2. 推进产业绿色发展,创新转型升级新模式

(1) 加快传统产业集群绿色改造升级,推行绿色发展。江西省需要推进钢铁、有色、化工、建材、轻工、印染等传统制造业绿色改造。在余热余压回收、水循环利用、重金属污染减量化、有毒有害原料替代、废渣资源化、脱硫脱硝除尘等方面采用绿色工艺技术装备。加强绿色产品研发应用,推广轻量化、低功耗、易回收等技术工艺产品,持续提升电机、锅炉、内燃机及电器等终端用能产品能效水平,加快淘汰落后机电产品和技术。不仅如此,江西省还可以打造绿色产业链和绿色供应链,降低电子信

息产品生产、使用能耗及限用物质含量,加强绿色生产设计,优化产业链和生产组织模式,建立企业间、产业间相互衔接、相互耦合、相互共生的工业绿色产业链;建立以资源节约、环境友好为导向的采购、生产、营销、回收及物流体系,打造绿色供应链。

(2) 积极构建绿色工业体系,开展示范园区建设。构建绿色工业体系,制定绿色工业发展规划、节能环保产业行动计划,这是江西省工业经济发展的必然要求和趋势(赵波和胡振鹏,2007)。为此,需要支持企业开发绿色产品,推行生态设计,引导绿色生产和绿色消费。一方面,建设绿色工厂,实现厂房集约化、原料无害化、生产洁净化、废物资源化、能源低碳化;另一方面,推动绿色企业发展,加大先进节能环保技术、工艺和装备的研发力度,加快制造业绿色改造升级。因而,江西省工业园区发展需要深入推进国家低碳工业园区、国家级循环化改造、省级工业绿色转型和清洁化工业园区等试点建设,建立绿色示范工厂,积极培育绿色示范园区;制定绿色产品、绿色工厂、绿色园区、绿色企业标准体系,推动江西省工业园区绿色发展。

3. 强化创新驱动和"两化融合",打造转型升级新引擎

以工业化与信息化两化融合为主线,创新驱动、智能制造与"互联网+"应用为驱动,绿色发展为特色,开拓江西工业园区和产业集群升级新空间,引导产业集群不断向智能化、创新化和绿色化转型升级。一方面,江西省发展需要增强创新驱动能力,推进协同创新体系建设,激发大众创业、万众创新的活力。这就要求增强产业集群技术创新能力,加强创新能力建设,在重要领域抢占技术制高点,以技术创新引领产业集群升级。另一方面,江西省需要深化"两化融合",加快智能制造和"互联网+工业"发展。主要是推进生产制造过程智能化,推动互联网向生产领域拓展,促进产业集群数字化、智能化、网络化和创新式发展。为此,江西省工业园区产业集群发展需要培育"互联网+工业"新业态,搭建网络化创业平台和智能制造产业基地。这就要求工业园区深入推进信息基础设施建设,在工业园区构建宽带高速、移动互联、安全可靠的新一代信息通

信网络基础设施。

4. 加快体制机制改革，释放转型升级新活力

首先，需要理顺管理体制，优化管理模式，提高管理绩效。本着精简、高效、规范的原则，按照"小政府、大社会，小机构、大服务"理念，积极探索"大部门制改革、扁平化管理、企业化服务"管理模式，推进工业园区管理标准化、服务企业化和去行政化。其次，完善招商引资机制，探索多样化招商模式，加强项目科学布局。推进招商机制市场化运行，探索多样化的项目招商模式和利益分享机制。鼓励设立招商中心，试行以年薪制为主的聘任机制，面向省内外公开招聘专业招商人员。同时，还需引入竞争激励机制，推进园区用人体制改革，激发人才创新潜能，加强人才队伍建设；探索实行全员竞争竞聘制度，推行全员聘用制和岗位目标责任制，建立健全岗位考评制度；探索实行考核制、聘任制、年薪制"三位一体"，努力形成择优录用、能上能下、能进能出灵活的园区用人机制，以此来推进江西省工业园区体制机制改革，释放转型升级新活力。

二、新建区产业转移促进产城融合分析

江西立足本土资源优势，通过承接产业转移和本土培育发展了一批具有各地特色的产业集群。然而，过度重视产业发展而忽略城市建设的发展模式是不可持续的，为此需要推进产城融合发展。产城融合是指产业与城市融合发展，以城市为基础，承载产业空间和发展产业经济，以产业为保障，驱动城市更新和完善服务配套，进一步提升土地价值，以达到产业、城市、人之间有活力、持续向上发展的模式，要求产业与城市功能融合、空间整合，"以产促城，以城兴产，产城融合"，城市化与产业化要有对应的匹配度，不能一快一慢，脱节分离。产业是城市发展的基础，城市是产

业发展的载体，城市和产业共生、共利。因此，进一步选取新建区和湘东区江西省产城融合示范区，分析产业转移在驱动产城融合发展中的作用。

（一）新建区产城融合示范区发展基础

1. 新建区基本情况

新建区位于江西省中部偏北，赣江下游西岸，中国第一大淡水湖——鄱阳湖的南面，属江南丘陵滨湖地区，是人文荟萃的"千年古邑"、山水隽秀的"生态之城"、优势汇聚的"魅力新区"、享誉鄱湖之滨的"鱼米之乡"，是风光秀丽的旅游胜地。它东邻赣江，西邻西山山脉，北至鄱阳湖，南与丰城市、高安市接壤。全区区域面积2193.32平方千米，辖乡镇18个，276个行政村，2015年底户籍总人口为68.87万人，其中非农人口15.74万人。

新建区地处鄱阳湖生态经济区的核心区，是省会南昌城区西进的主要拓展区域，是全省离省市行政中心最近、区位最好的区，也是环鄱阳湖生态经济圈旅游重点区之一。全区现有文化古迹16处，其中列入《中国名胜词典》2处；国家级文物保护单位3处，省级文物保护单位9处；国家级自然保护区1处。境内有4条铁路（京九铁路、向莆铁路、昌九城际铁路、杭南长铁路）、4条高速（昌铜高速、昌樟高速、沪昆高速、福银高速）、2条国道（105国道、320国道）、1个国际航空港（南昌昌北国际机场）、1条黄金水道（赣江水道），形成了航空、铁路、公路、水运相互衔接，"四位一体"的立体交通网络。

2015年，新建区经济持续健康发展，社会保持和谐稳定，人民生活水平提高。据新建区2015年国民经济和社会发展统计公报反映，2015年全区经济平稳增长。全年实现地区生产总值353.86亿元，按可比价格计算，比上年增长9.7%，如图8-4所示。其中，第一产业增加值48.2亿元，增长4.6%；第二产业增加值196.96亿元，增长10.5%；第三产业增加值108.7亿元，增长10.1%。三次产业结构调整为2015年的13.6∶55.7∶30.7。第一、二、三产业对经济增长的贡献率分别为9.9%、54.8%和35.3%。

第八章 产业转移促进产城融合案例分析

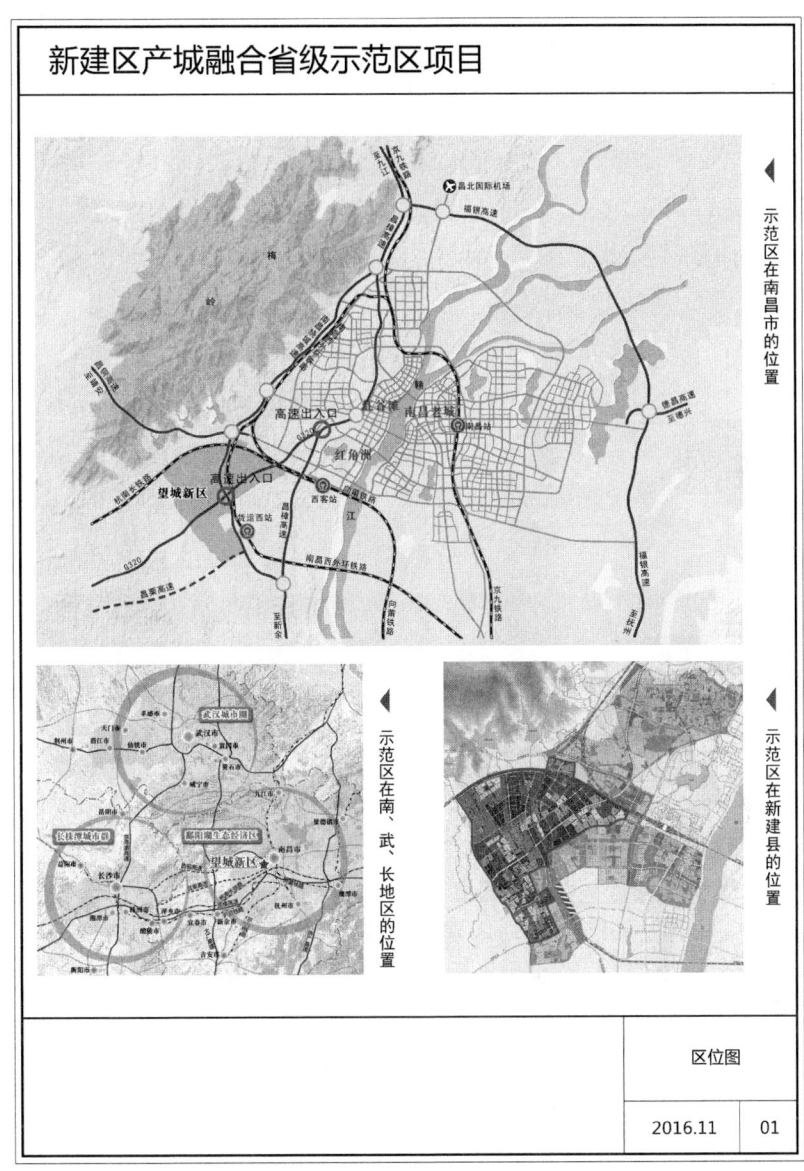

图 8-3 新建区区位图

2. 产城融合示范区基础

长堎工业园区是中心城市空间拓展"西进"战略的主战场,南昌市经

171

济发展的"三大实力板块"之一；是综合经济指标数列全省工业园区前10位的省级开发区，全省36个省级重点工业新区之一，是"江西省生态工业园区"、全国农产品加工创业基地、江西省出版产业集团，多次被评为先进园区。

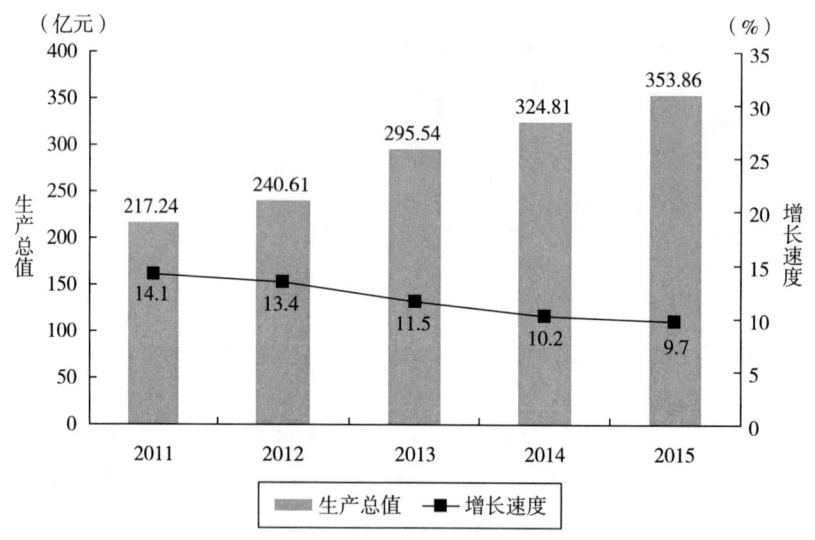

图8-4 2011~2015年新建区生产总值及其增长速度

（1）良好的发展态势。据新建区2015年国民经济和社会发展统计公报反映，2011年，园区全年完成工业总产值248.02亿元，同比增长59.1%；2012年，园区全年完成工业总产值314.86亿元，同比增长27.7%；2013年，园区全年完成工业总产值380.96亿元，同比增长21.1%；2014年，园区全年完成工业总产值507.33亿元，同比增长15.7%；2015年，园区全年完成工业总产值582.41亿元，同比增长11.06%。另外，产品销售收入及利税收入每年都有大幅度提高，园区呈现出良好的发展态势。园区各年相关收入水平，如图8-5所示。

（2）便利的区位优势。长堎工业园区地处南昌西大门，距市中心10千米；东与南昌市行政中心接壤、南邻南昌市"九龙湖"片区、西靠梅岭

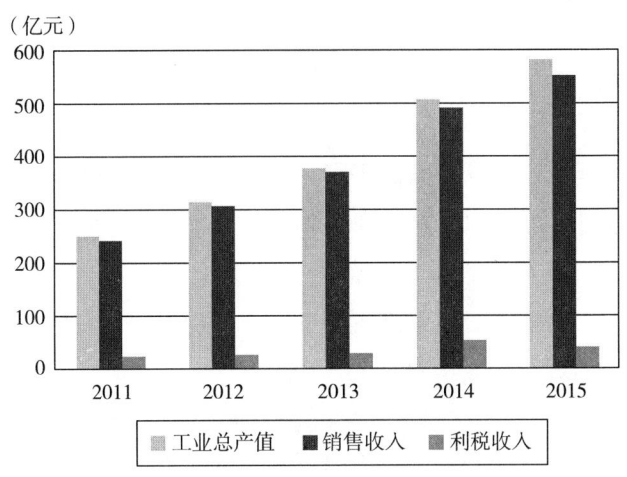

图 8-5　2011~2015 年园区工业总产值、销售收入及利税收入

山麓、北接新建县城，是南昌市城市发展"西进"的主战场，可共享全市经济、文化、科技、交通和生活配套等各种资源；昌北国际机场、深水集装箱码头均在 20 分钟车程内，昌樟和西环外高速位于园区两侧，铁路西客站、货运站坐落其中，京沪高铁、向蒲铁路穿境而过，构成园区纵横交错的立体交通网络，成为南昌市贯穿东西、沟通南北，连接"长、珠、闽"地区的主要通道。

（3）完备的功能优势。

1）基础设施完善。园区基础设施全部到位，有日供水 20 万吨的水厂和装机容量 300 千瓦的自来水加压站各 1 座，1 座 22 万伏变压电站和正在建设的 110 千伏安创业变电站，用水、用电与城区同网同价，确保充足供应；拥有程控电话 20 万门，已接入管道天然气；区内道路全部与中心城区联网，并实行雨污分流，达到绿化、亮化的城市道路标准，公交、医院、学校、邮政、电信等配套服务设施齐全。

2）人力资源丰富。园区紧邻红角洲大学园，周边南昌大学、南昌航空大学、江西师范科技大学、赣江大学、城市学院等 20 多所高等院校，可以为企业招聘各类人才提供便利的人力资源条件。同时，园区周边常住人口15万人，新建县拥有剩余劳动力15万人，充足且低廉人力资源，将大大增强企业竞争力。

3）投资环境优越。对落户园区的企业，在项目的立项、注册、发证、报建、开工直至投产开业等方面实行一条龙服务，并推行首问责任制、服务承诺制、限时办结制和重点企业县领导挂点服务制度，及时帮助投资者解决建设和生产经营过程中出现的问题，为企业营造良好的生产经营氛围；园区公安、城管、消防等机构设备齐全，确保安全稳定的投资环境。

（4）联动的城镇发展优势。

1）镇村联动发展。新建区兴建改造西圳线、乐饭线、揭铁线等18条通乡公路，里程超200千米，成功创建全省第二批"四好农村路"示范县（区），农村公交实现乡镇全覆盖；西山、南矶、联圩特色小镇品位提升，溪霞、樵舍、乐化特色小镇有序推进，大塘坪、流湖特色小镇完成规划设计；樵舍朱坊、溪霞朱石岗、望城四联、长垅工业园璜溪4个中心村各具特色，12个整治型中心村、1500余个新农村村点呈现新貌，溪霞乔岭村、石嘴村和店前村分别被评为"全国文明村""中国美丽休闲乡村""全国绿色村庄"，联圩肖淇村荣获"中国美丽乡村百佳范例"；开展声势浩大的农村人居环境"五拆"（即拆除"两违"建筑、空心危房、残垣断壁、棚屋栏舍、围墙旱厕）、"百日攻坚"行动，拆除"五类"建筑3万余处、80万余平方米。

2）城乡管理提升。新建区深入开展"蓝天·清流·净土"、农村清洁工程、农村水环境等一系列环境卫生整治大行动，城乡环境面貌焕然一新。尤其2017年以来，全区以"保文保卫"工作为抓手，全力整治影响城市形象的"老大难"问题，先后投入资金7.6亿元，深入实施城市道路"白改黑"等六大整治、积水"阻改通"等三大工程和17个城市管理项目建设，不断提升城市硬件水平；广场社区幸福家园、建设路社区安居巷两个老旧小区改造试点全面完成，凤凰山社区、文教路社区两个品牌社区成为党建引领的典型示范，小平小道、花果山两个精品社区提升改造加紧启动；大力实施"菜地革命"，清理城区私垦菜地25.7万余平方米，全面启动公共停车场建设，新增汽车泊位6033个，超额完成市里下达任务，取缔连心路、丁子岭等6处存在多年的大型马路市场；投资近2000万元，对北郊集贸市场和长堎聚源大市场进行全面提升改造。2018年2月24日，新建区作为唯一城区代表在全省城乡环境整治动员大会做了典型发言，介绍了相关经验做法。

3）生态持续优化。新建区以列入"全省首批生态文明先行示范区"为契机，积极践行绿色发展理念，坚持落实生态文明建设例会制度，全力抓好中央环保督察整改工作；先行探索生态文明改革，溪霞流域农业面源污染综合治理被列为国家试点项目，获中央补助资金3000万元（全省仅两个试点县区），全省自然资源统一确权登记试点全面完成（全省五个试点县区）；深入推进污水处理、水系整治、大气污染防治、畜禽养殖污染治理等专项行动，全面完成禁养区458家畜禽养殖场拆除退养任务，生态文明建设合力逐步形成，绿色生态优势日益凸显；积极探索、先行先试、综合施策，乌沙河"河湖长制"试点工作卓有成效，《焦点访谈》《将改革进行到底》《人民日报》等中央主流媒体连续跟踪报道，得到社会各界的充分肯定和纷纷点赞。

（二）新建区产业发展基本情况

1. 产业发展总体概况

近年来，新建区始终把强攻产业作为全区工作的重要任务，大力推进产业转移与产业转型升级，着力推进产业向工业园区集聚，全区高新技术产业迅速增长，园区规模工业增加值占规模工业增加值比重不断提升，工业化率也显著提升。其中，望城新区通过大力实施招商引资和重大项目建设，已逐步形成汽车及新能源汽车、先进装备制造、生物医药、绿色食品、出版印刷、节能环保和现代物流等产业为主导的集聚和集群基地；龙头岗新区则依托沿江和港口区位优势，逐步形成以轨道交通装备制造、临空产业、综合商贸物流等产业为主导的集聚优势。

（1）工业发展质量显著提升。立足"国家级园区"的标准，把长堎工业园区作为工业经济的"主战场"，奋力打造"百亿产业集群、千亿产业园区"。2016年,园区以全国第五、全省第一的成绩,荣耀获批"长江经济带国家级转型升级示范开发区";汽车及零部件产业被省工信委列为"十三五"设区市重点发展的主导产业和县(市、区)重点发展的首位产业;龙宇医药、桐青工艺、金科交通成功在"新三板"挂牌,本土上市企业达5家。截至2017年,全区规模以上工业企业累计达到205家,园区主营业务收入突破700亿元,同比增长9%。自2015年以来,全区每年梳理推进各类重大重点项目100个左右,固定资产投资从2015年的321.36亿元增长到2017年的425.25亿元,成功迈上400亿元大关。投资70亿元的维科集团南昌基地、投资50亿元的乾照光电生产基地等项目相继落户,投资20亿元的中科院物联网产业基地实现了当年建设、当年投产,新能源汽车、物联网智能制造、新一代电子信息三大新兴产业蓄势待发、蓬勃接力。以实施"亿元"项目、培育"百亿"企业为抓手,通过全面强攻产业升级、全力拼抓项目推进,现已培育形成汽车和新能源汽车、先进装备制造、节能环保三大战略性新兴产业;利用先进适用技术和信息技术,全面改造提升了绿色食品、出版印刷、建材三大特色产业,创新发展了工业设计、检验检测、信息服务、金融服务、众创开发、智慧物流等X个工业服务业,初步形成了以"3+3+X"为特征的中高端制造业发展体系。

(2)现代农业提档升级。新建区以现代农业示范园建设为抓手,不断将旅游、科技、艺术、文化等要素融入现代农业发展,重点打造了以多业态复合发展为主导的溪霞农业园区,形成了集创意农业、乡村休闲、生态康养、民俗体验、养生度假等功能于一体的农业精品园区,有效促进了第一、二、三产业的高度融合。2017年,溪霞农业园被认定为国家级重点建设农业园,规划总面积6万亩,其中核心区8000亩,包括精品农业展示区3500亩、农业科技示范区4100亩以及特色小镇休闲配套区400亩,涉及溪霞和乐化2个镇,13个行政村,农业人口2.79万人,国家及省级3年直接投资1.05亿元,市、区两级投入超过10亿元,撬动社会资本投入超过30亿元。园区范围内已建成高标准农田20.7万亩,果蔬基地4000余亩,已扶持壮大各类农业经营主体32家,解决农民务工415人,带动贫困户87户（290人），年总收入约1.6亿元，实现了"从无到有"的量变、"从小到大"的裂变、"从粗到精"的质变。2017年4月，园区作为全省第四届花博会两大会场之一，盛装迎客、精彩亮相，游客突破50万人次。粮食生产持续稳定，连续8年被授予"全国产粮油大县"，首次荣获"全国农产品质量安全县区"（全省仅3个），农机化率连续10年位居全省前列。在溪霞农业园区的引领下，全区共有36家企业（园区）提交了申请，推荐了21家企业（园区）申报认定省级、市级现代农业示范园，13家被认定为市级现代农业示范园。目前全区已有市级以上龙头企业128家，休闲农业示范点11家，现代农业示范园区49家，已初步形成体系完整、相互促进的现代化农业生产基地。溪霞农业园、金桥南泥湾2个市级田园综合体的建设，昌邑锦恒、联圩蓝筹白莲等田园综合体的示范创建稳步推进。全区农业形成了"既有星星点灯、更有众星捧月"的发展格局。

（3）现代服务业全面推进。通过加快提升传统服务业，拓展生产性服务业，培育壮大现代服务业，打造现代物流聚集区、现代商贸综合服务区和生态文化旅游区，促进了现代服务业与新型工业、现代农业、新型城镇化融合发展，使现代服务业经济总量、发展水平、聚集程度以及吸纳就业能力显著提高。在现代物流发展方面，围绕生物医药和食品、汽车和新能源汽车等新建区主导产业，大力引进现代物流项目，目前有大药谷医药物流、蓝海物流、鑫润物流、弘鼎供应链、鄱阳湖农产品现代物流综合集散中心等一大批重大物流项目先后落户新建区，现代物流产业发展的基本框架初步形成，聚集效应逐渐发挥。在现代商贸综合服务业方面，首创奥特莱斯、新建中心、世纪万象城、香江君之家等商业综合体竣工开业，形成了具有一定规模的商业综合体产业群；绿地双创中心、新城吾悦广场、红星美凯龙等大型商业综合体加快建设；投资300亿元的科创（示范）产业城、投资20亿元的国际AR/VR科教产业创新城等项目成功落地，区域性都市大商圈拉开格局。依托望城新区汽车产业发展，引进国际一流品牌汽车（如豹、奔驰、DS、大众、福特、本田、丰田等）、国内知名品牌汽车（如长安、吉利、长城、江铃等）4S店，打造出南昌西部总部经济区和著名的汽车4S街区。在电子商务方面，纳入统计平台的各类电商企业有44家，电商创业基地入选南昌市首批电子商务示范基地。截至2017年末，新建区有3家企业入选全省电商示范企业、13家企业入选全市电子商务示范企业；建设完成67个村级电商服务站、3个乡镇电商服务中心。在生态和文化旅游方面，汪山土库、南矶湿地、西山文化旅游特色小镇、厚田沙漠等旅游项目有序推进，其中汪山土库被列为全市首个"三风"教育基地，文化旅游景区的三期修复工程已全部完成。以壮大旅游产业发展规模为目标，投资1.24亿元的象山森林公园至汪山土库至金桥接昌九大道公路、投资3300万元的溪霞105国道至佛禅寺公路、投资1.12亿元的南矶旅游公路建设正在进行中，致力于串联汪山土库、象山森林公园、紫金城遗址等景点，打造精品旅游线路。计划投资160亿元，大力推进南昌汉代海昏侯国遗址公园建设，着力打造具有世界影响力的汉代侯国聚落遗址，"五彩新建"旅游品牌不断唱响。

2. 四大主导产业规模和集聚效应不断扩大

（1）汽车产业。园区紧紧抓住南昌市打造千亿元级汽车产业的发展契机，全力打造万亩汽车产业园。该汽车产业园规划7平方千米，建设整车生产制造区、新能源汽车区、零部件制造区、商贸物流区、技术研发区五大区块，力争用3~5年的时间，形成省内极具影响的集整车制造、零部件生产及汽车交易、品牌展示、配件销售、综合服务为一体的汽车产业园。现已入园品牌有江西五十铃年产10万辆皮卡和SUV项目、江西晶马年产10万辆商用车项目、江西首个汽车文化综合体恒望汽贸城以及沃尔沃汽车零部件、远成汽车技术股份的汽车板簧、泉州汽车零部件产业园、天津宇傲汽车配件等几十个汽车零部件项目，初步形成从汽车研发到零部件供应、整车制造、汽车改装、销售物流和售后服务较完备的产业链。

（2）食品医药绿色产业。园区作为全国农副产品加工创业基地，已拥有中国最大的蜂产品龙头企业汪氏蜂蜜园、中国肉食品深加工龙头企业雨润集团、中国驰名商标南方黑芝麻食品等规模型食品企业强势入驻，园区拥有省市农业产业化龙头企业50余家，具有比较明显优势的产业集群，依托江西农业大省丰富资源，正积极打造医药食品绿色产业基地。

（3）文化创意产业。园区以江西出版产业集团、桐青工艺品等企业为龙头，聚集新华印刷、江教印刷、方正包装、客家彩印及龙莹印务等几十家企业以及正在洽谈的《江西日报》《南昌晚报》印刷文化创意群，印刷包装及出版发行市场份额已达到全省40%以上，是"江西省唯一出版印刷产业基地"。园区正在强力打造集文化创意、影视制作、出版发行、印刷复印及数字动漫等相关产业于一体的文化创意产业基地。

（4）商贸物流产业。园区作为南昌市物流发展规划的三大物流基地之一，对外交通发达，西外环高速、昌樟高速、杭南长铁路、向莆铁路以及南昌铁路西客站、地铁生米站等一系列重大交通设施交汇于园区，为发展商贸物流提供有力的保障和天然基础；同时园区内江铃集团、恒望汽车城、江西出版产业集团和雨润集团等一批知名企业，为发展第三方物流提供了充足的货量，形成巨大的商贸物流市场需求。

（三）新建区创建产城融合示范区的规划布局

1. 产城融合示范区范围

示范区依托长堎工业园区，长堎工业园区属省级开发区，1997年11月经江西省人民政府批准成立，是江西省30个重点扶持发展的工业园区之一，交通便捷，区位优越。园区总体规划面积53.3平方千米，控规面积33平方千米，已建成开发15平方千米。2016年6月，经国家发改委批准升格为国家级转型升级示范开发区。产城融合示范区具体范围为南昌望城新区，具体为西至石埠大道，北至杭南长铁路—富大路，东至阁皂山大街—龙兴大街—坚磨大道，南至昌栗高速，总面积约为49.97平方千米，如图8-6所示。

2. 产城融合总体格局

将"强化集聚、以点带面、连点成片、产城融合"作为布局原则，结合产业发展的现实基础、发展导向以及全域空间开发格局，打造"双核四轴、四片多廊十组团"空间发展格局，规划人口规模为29万人，如图8-7所示。

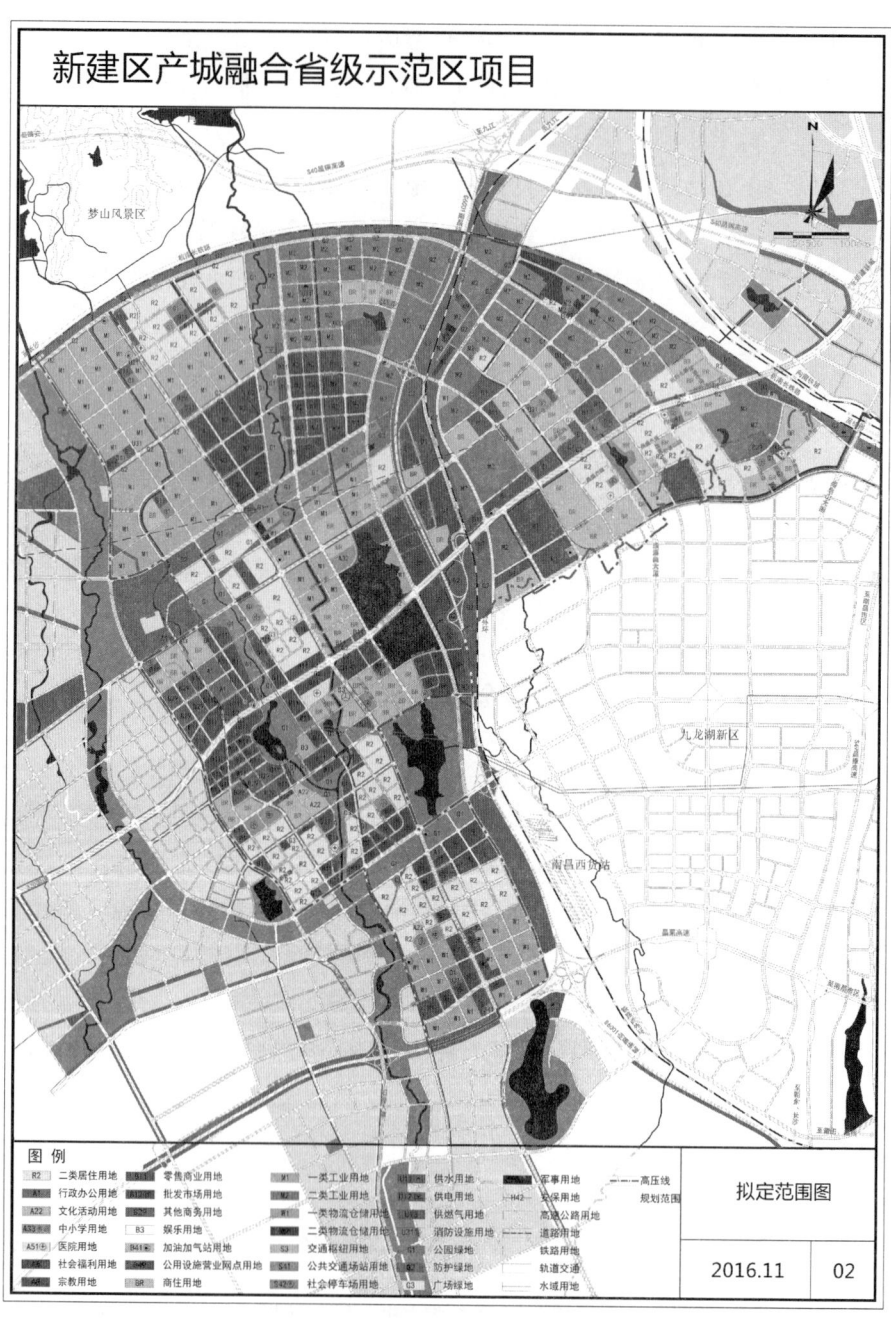

图8-6 新建区产城融合省级示范区拟定范围

第八章 产业转移促进产城融合案例分析

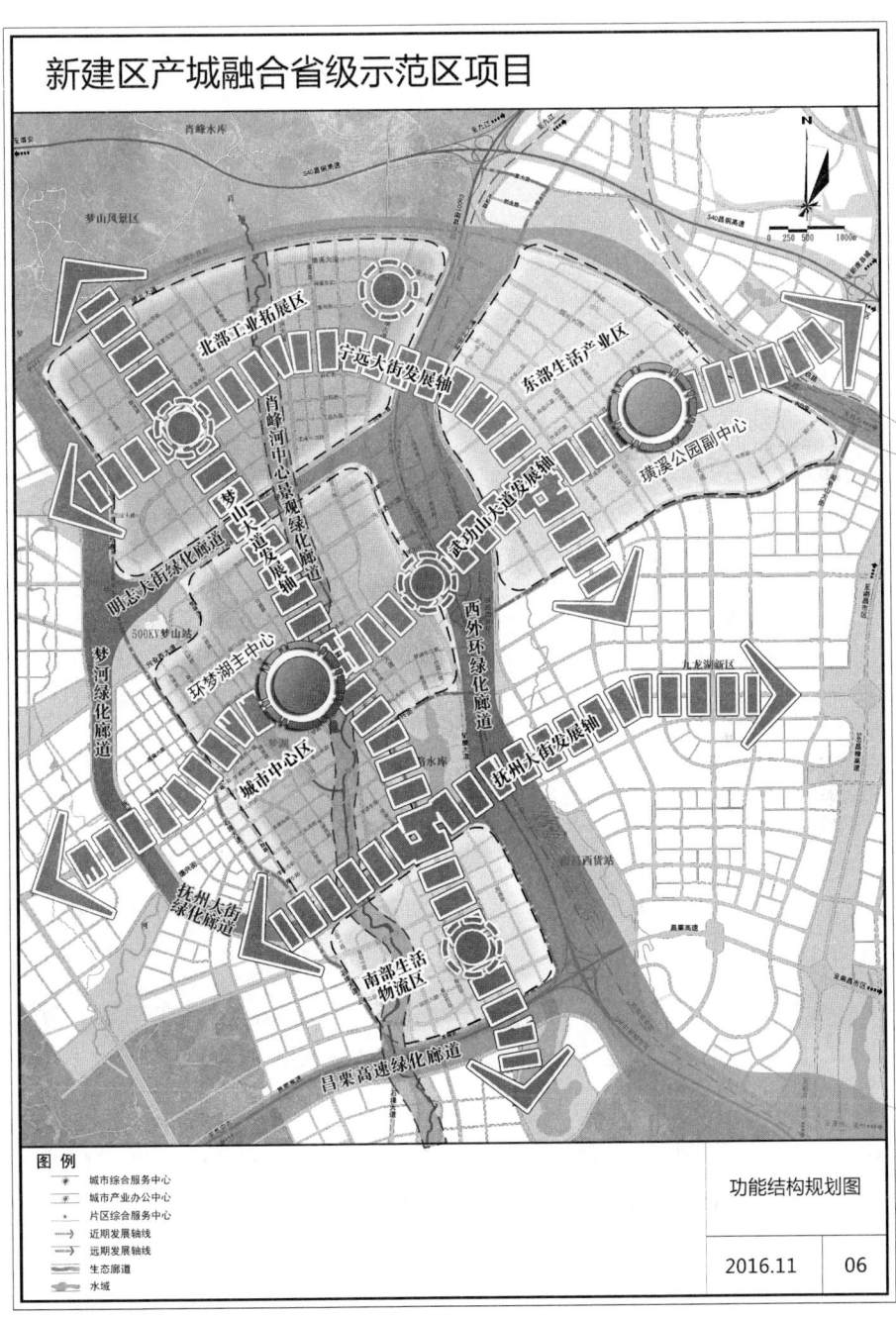

图 8-7 新建区省级产城融合示范区总体空间布局

（1）双核，包括以下两种中心。

1）环梦湖主中心。以梦湖为中心，环绕布局商业服务、金融办公、酒店餐饮、文化会展等重要公共设施，形成服务本区，辐射外围的南昌市重要公共核心。

2）璜溪公园副中心。以现状望城管委会及璜溪公园为中心，远期将其北侧部分现工业用地逐步置换为商业服务设施用地，形成服务东部片区为主的副核心。

（2）四轴，包括以下两个方面。

1）武功山大道、宁远大街发展轴，是近期城市空间建设跨越南昌西外环高速，向西拓展的两条重要骨干道路。依托东西向的武功山大道发展主要的专业市场群、购物中心；依托宁远大街发展汽车城二期、新兴产业园、绿色食品园等重大项目及城市组团。

2）梦山大道、抚州大街发展轴。梦山大道是望城新区远期南北向拓展的重要城市发展轴线，延伸空间宽度，着重建设昌栗高速互通立交。抚州大街是连通南部新区及向东联系九龙湖新区的重要骨干道路。

（3）四片区十组团，包括以下四个方面。

1）东部产业生活区，位于南昌铁路西外环以东，宏图北大道—杭南长铁路以南，阁皂山大街以西，龙兴大街以北，是望城新区的现状主要建成及在建区。规划发展汽车产业集群，建设城市生活居住区并配建城市生活服务设施。

东部产业生活区以璜溪大道、武功山大道为界划分为3个组团，分别是杨岐山路组团、宁远大街组团和永强路组团，规划总人口9万人。

2）城市中心区，位于南昌西外环高速以西，石埠大道以东，抚州大街以北，明志大街以南，是望城新区近远期建设的主要拓展区和最核心区域。规划发展商业服务、金融办公、酒店餐饮、文化会展等重要公共设施，形成南昌市重要的公共核心。

城市中心区以梦山大道、武功山大道进行划分为3个组团，分别是兴业大道组团、德兴街组团和坚磨大道南组团，规划总人口12万人。

3）北部工业拓展区，位于南昌西外环高速以西，石埠大道以东，明志大街以北，杭南长铁路以南，是望城新区的近期主要拓展区。规划发展产业、物流，以及相应的部分生活配套设施。北部工业拓展区以宁远大街、肖峰河进行划分为3个组团，分别是梦山大道北组团、梦山大道南组团、坚磨大道北组团，规划人口5万人。

4）南部生活物流区，位于抚州大街以南，南昌西外环高速以西，昌栗高速以北，石埠大道以东，是望城新区的远期发展区。南部生活物流区为1个生活物流组团，即城南组团，规划总人口3万人。

（4）多廊，包括以下两个方面。

1）公共绿化廊。依托现有生态绿化景观，沿肖峰河景观河道，形成南北贯通的公共绿地空间，打造一条集公共活动及休闲体育为一体的城市绿化廊道，即肖峰河中心景观绿化廊道，廊道宽度为50～300米。

2）防护绿化廊。依托高压线网络，建立防护绿带，与高速及铁路防护带共同形成组团间的防护绿化走廊。规划共有6条防护绿化廊道，分别是西外环铁路—绕城高速公路绿化防护廊道、杭南长铁路绿化防护廊道、抚州大街绿化防护廊道、昌栗高速绿化防护廊道、明志大街高压线防护廊道和武功山大道绿化防护廊道。

3. 产业新区功能布局

（1）工业产业功能区。规划通过集聚发展、门类细分的发展思路，在产业新区内分布五大产业园，以"园中园"形式明确引导未来企业的落户。

1）现状产业园。璜溪北大道以东，物华北路以西为现状产业园区，远期逐步向创意产业、大学生创业园发展，提升产业能级，降低污染。

2）恒望汽车城一期。规划位于璜溪北大道和绕城高速之间，是产、销、娱结合的大型综合区。

3）恒望汽车城二期。规划位于梦庐大道与坚磨大道之间，宁远大街以北。

4）新兴机械装备产业园。规划位于石埠大道以东，宁远大街以北，以节能环保、新能源为代表。

5）生物和绿色食品产业园。规划位于石埠大道与梦山大道之间，宁远大街以南。

（2）物流产业功能区。

1）生产性物流仓储区。规划位于梦庐大道两侧，主要服务于产业园区。

2）第三方物流仓储区。共规划2处，分别位于武功山大道以北的农产品物流园、医药物流园；另一处为基地南侧结合货运站设置的南昌市城西配送中心。

3）物流仓储电子商务中心。规划位于武功山大道以南，城市核心区内，为第三方物流仓储服务提供电子交易、结算服务与区级商务中心合并建设。

4. 城市新城功能布局

新建区省级产城融合示范区功能布局如图8-8所示。

（1）公共服务中心。完善规划结构体系，设置2个公共中心，包括行政办公中心和文化展览中心。分别位于武功山大道、梦湖公园以北，武功山大道、梦湖公园以南。此外，4个片区共设置5个片区综合服务中心，并在每个组团的中心位置，至少设置1个组团级中心，以综合性商业服务为主，服务周边居民。

（2）教育医疗服务中心。规划新建中等专业学校，位于梦庐大道以东、望贤路以北。规划新建中学按服务半径1000米，用地规模不小于2公顷设置。规划共10所小学，3所初中，2所九年制学校，2所完全中学，保证每个居住片区内至少有1所中学和1所小学。保留明月山大道以东、武功山大道南侧的望城中学和2所学校［璜溪学校、中堡（村）小学］。规划2所区级综合医院分别位于武功山大道以南、梦山大道以西，璜溪南大道以西、创新路以北；6所社区级医院分别位于中堡路以西、提门街以北，武功山大道以南、明月山大道，梦山大道以西、石富东街以北，梦山大道以东、珂里西街以北，梦湖南路以东、螺旋矶街以北，庆荣路以东、

第八章 产业转移促进产城融合案例分析

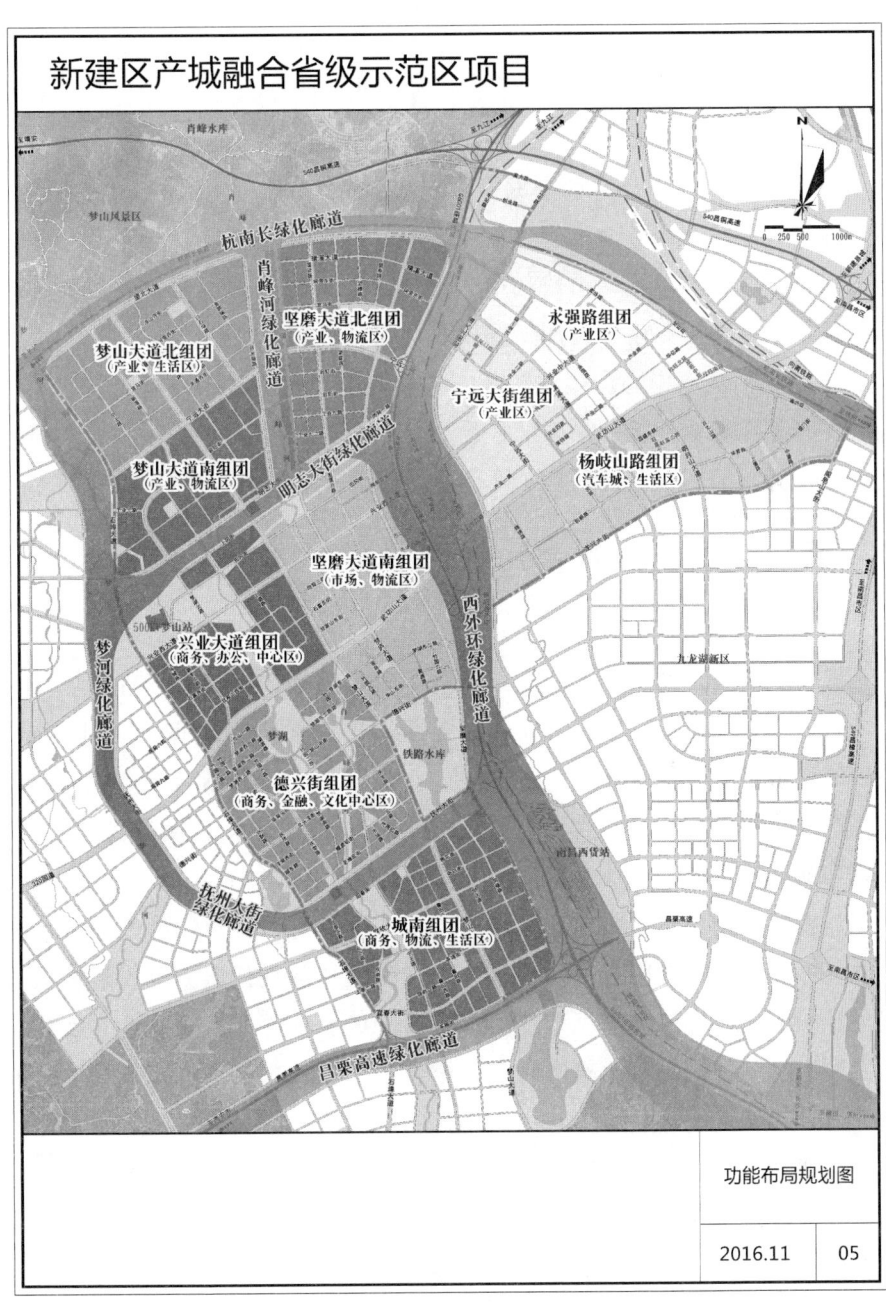

图 8-8 新建区省级产城融合示范区功能布局

钱冈街以北。规划新建3处社会福利用地，分别位于龙兴大街以北、明月山大道以西，石埠大道以东、庙北头街以北，望北大道以北、兴业一路以东。

（3）商业服务中心。规划商业服务中心位于武功山大道梦湖公园两侧，建设大型商业服务业设施、会展商贸、商业综合体等，为望城新区内居民提供商业服务。规划沿武功山大道以北、石埠大道以东，建设商务办公区。规划在梦湖以南、竹园二路以东建设一处娱乐设施。

（4）生活集聚中心。望城新区内共布置观背居住区、岗背居住区、竹园居住区、洋湖居住区、筛岗居住区、江铃居住区、物华居住区、潢溪居住区9个完整的居住区，5个村民安置点小区，结合现状主要村镇布局。

（四）新建区产城融合示范区建设路径

1. 实现五大转变，推进产城融合发展

规划发展实现五大转变，将望城新区打造为魅力新城。综合新城区将成为未来望城新区转型发展的必由之路，规划促进产业园区向工、贸、商、住、娱多功能复合发展，吸引人才、提升活力，激活传统产业，催生新兴产业，实现城市、产业、生态同步发展，形成产城互动的良性循环，实现功能结构由单一产业经济向多元城市经济转型。围绕汽车产业、商贸物流、食品医药、机械装备四大产业，打造极具特色和竞争力的核心产业集群，大力引导商业服务、休闲旅游、文化创意等现代服务业，适度发展建材、纺织服装等劳动密集型产业，服务于城乡统筹并解决就业，实现产业发展由加工制造向产业集群转型。增设高速出入口，增加穿越铁路、高速的通道，构建与九龙湖新区、红角洲、南昌主城区顺畅联系的干道网络，将武功山大道实现客货运分流，改公路为城市道路，延长城市轨交线路站点，实行TOD式混合开发，实现交通架构由城市边缘向快捷便利新城转型。将"背靠梅岭，坐拥梦山，双河穿流"的独特山水格局与休闲旅游、城市开发良好协调与衔接，打造山水特色生态新城区，充分利用原有河流景观，通过园林彩化营造绿道慢行系统，在基地的内部打造市民亲水、休闲、健身、散步的连接空间实现生态环境由城郊工业区向美丽新城转型。依托望城新区内部物流市场、汽车城等重大商业金融项目，形成核心功能区，充分延续、尊重城市的街区格局，根据功能特征建设多尺度街区，提升望城新区的可持续发展能力，实现城区尺度由单一大尺度向丰富多尺度转型。

2. 打造四大集群，构建现代产业体系

（1）巩固优势，拓展延伸，打造汽车全产业链集群。产业发展的重点任务之一是打造集生产制造—汽车贸易—科教研发—会展博览—文化旅游于一体的汽车全产业链集群。围绕江铃汽车生产基地、恒望汽车城两大核心企业，设立汽车零部件制造配套园区，重点引进机械加工、汽车电子、塑料橡胶等高新技术配件的研发制造，同时打造新能源汽车与特种车产业基地，重点发展新能源汽车和特种车辆。延展汽车商贸，发展汽车超市、汽车会展中心、大型零配件专业市场、二手车交易市场及综合性俱乐部街区（办公、文化娱乐、展示、零售）。设立汽车物流园区，预留专用车、工程机械车、汽配物流园，重点发展整车物流和零配件物流。此外，适时引进南昌大学等高校的汽车专业相关学院及相关科研机构，建立汽车检测中心，引进汽车试验场、整车检测机构，发展汽车检验研发产业。针对汽车行业特点设计并建造大型专业的汽车会展博览中心、汽车博物馆等设施，提供汽车展示与汽车文化交流的平台，并借此推广汽车旅游文化产业，预留汽车主题公园、嘉年华、赛车场等设施场地，为延伸汽车产业集群，留下发展空间。

（2）利用南昌西门户及腹地资源优势，细分发展专业市场集群。产业发展目标之二是将望城新区打造为立足南昌、辐射周边省市的重要专业市场集群。借助城市门户地位，规划建设专业农产品批发市场，服务南昌市及更大区域。依托区位优势及腹地市场，大力建设郊区体验式商业，发展现代体验式购物风格的大型家具体验馆，与传统建材市场错位发展，建设一站式奥特莱斯望城店，提供休闲体验购物风格的精品百货；借鉴全国其他地区市场发展经验，以临沂市市场群建设经验为目标，推动销售与生产加工一体化、虚拟经济与实体市场、专业街与大型批发企业的融合发展以及商流、物流、信息流三流合一；借鉴上海桃浦发展城市集配运中心的经验，发展面向南昌市的超市配送中心、电子商务配送中心等现代化城市配送中心。目前，南昌现有及拟建医药企业超过10家，其中包括远健医药（长垅一期）等企业，医药企业的集聚效应初步形成，望城有条件建设成为南昌地区规模较大的医药产品的重要中转站和集散地，规划建设面向南昌集仓储、展示、运输服务、现代化办公及商务服务于一体的现代化医药物流园区。

（3）依托农业基础，打造生物和绿色食品产业集群。绿色食品产业园和现代农业园联动发展，融合绿色食品原材料生产、产品研发、生产加工、销售分拨等环节于一体。一方面，望城新区自身以及为新建区和南昌市转移过来的食品医药企业的发展规划好拓展空间；另一方面，承接国内生物产业和绿色食品产业转移，立足南昌面向全国，设立绿色食品产业园。同时，依托望城新区自身茶园，建设生态农庄，打造南昌市有机蔬果、无公害家禽家畜、优质奶源、苗木花卉等高端农业基地。引进高端农业，以家庭为单位，发展健康农庄，促进定向种植业发展。同时，发展休闲农业，引入体验、科普、休闲、观光功能，打造家庭式农业休闲旅游产业链。

（4）着力培养战略性新兴产业集群。跳出传统工业发展路径，着力引进培育一批符合产业发展趋势和生态经济的战略性新兴产业。依托华伍重工等核心企业，发展高端装备制造战略性新兴产业；依托医药产业园，推动新药物研发和先进医疗设备制造，大力发展用于重大疾病防治的生物技术药物、新型疫苗和诊断试剂、化学药物、现代中药等创新药物大品种，提升生物医药产业水平；依托江西金达莱、中再生资源两大核心企业，实施重大环保技术装备及产品产业化示范工程和节能环保服务业培育工程。

3. 以项目招商和建设为抓手，强攻工业和现代服务业

以项目为抓手，坚持招商引资和项目建设双管齐下，提高固定资产投资水平。通过新兴产业和传统产业双轮驱动，助推工业经济高质量跨越式

第八章 产业转移促进产城融合案例分析

发展；发挥区位优势，大力发展商贸、金融、电子商务、现代物流、VR等现代服务业，加快优化产业结构，助推经济高质量发展。

（1）强化项目精准招商，增添经济新动能。围绕汽车及新能源汽车、物联网智能制造、新一代电子信息三大新兴产业，对接国际国内500强企业、上市公司、央企等战略投资者，招大引强、招强引优；举办第八届全国金博奖、南昌市物联网智能制造等推介活动；邀请乡友校友战友来区发展，以"三请三回"举措推进招商引资、招才引智；力争引进一批"10亿元"以上的重点项目。强化项目推进力度，始终把项目建设作为经济发展的"主抓手"，实施重大项目包保服务，进一步完善项目建设协调服务机制，做到人力、物力、财力都向项目集中。重点推进新建科创产业城、维科集团南昌基地、互联网数据中心、城市中运量·捷运整车制造基地等项目建设；力争实现鑫润物流园、慧谷科技大厦、淘鑫农业物联网生态城等项目竣工投产；加快解决项目用地难题，持续推进1.3万亩批而未用土地消化工作。

（2）决战工业，促进经济发展大跨越。壮大新兴产业，着力推动新兴产业集群、集聚、集约发展，以江铃晶马、江西五十铃、中车轨道交通等企业为引领，做大做强汽车及新能源汽车首位产业，发展千亿元级新能源汽车产业集群；以淘鑫农业物联网生态城、中至数据基地等项目为依托，打造新建智慧谷、中科院物联网基地等"高、新、尖"企业孵化平台，推进智能制造产业持续发展；以乾照光电、维科控股等企业为龙头，规划建设3000亩光电产业园，完善配套链条，打造新一代电子信息产业新高地。优化传统产业，瞄准汽车装备、食品医药、能源建材、节能环保等优势传统产业，通过技术改造、管理提升等手段，加速远成汽车、天津宇傲、康莱特药业、金达莱环保等企业优化升级，推动传统产业加快向中高端迈进。提升园区承载，加快长堎工业园区升格步伐，全力推进国家级开发区申报工作；完善园区配套，启动实施坚磨大道、梦山大道南延工程，全面完成望北大道、梦庐大道、明志大街等道路建设，继续推进邻里中心、南昌望城商业国际生活中心等商贸配套建设，切实加大"水电气"等基础设施，不断夯实园区基础、提升园区承载力。

（3）繁荣现代服务业，优化三次产业结构。突出商贸物流升级，加快电子商务、现代物流、VR产业等业态发展，繁荣新城吾悦广场、首创·奥特莱斯、新建中心等商业综合体；力争新增一批贸易和电商企业，打造1~2个具有特色产业的电商乡（镇）；完成江西新太好等物流标准化试点企业建设，推动物流产业转型升级；推进科骏AR/VR科创城建设，壮大服务外包产业规模，拓展外贸出口新的增长点。突出金融促动，积极与蚂蚁金服集团对接，探索金融科技支持普惠金融发展，以优质的金融服务推进战略性产业发展壮大；重点跟进金达莱环保、辰林教育、中至数据上市进程，力争实现更多企业在境内外上市。突出旅游引领，加快推进南昌汉代海昏侯国遗址公园和遗址博物馆征迁协调等工作，全力打造汪山土库、溪霞仙里、象山永丰等精品旅游民宿，引领乡村旅游向乡村度假、乡村休闲、乡村生活升级。

4. 塑造三大特色，建设山水生态新城

（1）建设人文休闲主题景观带，塑造三大城市特色。一是建设湖滨路和北头洼街之间的假日田苑景观带，景观主要依托河道西侧休闲商业，以编织理念设计不同主题的民俗风情游园散布在河道两侧，充分利用水体、步道、休闲小筑，使休闲与观景融为一体。二是建设湖滨路和甘家山西街之间的都市水岸景观带，景观主要以梦湖为中心，及其周边商业为依托，将水岸景观、餐饮、购物、旅游等多种功能融为一体，营造多层次的滨水空间，打造都市活力滨水带。三是建设兴业大道和甘家山西街之间的赣文之滨景观带，以赣地人文为主导，以原生态的大地景观为特色，依托周边的文化、展示等大型设施打造赣地人文为主题的滨水景观带，与赣地人文相结合的自然景观散布在河道两侧，带给人浓郁的文化气息。

（2）构建山水景观风貌体系，建设山水生态新城。结合北高南低的地形，局部扩大肖峰河水体，形成核心区背靠梅岭、双河穿城、内纳梦湖的山水景观基底，通过建立多级的绿化生态廊道网络，实现城湖共生的生态景观格局。重点建设由景观节点、景观轴线和景观风貌区三部分组成的景

第八章 产业转移促进产城融合案例分析

观风貌体系。在望城新区中央位置结合梦湖公园,周边布置地标性城市建筑、广场绿地等,形成梦湖核心景观节点。结合景观节点建设两条主要的景观风貌廊道:一是沿武功山大道设置的武功山大道景观轴线;二是设置河景观轴线。结合城市功能片区划分,建设四个主要的景观风貌区:一是南昌环城高速以东的城市景观风貌区;二是明志大街以北的产业景观风貌区;三是包含梦湖核心区的武功山大道两侧的城市中心景观风貌区;四是抚州大街以南的物流景观风貌区。

5. 强化基础建设,提升公共服务水平

一是交通设施建设。为了全面贯彻产城融合发展理念,园区需要推进工业园区道路交通基础设施建设与城市交通建设融合,进一步完善工业园的交通运输网络,加强与新建区、南昌市公交公司、南昌轨道公司的合作,在园区内规划和布局数量合理的公交站点及地铁站点,构建便捷的人员出行和上下班公共交通运输体系(见图8-9)。二是信息网络设施建设。加快发展下一代互联网,扩大第三代移动通信网络覆盖范围,全面提高网络技术水平和覆盖能力。适应信息产业的发展需要,大力扩展信息网络新业务,铺设连接企业、机关、学校等单位的光纤网络,建设IP交换物理网。三是供电线网建设。合理规划建设输变电站,提升输变电站输变电容量,以保证园区企业长期安全、稳定用电;进一步扩大输变电站的电网覆盖范围,确保工业园区具有稳定充足的电力供应和保障能力,为打造千亿元工业园区提供稳定的能源保障。

6. 完善体制机制,创新城乡发展模式

(1) 有序推进农业转移人口市民化。制定园区农业转移人口落户城镇的总体安排和具体工作方案,制定具体可操作的农业转移人口落户标准,引导农业转移人口在城镇落户的预期和选择;切实落实户籍制度改革各项政策措施,强力推进户籍制度改革,实施流动人口居住证制度,探索城乡一体化的户口登记制度;同时,加强农业转移人口社会保障体系建设,逐步解决在城镇就业居住但未落户的农村转移人口享有城镇基本公共服务问题;探索城乡统筹的医疗保险体系,完善社会保险关系转移接续政策,探

区域产业转移与产城融合：理论、实证与案例分析

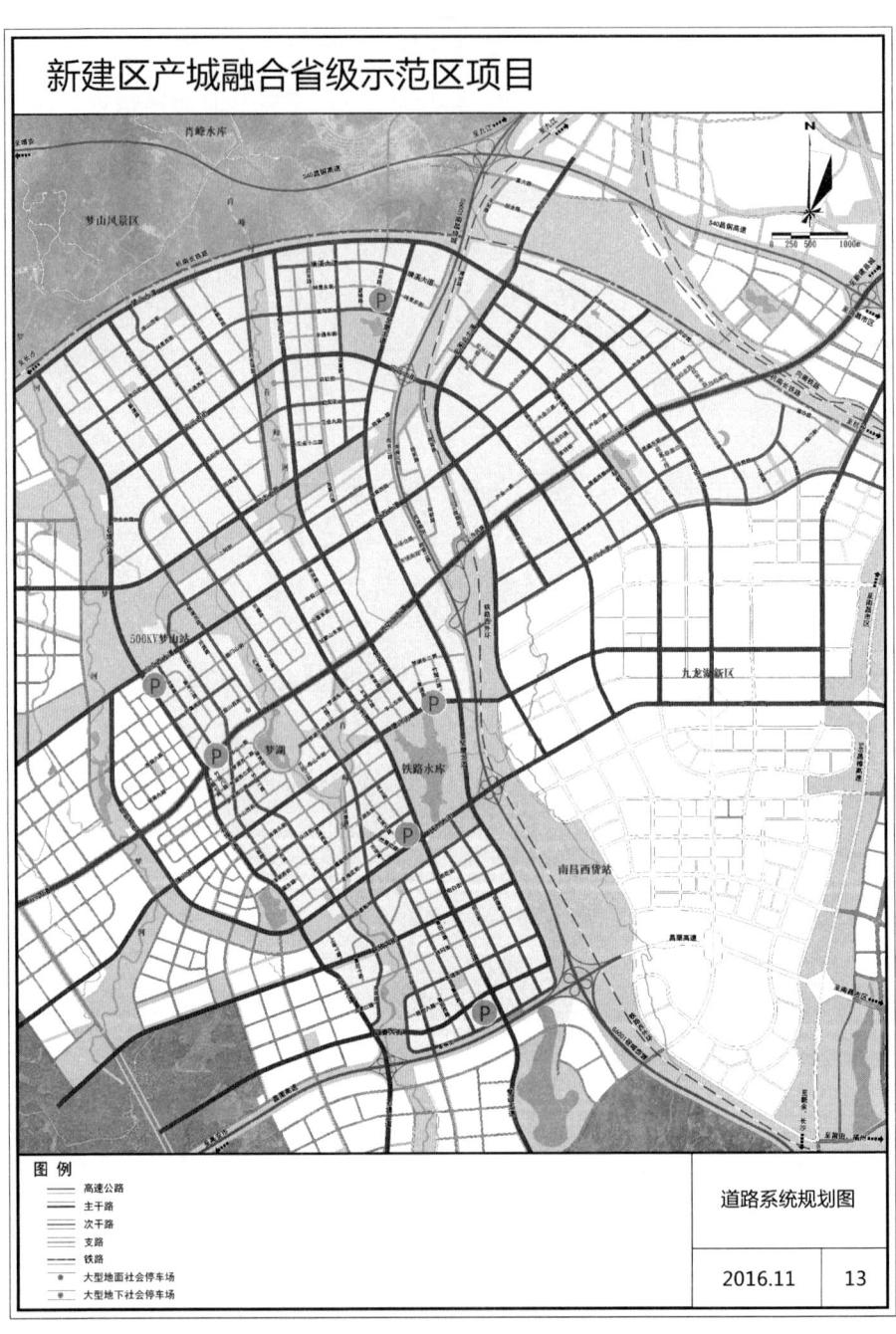

图8-9 示范区道路交通设施规划

第八章 产业转移促进产城融合案例分析

索将在农村参加的养老保险和医疗保险规范接入城镇社保体系的方法;充分调动社会力量,构建政府主导、多方参与、成本共担、协同推进的农业转移人口市民化机制。

(2)完善城镇化发展体制机制。其一,逐步完善人口服务和管理制度,逐步消除城乡区域间户籍壁垒。加快推行流动人口居住证制度,建立健全与居住年限等条件相挂钩的基本公共服务提供机制;加快推进人口管理的信息化进程,完善人口统计调查,全面、准确地掌握人口规模、结构和地区分布等信息。其二,严格实行耕地保护制度和集约节约用地制度,优化土地利用结构,提高土地利用效率。强化用地标准对建设用地行为的约束作用,不断完善各行业建设用地管理政策和标准;加强对土地利用的动态监测监管,建立健全节约集约用地的评价考核奖惩制度;建立城镇用地规模结构调控机制,充分利用各类劣质土地和未利用土地,构建土地流转监管机制。其三,健全住房供应体系,建立市场配置和政府保障相结合的住房制度。拓宽住房保障渠道,继续推进安居工程建设、公租房建设、安置房建设;坚持土地优先储备、优先供应原则,建立保障性住房管理投入机制;加强房地产市场监管,严肃查处违规炒地、擅改用途、违规建设、哄抬房价等违法违规行为。

(3)创新推动城乡一体化建设。一方面,加强生态功能区建设,合理划分功能区,引导城市空间合理布局,促进村镇重建、要素重组,工业向园区集中,居住向社区集中,实现土地资源的最优化配置,形成城乡协调发展的空间格局。另一方面,抓住红谷滩新区扩张发展和省级行政中心搬迁的重大机遇,提升望城新区整体形象,提高居民素质,加快推进县域向城市形态转化;按照"四化同步、产城融合"的发展思路,同步推进新建工业化、城镇化、信息化和农业现代化进程;推进产城融合,增强城镇综合承载能力和可持续发展能力;重点推进农业转移人口融入城镇生活,提高城市宜居水平。

7. 创新融资模式,提供产城融合保障

通过创新多种融资模式,筹措所需资金。明确政府、企业和个人在产城融合建设中的事权和投资重点,政府主要投资具有社会效益和环境效益的公益性项目;企业主要投资结构性调整项目和有一定经济回报的环保产业发展项目,通过经济活动,收回成本或获取收益;个人依据受益者付费原则,通过缴纳有关税费,承担部分公益性项目建设和运行费用,并得到相应回报。

(1) 拓展筹集资金来源方式。一方面,园区可以通过积极申请国家各项政策性贷款,以及国内各级各类银行贷款融资,建设园区基础设施、农田水利工程和生态保护工程等示范工程项目,同时,做好相关政府预算,包括园区公共预算、中央和省政府的转移支付和拨款、生态补偿基金以及各项专项资金等。采取"平台投放、绩效管理、比例收回"的模式投放,实现对财政资金使用的全过程均衡化精细化管理。另一方面,按照"谁投资,谁经营,谁受益"的原则,鼓励本区和外地的单位和个人跨行业、跨地区投资,吸引企业和社会资本进入产城融合工程建设项目;加大重点项目招商引资的工作力度,不断改善投资环境和生态环境,特别要注重争取国内外知名公司、大型企业集团参与园区的开发与建设。通过契约或公司的形式,借助发行基金券(如收益凭证、基金单位和基金股份等)的方式,将社会上不确定的多数投资者不等额的资金集中起来,形成一定规模的信托资产,交由专门的投资机构按资产组合原理进行分散投资,获得的收益由投资者按出资比例分享,并承担相应风险的一种集合投资信托制度,园区可以通过信托基金的渠道进行适当融资。

(2) 加强园区与民间社会资本合作机制。在土地综合开发利用、园区基础设施、公共服务设施等中长期建设投资领域,全面放宽民间资本准入,发挥市场在资源配置中的决定性作用。同等对待各类投资主体,利用特许经营、投资补助、政府购买服务等方式吸引民间资本参与经营性项目建设与运营,促进改善园区基础设施建设。重点加快园区公共交通、餐饮娱乐等生活性服务设施建设,加快完善园区道路、供电、供水、天然气管道、宽带网络光纤化升级改造、污水垃圾处理等配套设施建设,为园区发展提供有力保障。同时建立民营科技融资机构吸引社会资本参与园区建设，通过建立动态调整的收费定价、政府补贴、投资补助、融资协助、政府担保等多种机制，增强对社会资本的吸引力，形成长期稳定的投资回报预期。综合采用买（卖）方信贷、知识产权和股权质押贷款、融资租赁、小额贷款、公司（企业）债券、集合信托、科技保险等方式，支持企业开展技术创新融资，为园区企业创造良好的市场环境，促进其健康发展。

（3）着力强化产城融合资金保障。细化项目管理、提高财政资金使用效益，按照统筹兼顾、突出重点的原则，加大对产城融合发展薄弱环节投入，支持教育、社会保障、医疗卫生、结构调整、产业升级、循环经济、战略性新兴产业、自主创新和现代服务业发展。加大对农业和农村基础设施的投资力度，加快建立促进教育、卫生等各项社会事业发展的公共财政体制。强化财政资金预算管理，安排产城融合发展专项配套资金，新增财政资金优先用于产城融合示范区发展，各部门办公经费要优先保障产城融合示范区发展工作，确保资金分配使用规范、安全、有效，严禁挤占、截留、挪用。

三、湘东区产业转移促进产城融合分析

产业是一个区域经济发展的重要支撑，做大做强主导产业，需要推进产业集聚发展，因而迫切需要扩大产业园区，加快园区的居住、生活、休闲、教育、商贸等相关配套设施，以汇聚人气，集聚人才，推进产业转型升级。从城镇化方面来看，城镇化被认为是经济社会发展的引擎，因而城镇不只是人口的集聚地，更重要的是有相关产业作为支撑，以达到引领经济社会发展的目标。湘东区陶瓷产业起步早，发展速度快，但产业园区发展规模小，城市配套设施不完善，功能分区不明确；与此同时，湘东主城区人口规模仍然较小，户籍人口城镇化推进步伐不快，缺乏有力的产业支

撑。因此，加快推进湘东区产城融合发展，对于推动湘东区产业结构转型升级和新型城镇化建设、统筹城乡经济协同协调发展具有重要意义。

（一）湘东区总体经济社会发展基础

（1）经济综合实力大大增强。"十二五"期间，湘东区地区生产总值年均增长10.6%，2015年全区完成生产总值178.45亿元，是2010年的1.65倍，年均增长10.6%；财政总收入18.12亿元，是2010年的2.12倍，年均增长16.2%；全社会固定资产投资是2010年的2.52倍（按可比口径计算），年均增长20.3%；社会消费品零售总额43.47亿元，是2010年的1.77倍，年均增长12.1%；城镇居民和农民人均收入分别达28602元、14264元，分别是2010年的1.69倍、1.93倍，年均增长11.1%、14.1%。"十二五"期间，湘东区各项主要经济指标在全省县区排名位次大幅前移，2015年获得全省科学发展综合考核先进县区，迈入全省一类县区先进行列。

（2）经济结构不断优化。"十二五"期间，湘东区积极推进萍乡湘东产业园升级与扩区，大力推进产城融合示范区与麻山生态新区建设，扩大发展生态农业、乡村旅游、现代服务业等，经济结构逐步得到优化，经济发展转型升级成效明显。三产业结构逐步由2010年的11.2∶67.3∶21.5调整为2015年的9.6∶60.2∶30.2，三次产业结构逐步趋于合理；平台的构建有力地推动了工业经济发展，2015年，全区规模以上工业增加值94.09亿元，"十二五"期间年均增长12.7%，是2010年的1.7倍；以"湘东产业园"为平台，推动了园区产业化、集群化发展，战略性新兴产业实现总产值215.9亿元，占整个工业经济比重的60%；推进产城融合示范区建设，完成了峡山口商贸步行街、精品街建设，引进了红星时代广场、赣湘国际汽车汽配城、后街综合改造等项目；现代农业与休闲农业项目建设不断推进，乡村旅游、民俗文化旅游如火如荼，麻山镇文化休闲旅游聚集区被评为省级现代服务业聚集区。

（3）社会民生持续改善。"十二五"期间，全区社会事业全面进步，基本养老保险和城镇医疗保险实现全覆盖，城镇参保退休人员基本养老金实现"十一连增"。集贸市场改造和整治取得明显突破，供电设施不断改善，架设了"五湘线、莲湘线"两条220千伏线路，完成新路110千伏变电站建设，实施了农村电网改造升级工程。环境保护力度不断加大，建成城区污水处理厂，完成减排项目48个，淘汰9条年产10万吨水泥机立窑生产线。教体事业蓬勃发展，投入2.05亿元新建校舍和教师周转房面积12.5万平方米；投入1800多万元解决了代课教师历史性补偿问题；全区"教育发展指数"进入全省前5强；体育工作荣获全国全民健身活动先进、全省青少年体育工作十强县区。卫生计生工作扎实推进，成功创建全国示范社区卫生服务中心，区疾控中心荣获"艾滋病综合防治工作全国先进单位"。

（4）改革创新成效日益突出。"十二五"期间，成功推行部门零基综合预算改革，提高了财政保障水平，规范了部门收支行为；改革了延续8年的区乡两级财政体制，减轻了乡镇上解压力；稳妥推进了"营改增"改革，积极落实企业减免政策；深入推行了国库集中支付、公务卡、"三资"管理等财政管理改革；努力创新了融资方式，拓宽了融资渠道，与江西银行签订产业发展基金合作框架协议。赣湘开放合作试验区列入省级发展战略，试验区湘东园区建设筹备工作有序开展；积极稳妥地推进国有林场、垦殖场、卫计委、市场监督管理局和城市管理局等部门单位机构改革，组建了区规划服务中心，荣获全省国有林场改革先进县区。

（二）湘东区工业陶瓷产业基本情况

1. 工业陶瓷产业发展现状

（1）陶瓷产业规模和集聚效应不断显现。萍乡湘东区工业陶瓷起步于20世纪70年代，经过几十年的发展，目前工业陶瓷已经成为湘东区的主导产业，产值超过湘东区工业产值的2/3，是我国最大的工业陶瓷产业聚集地之一，2009年被中国陶瓷工业协会授予"中国工业陶瓷之都"荣誉称号。目前，湘东区共有工业陶瓷企业210多家，其中规模以上工业陶瓷企业50多家，从业人数达到3.5万人，2014年全年实现产值和营业收入约160亿元、产量300余万吨；2015年全年实现产值180亿元、产量400余万吨。目前，湘东区工业陶瓷总产量占全国市场份额70%左右，产值上亿元的企业由7家增加到20家，全国排名第一。总体上看，湘东区工业陶瓷产品或服务涉及领域较为集中，主要包括化工陶瓷制品、设备、工程，耐磨陶瓷，环保陶瓷制品、设备、工程及部分建筑陶瓷。其中，化工陶瓷制品、设备及工程在国内居领先地位。

（2）产业园区的发展地位日益提升。为促进当地工业陶瓷的发展，2006年8月湘东区启动江西萍乡陶瓷产业基地的建设，2007年6月江西省政府正式将其列为"江西萍乡陶瓷产业基地"；同年9月，江西省政府将其列为全省重点工业调度项目。江西萍乡陶瓷产业基地运营后，逐步将湘东区及萍乡的工业陶瓷企业招商至陶瓷产业基地集聚发展，目前湘东区规模较大的工业陶瓷企业大部分入驻陶瓷产业基地发展，2014年江西省政府批复将其纳入省级工业园区序列管理，2016年2月正式获批省级工业园，定名为萍乡湘东产业园。目前，江西萍乡陶瓷产业园已开发面积1000多公顷，形成东、南、西、北四大区域；共投入基础设施建设资金70000万元，水、电、路、气等基础设施已基本到位。

（3）产业发展的服务平台日益完善。为加快工业陶瓷产业发展，湘东区着力建设工业陶瓷服务平台，目前建设形成"五中心一站一超市"（技术服务中心、研发中心、检测中心、教育培训中心、产品展示中心和博士后科研工作站、行业人才超市）服务体系。金融服务机构建设方面，与燎原投资公司共同成立了中小企业融资担保平台；通过江西省"财园信贷通"贷款项目为几十家工业陶瓷企业提供了快速便捷、低成本的贷款。2015年，萍乡市政府引进山东工业陶瓷研究设计院，共建"国家工业陶瓷工程技术研究中心萍乡分中心"。这些服务机构的建设与运行，促进了工业陶瓷产业的发展。目前，园区80%以上陶瓷企业建立了实验室，拥有国家级品牌8项、省级品牌16项，产品质量认定137项，申请国家专利100多项。

2. 工业陶瓷产业发展特点

（1）产业集聚发展。湘东区工业陶瓷产业在江西萍乡陶瓷产业基地建设之前,是自发性的、无序的产业集聚发展;而在2006年产业基地正式建设之后,变成了政府主导的工业园形式的、规范的产业集聚发展。2014年,湘东区工业陶瓷产业营业收入达到160亿元,在国内属于收入水平高的工业陶瓷产业集聚地。江西萍乡湘东工业园区致力于打造全国先进、世界前沿的陶瓷生产基地,对接长株潭和赣湘边际经贸开发合作的前沿阵地,有明确的发展目标。

(2)企业以家族企业为主,机制灵活。湘东区工业陶瓷企业几乎全部为民营企业,并以家族企业为主。家族企业在初创期,可以凭借自身独特的竞争优势较快完成原始资本积累;家族成员之间相互信任,可以不计报酬、团结奋斗;家族成员的利益一致,在决策、执行上能更容易达成一致等。但随着企业规模扩大,家族企业逐渐暴露出管理不规范,高层管理人员专业性不足、胜任能力不足、难以形成良好的企业管理体系和企业文化等问题。家族企业要进一步发展,必须聘请专业人才加盟公司在专业领域发挥其特产,促进科学管理体系建设,弥补家族人员的不足。

(3)政府和企业都意识到产业转型升级、整合发展的紧迫性。随着市场竞争的不断加剧和生产成本要素的增加,企业的利润空间变小,整个产业的发展后劲受到制约,政府和企业都意识到湘东区工业陶瓷急需转型升级、整合发展。部分企业已经意识到转型升级的紧迫性并开始实施,并取得了一定成绩。江西萍乡龙发实业股份有限公司在耐酸陶瓷的基础上,积极发展耐酸陶瓷设备、环保工程、防腐工程;萍乡市普天高科实业有限公司由生产传统的化工填料转而制造陶瓷膜过滤器等环保设备,目前是国家"863计划"课题的承担单位;萍乡市华星化工填料有限公司在化工填料产品的基础上开展化工设备和化工工程承包业务;萍乡市康旭化工填料有限公司创新商业模式,由单纯的耐磨陶瓷生产商转型为耐磨产品及配比方案解决供应商。面对市场的倒逼,转型升级、整合发展是湘东区工业陶瓷产业发展的必由之路。

3. 湘东区发展工业陶瓷产业的优势

(1)有较好的产业基础。萍乡市从20世纪初就开始以电瓷为代表的工业陶瓷的生产，起步早。至20世纪90年代后期，以湘东区为核心的化工陶瓷发展迅速，目前耐酸陶瓷、化工填料分别占国内同类产品市场份额的70%以上，部分产品出口欧美、东南亚等国家和地区。2014年湘东区工业陶瓷总产值达到160亿元，企业数量达到149家，从业人数3.5万人，已经成为湘东区的特色产业和主导产业。

（2）有良好的资源优势。萍乡具有生产工业陶瓷最主要的矿产资源，在萍乡及其周边地区有丰富的瓷石、瓷土、高岭土、粉石英、长石等矿产资源，各类陶瓷原料储量超过10亿吨，储量较大，可以为化工陶瓷、电瓷等工业陶瓷提供充足的原料供应。

（3）有一批专业的人力资源，优秀的销售队伍。湘东区工业陶瓷产业在长期的发展过程中培育了2.5万余名熟练工人、2000余名技术人员，营销人员超过4000人，可以支撑工业陶瓷的发展。由于民营企业、采取销售包干的企业特点和销售模式，萍乡工业陶瓷销售队伍优秀，擅长与客户沟通。目前，在无机化工、石油化工、建筑陶瓷等行业建立了完善的营销网络。他们不仅每年将萍乡的工业陶瓷产品销往全国，还及时掌握工业陶瓷产品市场的细微变化，将新的市场需求和新的技术信息带回萍乡，为工业陶瓷新产品开发提供依据。

（4）有较好的区位优势和物流条件。萍乡地处湘赣交界处，位于两省经济发达繁荣区，有较好的区位优势。境内有沪昆电气化铁路和沪昆高速铁路，有沪昆高速公路和319国道、320国道，铁路和公路运输发达。出口产品可经由湘江水运至上海港出口，也可运至广州黄埔出海，或由欧亚铁路陆路快速输出。萍乡陶瓷产业基地铁路专用线已于2015年年底建成试车。

（5）有各级各类政策支持。萍乡工业陶瓷产业已被市委、市政府列为全市的主导产业，同时受到国家、省政府的高度重视和支持。近年来，江西省、萍乡市、湘东区各级政府纷纷出台各类产业促进政策、科技扶持政策、人才激励政策、招商引资优惠政策等，促进工业陶瓷发展。2015年4月，赣、湘两省政府签署了《共建赣湘开放合作试验区战略合作框架协议》，将共建赣湘开放合作试验区（涵盖江西萍乡陶瓷产业基地）。该区已被纳入国家发改委编制的《赣闽粤中央苏区振兴发展规划》，被列入江西省中央苏区振兴发展九大重点平台之一，享受东北老工业基地、西部大开发有关政策、国家级循环经济示范试点等相关政策，这为湘东区工业陶瓷产业的发展创造了良好的政策、资金、税收等优惠条件。

（三）湘东区产城融合示范区空间布局

1. 产城互通相连的空间格局

产城融合示范区320国道和沪昆铁路线为轴，以湘东产业园区（包括西扩区和萍乡陶瓷产业园）为主体，东北面接湘东中心城区，组成东北—西南走向近似"葫芦"形的产城融合示范区。根据示范区的战略定位，按照生产空间集约高效、生活空间宜居适度、生态空间山清水秀的原则，示范区的发展空间结构为三轴、四带、二区八组团（见图8-10）。

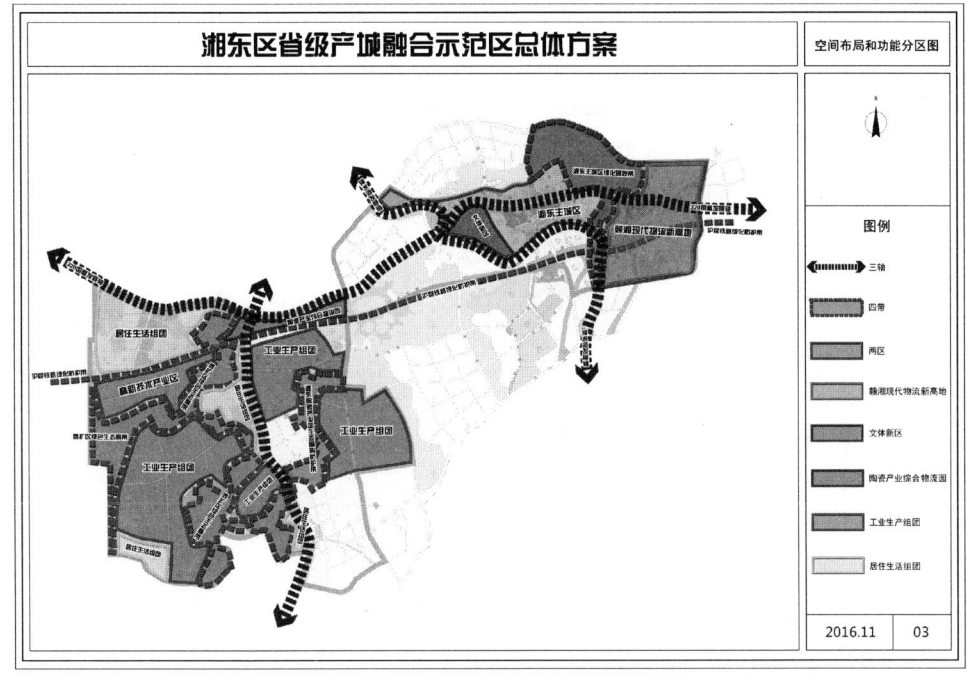

图8-10 产城融合示范区空间布局和功能分区

（1）三轴。以东西向的320国道为横向主轴，以萍水河为湘东主城区的纵向发展轴，杞木河路为产业园区的纵向发展轴。加强320国道的东西向连接功能，实现湘东产业园区和湘东中心城区在人流、物流、信息流的无缝连接。推进萍水河两侧的主城区（包括文体新区、中心城区和赣湘物流新高地三个组成部分）改造提升和转型升级，规划确定主城区的主要职能是居住生活、行政办公、综合服务、高新技术生产等，加快建设湘东文化体育新区，推进现代物流与赣湘国际汽车汽配城融合发展，着力打造湘东区最具活力的区域，全区的政治、经济、文化中心。杞木河路（崇德路）东西两侧分别为萍乡陶瓷产业园和产业园西扩区，规划确定萍乡陶瓷产业园区的功能为陶瓷产业的集聚地，加强陶瓷产业基地铁路专用线建设及灯芯桥货运站，创建陶瓷产业综合物流园，为加速陶瓷产业集聚发展，打造"中国工业陶瓷之都"提供支撑；西扩区的功能定位为高新技术产业培育区（陶瓷研发与设计创新基地、赣湘开放合作先行区）、上海和萍乡产业转移承接区、工业陶瓷集聚区，着力创新体制机制，加快陶瓷技术研发，壮大国家工业陶瓷高新技术产业化基地，大力发展技术咨询、产品展示等服务业，为陶瓷产业转型升级提供支撑。

（2）四带。四带即四条以生态建设和环境保护为目标的生态防护带，分别为沿沪昆铁路的绿化防护带、西扩区内沿海拔相对较高且植被覆盖较好的山体所形成的绿色生态廊带、萍乡陶瓷产业园由中部向南延伸的生态隔离防护带、湘东主城区中部由北向南逐渐变窄的城区绿化景观带。结合产城融合示范区建设，通过实施生态修复、绿色通道、生态园区、森林城乡等生态环境建设和保护战略，着力绿化交通干线、亮化产业园区、美化中心城区，使产城融合区形成集生产、生活、生态功能于一体，人与自然和谐共存的协调发展局面。

（3）两区八组团。两区分别是指湘东主城区的中心城区和产业园西扩区的高新技术产业区。其中，中心城区为产城融合区的居住、行政和文化中心；高新技术产业区着力发展壮大陶瓷产业研发与设计、做大陶瓷博士后工作站，创新体制机制；建设赣湘合作先行示范区，为推进陶瓷产业转型升级提供战略支撑。八组团分别是指萍乡陶瓷产业园区和西扩区的四个陶瓷工业生产组团以及西扩区范围内的四个居住生活组团。四个工业生产组团重点发展以工业陶瓷、泡沫陶瓷、环保陶瓷、节能蓄热陶瓷、工程陶瓷、陶瓷机械设备生产、陶瓷工艺设计与研发等为导向,进一步壮大和提升"中国工业陶瓷之都"的影响力。四个居住生活组团的组成结构为"一大三小"。其中,"一大"是在西扩区内沪昆铁路沿线以北至320国道的最大的核心居住生活组团,"三小"是指沿杞木河路(崇德路)由北向南走向的两个带状延伸的较小居住生活组团以及西扩区西南角的一个较小的居住生活组团。萍乡陶瓷产业园和西扩区的总体定位为通过产业集聚、功能配套和生态优化,打造集工业生产、现代物流及配套生活服务于一体的生态型园区。

2. 产城互动特色鲜明的功能分区布局

依据江西省生态主体功能区划、萍乡市湘东区生态功能区划,产城融合区属于重点开发区,已经具备较强的经济基础,城镇体系已经形成,具备实行一体化的发展条件。为此,产城融合区的功能定位是落实区域发展总体战略,打造全区经济发展的增长极,提高人口和经济的发展密度,可以划分为产业集聚区、生活集聚区、综合物流区、生态保护区。

(1) 产业集聚区。依托西扩区的高新技术产业区、萍乡陶瓷产业园区和西扩区的四个陶瓷工业生产组团,按照园区承载、板块集聚、技术支撑、集约生产的发展原则,进一步做强做大高新技术产业区,加快壮大和提升技术服务中心、研发中心、检测中心、教育培训中心、产品展示中心和行业人才超市的"五中心一超市"公共服务平台,壮大陶瓷产业博士后科研工作的研究实力和对产业的引领能力,突出其在陶瓷生产中的技术带动作用;以湘赣开放合作为契机,划定专门区域先行先试,着力打造开放合作的体制机制创新高地;以江西萍乡龙发实业股份有限公司、萍乡市华星化工填料有限公司、萍乡市普天高科实业有限公司、萍乡市金刚科技工业园有限公司等陶瓷产业的龙头企业为引领,综合运用陶瓷产业铁路专用线、综合物流园等配套设施,不断壮大产业规模,提升产业技术水平和发展层次，进一步提升"中国工业陶瓷之都"的影响力，打造湘东区经济社会发展的核心增长极。到2020年实现工业陶瓷产值300亿元，产业内年产值过1亿元的企业30家，过5亿元的骨干企业5~10家，过10亿元的龙头企业1~2家，在国内市场的占有率达到20%；形成3~5个在国际上、10~20个在国内有影响力的工业陶瓷知名品牌。

（2）生活集聚区。综合考虑陶瓷产业特点，配套陶瓷产业综合物流园、产业研发与设计服务平台、产业基地功能配套和资源环境承载力等因素，以低碳、紧凑、绿色、安全为原则，以产业园区的"四横三纵"主干路为支撑，进一步完善园区路网、气网等配套设施。围绕产业园区的"一大三小"居住生活组团，加快推进人口向各居住组团集聚，提升产业园区人气，加快建设中小学、商贸服务等生活设施，配套建设文化体育场所、人民公园、文化公园、陶瓷公园等休闲娱乐设施，着力打造功能完善、设施齐全、绿色生态的城镇化居住小区。通过大力推进创新创业、加快实施园区城镇化发展战略，着力集聚人口，力争到2020年产业园区人口总规模达到5万左右。

（3）综合物流区。本区包括产业园区内的陶瓷产业综合物流园区和湘东主城区内的赣湘物流新高地两个部分。陶瓷产业综合物流园区主要依托沪昆铁路线和陶瓷产业基地的铁路专用线，以陶瓷生产原材料、陶瓷产品的集装运输为重点，重点对姚家洲站内部分改造，着力建设好区间专用线，规划建设焦化区装卸站、陶瓷区装卸站和货物堆场、大型仓储中心、城市配送中心、甩挂网络服务中心、运输车辆停车场、物流班车指挥中心、综合服务大楼及其配套辅助设施建设。赣湘物流新高地主要以赣湘国际汽车汽配城项目建设为依托，以培育湘东主城区支撑产业，完善主城区功能为发展目标，集汽车4S店、汽车配件、汽车装饰美容、汽车快修、汽车改装、电商物流信息中心、仓储物流、商务酒店、商务办公、配套住宅于一体的赣湘地区规模最大、功能最全、模式最新的多功能国际化现代汽配城。综合物流区秉承立足萍乡市，辐射赣湘边境，服务全国的发展理念，着力为市场提供全方位、高质量的物流、仓储、配送、金融、商贸等各类服务；主要通过先进的信息技术手段，现代化的物流经营管理理念，整合全社会的市场资源，在湘东产城融合区内形成一个功能互补、相互呼应的集信息流、货物流、人流于一体的综合型现代物流园。

(4) 生态保护区。根据陶瓷产业生产特点和产业园区生态环境特征，按照《江西省生态文明先行示范区建设实施方案》的要求，构建以产业园区山体走向、沿沪昆铁路、沿萍水河两岸的生态廊道和滨江绿地系统。在产业园区的山体、沪昆铁路沿线两侧、大型工业组团、高压走廊地带、污水厂周边，加大生态环境保护力度，积极营造人工林，设置一定宽度的隔离绿带，重点在产业园区陶瓷工业生产组团和居住生活组团之间建设一定宽度的防护林带，在中心城区沿萍水河两岸建设一定宽度的绿化带，打造滨河沿江公园。

(四) 湘东区产城融合示范区建设路径

1. 推进主导产业转型升级，提升产城融合发展层次

通过完善经济金融互动发展的协调机制、建立健全融资担保体系、制定和完善人才培育引进等方面的扶持政策，优化企业发展环境，培育壮大龙头企业；强化创新驱动，重点提升化工陶瓷发展水平，着重实施湘东陶瓷产业创新驱动战略，鼓励和支持工业陶瓷产业加快科技创新，朝着科技型、差异化、集群式的方向加快发展，提高工业陶瓷自主研发能力和科技创新能力；把握产业转型供给侧改革方向，进一步推进以工业陶瓷为核心的传统产业转型发展，按照"生态型"的发展方向，着重发展新型环保陶瓷和节能环保陶瓷；以构建工业陶瓷及其产业一体化发展体系为重点，进一步加快整个产业的科技创新步伐，形成若干个以新型工业陶瓷为核心产品的系列装备或器件生产龙头企业，形成以发展化工陶瓷、环保陶瓷和高技术陶瓷等为核心的产业结构体系；加大陶瓷产业链条延伸，进一步加强上下游装备与陶瓷产品的紧密结合，加快陶瓷产业转型升级。

2. 升级陶瓷产业发展技术平台，大力发展现代服务业

(1) 壮大国家工业陶瓷技术产业基地，夯实产业转型升级平台。一是

依托已有的技术创新机构、以骨干企业为主体，加强与高校和科研机构的合作，争取使该类机构在萍乡设立分机构，采取共建各类创新平台、产学研合作机构的模式，加大对优势工业陶瓷产品、陶瓷设备和工艺的研发设计，创建国家工业陶瓷产业发展研究院，为工业陶瓷产业进一步转型升级提供智力支持。二是围绕湘东区陶瓷产业转型升级需求，逐步优化与各高等院校和科研机构的《联合培养博士后框架协议》，着力抓好在站博士后科研项目的实施和成果转化，奖励扶持全区工业陶瓷科技创新，帮助企业建立自己的研发中心或实验室，增强企业的自主创新能力和科技竞争力。三是积极整合湘东区工业陶瓷的生产、市场营销等优势资源，积极参与各类工业陶瓷产品标准的制定，为具备条件的湘东区工业陶瓷企业相关产品申请相关标准，积极申报和创建国家工业陶瓷产品检测中心，并引导各类企业在湘东区各类平台进行工业陶瓷产品的展示和展览，创建国家工业陶瓷产品展示中心。四是围绕各类企业对各种产业技术工人以及各类技术人才学习和发展提升的需求，整合湘东区陶瓷产业核心企业的各类培训资源。依托已有的国家和江西省工业陶瓷技术研究中心，着力为本地龙头企业以及国内相关企业的各类人才开展各类培训，创建国家工业陶瓷中等技术人才培训中心和国家工业陶瓷产业技术工人培训服务中心。

（2）建设赣湘开放合作试验发展先行区，创新发展体制机制。率先在西扩区高新技术产业区划定专门区域确定为赣湘合作共建区，启动赣湘开放合作试验区湘东园区建设工作，推进湘东园区（江西萍乡）—长株潭经济园的对接，统一开展规划编制，引导人口产业合理布局，推进共建区一体化发展；引导各类先进人才、资金、技术向共建区集聚，加大特色优势产业向共建区集聚；积极鼓励依法依规在产业、土地、金融、财税等方面开展先行先试，积极采取PPP模式，组建共建区投融资平台，积极探索、创新赣湘开放合作试验区产业合作园区的产业协作发展机制；加快试验区科技资源公共服务平台建设步伐，推动高校、科研院所等合作建立技术服务机制，培育壮大技术服务类市场主体，加快试验区科技资源公共服务平台建设步伐；加快区域性市场资源互联互通共享，依托中博会、泛珠大会等经贸平台，拓展国内外市场。

（3）大力发展现代物流和商贸服务业，完善产业园区和城市功能。依托产业园区铁路专用线优势，充分利用互联网等现代信息技术和经营管理理念，整合市场资源，建设高质量综合物流园区，积极创建智能物流配送中心、物流公共信息平台和物流服务平台，实现园区产品物流的信息化，构建高效便捷的产销联通体系；以赣湘国际汽车汽配城项目建设为依托、以萍乡市现有十多家物流企业为支撑，加快引进国内具有一定影响实力的知名物流企业入驻，着力打造多功能国际化现代汽配城；大力发展连锁经营、特许经营、仓储和物流配送等新型商贸流通业，大力促进湘东主城区商贸服务业发展；大力发展金融保险业，引导和鼓励社会资本进入金融服务领域；加快社区服务业发展，推进法律咨询、社区医疗、家政、维修、快递等社区服务业规范化发展；结合湘东地域区位、产业特色、传统文化和商贸发展现状等，重点规划建设一批商业业态和商业设施，促进乡镇商贸发展升级；以提升主城区商业氛围，培育壮大商贸服务业为目标，着力建设一个具有地区引领性城市商贸服务综合体，加快推进各类商贸服务市场、批发零售市场、各类营销网点的信息网络平台建设，大力培育和发展第三方电子商务平台和公共服务平台，全面实施"互联网+商贸"的新型产业发展模式。

3. 提升基础设施建设水平，增强产业承接能力

（1）完善产业园区路网、气网架构，支撑产业园区快速发展。

1）完善西扩区"四横两纵"的主干路网结构。策应产业园区陶瓷产业规模不断壮大的运输需求，产业园区生活、居住、创新创业等各方面发展的人员通勤需求，着力构建西扩区"四横两纵"的主干路网，完善连接主干路网的次干路和支路三级路网结构。其中，"四横"是指东西走向的四条横向主干道，自北向南依次为320国道、工业北路、杞岩路和X139公路；"两纵"是指南北走向的两条主干道，自西向东依次为栗油公路（西区大道）和杞木河路（崇德路）。围绕"四横两纵"的主干道，着力建设连接主干道、工业生产组团、高新技术产业区、生活居住区的次干路和支路（见图8-11）。

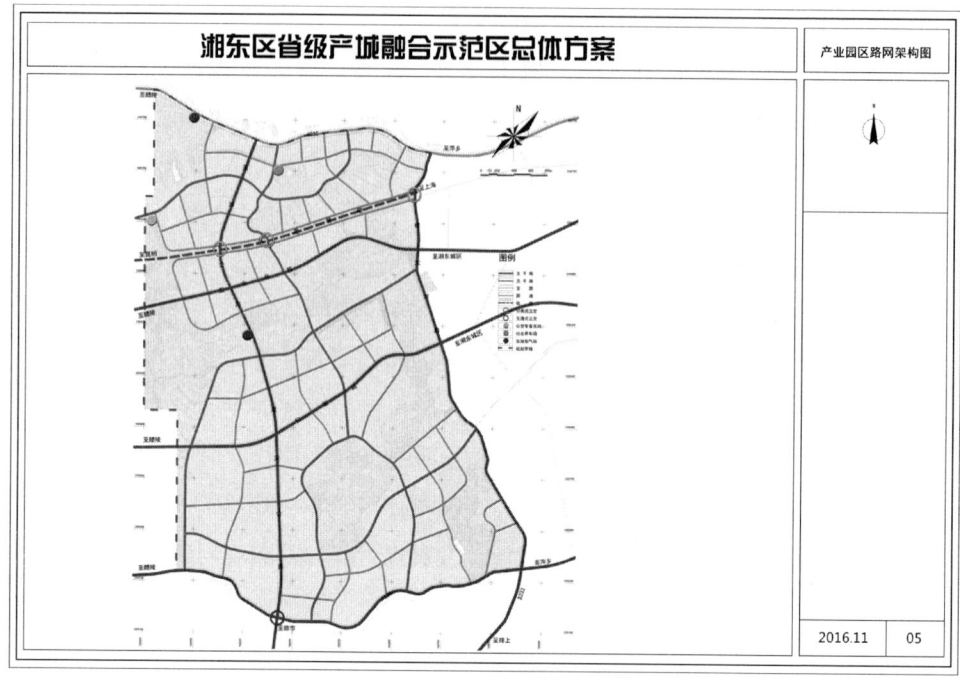

图 8-11　产业园西扩区"四纵两横"的主干路网架构示意图

2）完善西扩区"四横两纵三支"的燃气网架构。策应产业园区生产和生活需求,依据产业园区的生产规模和人口的集聚规模,着力构建四横两纵三支的燃气管网架构。其中"四横"是指与主干路重合的四条横向通道,自北向南依次为320国道、工业北路、杞岩路和X139公路,沿4条道路布局燃气管网;"两纵"是指与栗油公路(西区大道)与杞木河路(崇德路)两条纵向主干道重合的燃气管网;"三支"为在四条横向主干道之间的三条支线燃气管网,自北向南依次为320国道和工业北路的支线燃气管网、工业北路和杞岩路之间的支线燃气管网以及杞岩路和X139之间的支线燃气管网(见图8-12)。

第八章 产业转移促进产城融合案例分析

图8-12 产业园西扩区"四横两纵三支"的燃气管网布局示意图

3）完善产业园区"两环"相连的对外交通结构。加快萍乡陶瓷产业园区工业大道—工业南大道改造和延伸工程等主干道建设，推动形成以产业基地铁路专用线为轴心的物流集散地。依托区域内高速公路、国省公路

209

及重要县道,加速形成以多条干线公路为主骨架的公路网。着力打造服务于区域经济的两个交通环,即陶瓷产业基地的工业发展西环和湘东城区外环线,包括对接萍乡主城区的城镇化发展东环,加强园区产品和人员的对外联系(见图8-13)。

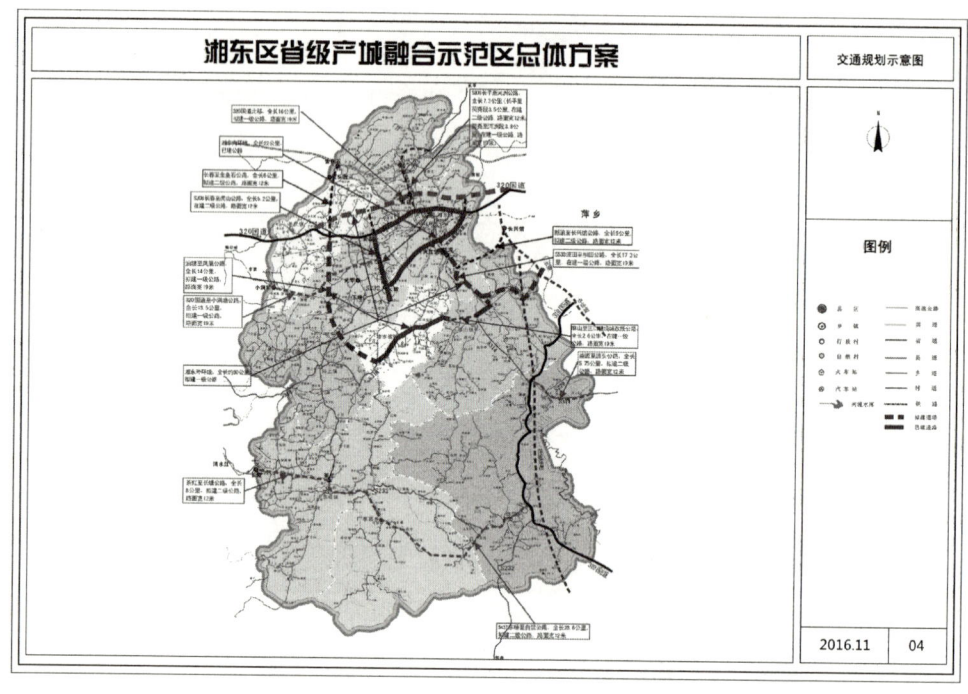

图8-13 产城融合区"两环"相连的对外交通结构

(2)加快产业园区信息化基础设施建设,提升信息化水平。充分利用RFID、移动通信网络、光纤网络等多种网络互联,打造园区与通信骨干网相连的信息高速公路。加快推进工业园区重点企业物联网建设,实现物与物、物与人、人与人的各种互联。以智慧化为发展导向,加快推进工业园区电网、互联网、广电网、电信网等四网融合。以萍乡云计算基地为平台,加强湘东产业园区智能化的基础设施建设,提升园区管理与服务能力，构建"全园区覆盖、全过程监控、全天候服务"数字化工业园区管理信息平台。以产业为纽带，有效连接产业的上、中、下游企业，畅通相关企业网络信息交流渠道，形成以智慧园区为核心具有辐射效应的经济产业链；逐步完善产业发展动态监控，企业信息实时更新的信息系统，实现园区企业与产业发展的全过程信息化管理。

（3）加快湘东主城区的老工业区改造，建设湘东文化体育新区。按照《萍乡市湘东区老工业区搬迁改造——湘东文化体育新区建设方案》，科学划定老工业区改造范围（见图8-14），明确城区老工业区改造的指导方向，处理好老工业区与城市发展、环境保护、功能承载、公共服务设施等之间的关系。以城区老工业区产业重构、城市功能完善、生态环境修复和民生改善为着力点，与加快棚户区改造和加强城市基础设施建设相结合，统筹推进企业搬迁改造和新产业培育发展，破解城市内部二元结构。在新区建设范围内，建设各类公共居住小区，为湘东区创新创业人员、陶瓷产业技术和管理人员等主要群体提供良好的居住条件，在居住区内合理规划一定数量的中小学，以满足创新创业人员、陶瓷产业技术和管理人员等主要群体的子女入学问题，并打造功能完善的综合文化体育新区，改善湘东老工业区的人居环境，提升湘东区和萍乡市的整体城市形象。

4. 完善新型城镇化体制机制，合理引导农村人口转移

（1）加快建立城乡统一的户籍管理制度，推动农业转移人口市民化。全面取消农业户口与非农业户口性质区分，统一登记为"居民户口"，还原户籍制度的人口登记管理功能，落实放宽户口迁移政策；以人口居住证为载体，建立与居住年限等条件相挂钩的基本公共服务提供机制，居住证持有人享有与当地户籍人口同等的劳动就业、基本公共教育、基本医疗卫生服务、计划生育服务、公共文化服务、证照办理服务等权利；积极推进有能力在城镇稳定就业和生活的人口在参加社会保险和办理居住证满一定期限，其本人及直系亲属均可在湘东区申请登记常住户口；统筹户籍制度改革和相关经济社会领域改革，合理引导农业人口有序向城镇转移，促进有能力在城镇稳定就业和生活的农业转移人口市民化，努力实现城镇基本

公共服务常住人口全覆盖。

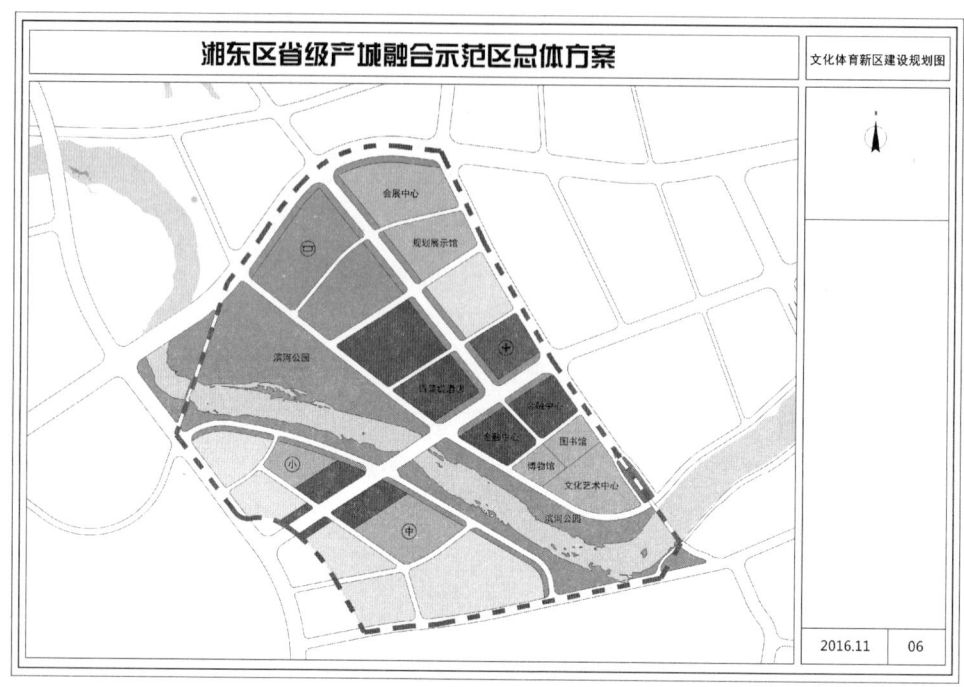

图8-14　湘东老工业区搬迁改造——湘东文化体育新区建设规划

（2）建立城乡一体的社会保障体系，促进公共服务均等化。

1）完善城镇基本公共就业和创业服务。整合就业服务职能，建立统一的人力资源就业服务综合中心，统筹管理湘东城乡各类劳动者的就业服务工作，免费为农业转移人口提供职业指导、职业介绍、就业信息、政策法规咨询等公共就业服务；整合职业教育、技工院校等培训资源，围绕陶瓷产业发展，开展校企合作，为农民工提供基本职业技能培训，提高培训的针对性、实用性；强化企业开展农民工技能培训责任，足额提取并合理使用职工教育培训经费；鼓励农民工取得职业资格证书和专项职业能力证书，并适当给予职业技能鉴定补贴；建立完善的促进就业创业政策体系，积极发挥小额担保贷款扶持创业促进就业的作用，拓宽农民工享受小额贷款政策范围，大力支持农民工创业发展。

2）完善城乡一体的社会保险制度。完善职工基本养老保险统筹制度，完善社会保险关系转移接续政策，建立统一的城乡居民基本养老保险制度，将在农村参加的养老保险和医疗保险规范接入城镇社保体系；维护农民工参保权益，将与企业建立稳定劳动关系的农民工纳入城镇职工基本养老保险，鼓励农民工积极连续参保；依法将农民工纳入城镇职工基本医疗保险，允许灵活就业农民工参加当地城镇居民基本医疗保险；做好城镇职工医保、城镇居民医保、新农合、城乡救助体系之间的衔接，整合城乡居民基本医疗保险制度；强化企业缴费责任，扩大农民工参加城镇职工基本养老保险、工伤保险、生育保险比例。

3）推进农业转移人口享有同等教育服务。将进城农民工随迁子女义务教育纳入各级政府教育发展规划和财政保障范畴，就近安排进城农民工随迁子女接受义务教育；采取有效措施，合理调整产城融合区内学校网点布局，满足转户农民子女和来湘东区随迁子女接受义务教育的需求；实施义务教育零择校政策，确保转户农民子女和来湘东区的随迁子女，按其实际居住地，就近进入划定公布的学区范围学校或统筹确立的学校就读，享有与区内居民子女同等受教育的权利，建立健全农民工随迁子女接受义务教育后在湘东区参加升学考试的实施办法；逐步完善农民工随迁子女在流入地享受免学费中等职业教育，研究制定进城农民工随迁子女接受义务教育后在流入地参加升学考试的实施办法。

4）构建城乡一体的医疗卫生服务体系。整合城镇居民基本医疗保险和新型农村合作医疗制度，实现"保障范围和项目、筹资标准、待遇水平、经办流程、基金管理、网络信息系统的完全统一"，建立城乡一体化的医疗保障体系；扩大医保定点医院范围，推进医疗保险省内异地就医即时结算；农业转移人口在城镇落户后，享受与城镇居民同等的基本公共卫生服务，其基本公共卫生服务由居住地社区卫生服务中心（站）免费提供。

5. 优化产业发展环境，改革促进产城融合

（1）加快转变政府职能，优化产业发展环境。

1）全面推进行政审批制度改革。进一步减少审批事项，下放管理权限，对于市场机制能有效调节的经济活动，一律取消审批。进一步清理、取消和调整行政许可项目和非行政许可项目，落实"一条龙""一站式"服务机制，全面提升审批效率。建立健全行政审批运行、管理和监督的长效机制，规范审批行为。全面梳理政府部门职责，理清政府责任，按照行政许可法及市场要求，保留真正应该由政府来做的条款，理清政府"权利清单"；按照"法定职责必须为"的原则，积极推进"责任清单"工作，对依法该审批的事项把严关、审到位；按照"法无禁止即可为"的原则，稳妥推进"负面清单"工作，建设法治化营商环境。变革审批投资管理体制，实行统一市场准入制度，建立透明、开放、公平的市场规则。

2）加快转变政府职能。正确处理政府与市场的关系，推进政企分开、政资分开、政事分开、政府与市场中介组织分开，加快政府职能转变；按照"精简、统一、效能"的原则，进一步理顺部门职责分工，明确政府在市场经济活动中的职能范围，将政府的职能重心逐步转移到经济调节、社会管理、公共服务等环节；加快建立行为规范、运转协调、公正透明、廉洁高效的行政管理体制，塑造公开化、法制化、负责任、守信用的服务型政府形象，从制度上更好地发挥市场在资源配置中的决定性作用，激发市场活力和社会创造力。

3）创新公共服务供给方式。进一步规范和优化中介服务事项，着力提升公共服务水平。实行政府购买公共服务制度，科学优质、及时有效提供公共产品和公共服务，提高服务能力和水平。创新公共服务提供方式，能由政府购买服务提供的，政府不再直接承办；能由政府和社会资本合作提供的，广泛吸引社会资本参与。构建公共服务绩效评估机制，引入多元化的评估主体进行定期评估。加快建立全面规范、公开透明的预算制度。

4）大力推进电子政务建设。加快电子政务网络信息平台建设步伐，依托平台开展政务公开和政务服务工作，构筑政务公开的立体网络，建立

完备的反馈监督机制；深入推进政务公开，凡产城融合区的重大活动、重大事项、重点工程等政务均在网上公开，最大限度地实现网上审批，提高政府部门的工作效率，增加政府工作的透明度；创建产城融合区建设网站，建立"便民网页"，依托网络平台，将"网上办理、并联审批、电子监察"等社会公共服务汇集于"便民网页"，实现网络办事、网络问政、网络监察，打造服务城乡的新型公共服务体系。深入推进"三单一网"建设，推进行政权力运行程序公开化、透明化，提高行政效能。

(2) 推进大众创业万众创新，提升产城融合发展能力。

1) 加快建立创业服务体系。以陶瓷产业和产业园区为载体，建设高校毕业生、城镇失业人员、返乡农民工等各类人员创业孵化基地，建立全民创业"绿色通道"，降低创业成本；建立健全扶持创业的信息、技术、市场服务体系，免费为创业者提供档案管理、人事代理、医疗、养老和社会保险办理等方面的服务；整合资源加强创业培训，将有创业项目和创业意愿及培训需要的城乡各类劳动者纳入创业培训范围，拟定详细的创业培训实施计划；依托陶瓷产业博士后工作站的博士后人员、龙头企业的管理人员，逐步扩充创业指导服务专家队伍，开展针对性的创业服务活动，实现创业带动就业。

2) 搭建创新创业服务平台。依托陶瓷产业园区和赣湘开放合作试验区，建立企业公共技术和研发中心，实现创新资源的有效分工与合理衔接，在有效保护知识产权的同时，实现技术共享；通过企业公共研发平台，加强工业陶瓷、环保陶瓷等产业关键性、前沿性的技术研发，重视产业链环节的技术转移与科技成果的转化应用，带动中小企业创新发展；完善陶瓷技术服务中心等面向企业的技术咨询服务平台，向各类企业提供研发设计、技术转移、技术标准、质量品牌、人才培训等各项技术咨询，进一步健全与完善平台体系；培育专业化技术交易市场，推进市场信息化建设，支持企业参与技术市场交易。

3) 优化创新创业环境。凡国家法律法规未禁止的行业和领域，一律向各类创业主体开放；降低创新创业准入平台，清理废除妨碍创新创业的制度和规定，为创新创业者提供统一规范、高效便利的政策环境；落实和完善鼓励自主创业的税费减免、小额担保贷款等扶持政策，拓宽创新创业融资渠道，做到应贷尽贷、按需放贷；用好产业扶持资金，营造宽松的创业环境，促进就业创业。完善涉企收费目录管理制度，制定事中事后管理办法；推动创新创业主体由小众向大众转变，鼓励科技人员在职创业、离岗创业，形成创新创业主体竞相涌现的良好局面。

第九章
研究结论

产业转移是我国经济发展的必然趋势,在我国经济产业结构升级、平衡区域经济发展差距、促进区域产业与城镇的融合中发挥着重要作用。本书从理论、实证和案例角度分析了产业转移对产城融合的影响。总体来看,本书的研究主要分为三个部分:第一部分是产业发展与产业转移。该部分主要总结当前我国产业转移现状,从理论层面构建两区域产业转移模型,并分析产业转移对区域产业发展和城镇发展的影响,构建产业转移促进产城融合的理论研究框架。第二部分是产业转移对产城融合的实证分析。首先分析我国两区域产业转移的实证路径,然后分析产业转移对产城融合的影响,该部分主要是从实证的角度证实产业转移对区域发展具有重要影响。第三部分是案例研究。本书选取南昌市新建区和萍乡市湘东区两个省级产城融合示范区,从园区产业发展和为了适应产业发展而推进产城融合的角度分析了产业转移与产城融合的关系。

一、产业发展与产业转移

中国的产业转移从 20 世纪 90 年代开始,但是产业转移并没有带来显著的缩减地区经济发展差距的效果，反而在某种程度上相对地拉大了区域之间的发展差距。这是由于我国产业转移表现出宏观、中观和微观三个层次的特征：宏观层面的"东中西三级梯度差异"，中观层面上的"大小城市两级梯度差异"，微观层面上的"城乡两级梯度差异"。由此对应形成经济发展的全国宏观层面的地区差异，东中西部经济发展水平的梯度为东部＞中部＞西部；区域（省份）层面也表现出地区差异，中西部地区的产业发展要素集中在武汉市、成都市等区域中心城市，这些城市的首位度较高；在微观层次则表现出严重的城乡发展失衡，城镇发展要远快于农村发展，城乡二元化问题突出且愈演愈烈。正是在此基础上，我国提出了新型城镇化发展战略和产城融合发展目标。本课题从理论层面肯定了扩展的两区域产业转移模型同新型城镇化与产城融合具有交互作用机制。这对我国的产业转移理论提出了一定的要求，而两区域产业转移发生机制模型则正好适应这一要求，其表现出的自由等特性成为推动我国新型城镇化建设和产城融合建设的重要因素，充分地与我国的现实需要结合起来。因此，本课题分析了两区域产业转移模型的发生机制，接着提出了两区域产业转移模型具有"单—多"和"多—多"两种模式，"多—多"产业转移模型是对"单—多"产业转移模型的扩展。两种产业转移模型存在研究对象、作用原理、适用范围等方面的差异。其中，"单—多"产业转移模型强调的是一个产业转出区对多个产业承接区的情况，即产业由一个发达省份转移至多个欠发达省份，强调产业转移与对接相结合，产业转移的势差越大时产业转移就越可能发生；而"多—多"产业转移模型则是在"单—多"产业转移模型的基础上进行扩展，研究的是多个产业转出区将产业转移至多个产业转入区，不仅考虑了在划分产业转出区和转入区时的比较优势，还对不同的产业进行了区分，将其划分为低端产业、较低端产业、较高端产业和高端产业四种类别，分别研究其在空间上的转移机制。

第九章 研究结论

二、产业转移驱动产城融合

本课题通过构建工业化与城镇化综合评价指标体系对我国30个省份（不含港澳台地区及西藏地区）2004~2016年工业化及城镇化水平进行测度，同时构建制造业固定资产投资转移系数进行产业转移测度，然后利用面板分位数回归的实证研究方法对产业转移系数和工业化与城镇化关系进行研究，最后运用耦合模型计算基于产业转移的工业化与城镇化耦合协调度。进而发现，产业转移对工业化与城镇化融合发展在不同阶段均有显著影响，在越高水平阶段影响力越大。产业转移系数关于工业化与城镇化水平的回归系数结果为负，产业转移系数越小（产业转出越多），工业化和城镇化融合发展水平越高，也即表现为产业转出促进工业化与城镇化水平共同提升；回归系数绝对值随着工业化与城镇化水平提升而增大，说明随着工业化与城镇化的不断发展，产业转出对其协调发展的影响力逐渐增大，可见产业转移是工业化与城镇化融合发展举足轻重的重要驱动力。

此外，基于产业转移的产城融合协调度与初始产城融合协调度相比有明显提高，我国省际产业转移驱动工业化与城镇化多阶段融合协调度水平整体上处于高度协调、极度协调水平。由此可见，区域产业转移对产城融合发展有显著的促进作用。在工业化和城镇化水平较低的阶段，产业转出的动力表现为产业转入地的巨大劳动力、资源等优势拉力，而非转出地的产业升级推力，是被动的产业转出状态，在此情况下产业转移对工业化及城镇化水平的提升影响力较弱；在较高水平阶段，产业转移表现为产业转出地的"卖方市场"，具有技术优势的产业转出地具有选择产业承接地的权力，是为主动转移，而通过将低端产业的转出来协调高端产业的资源利用，进行本地产业升级调整，扩大经济优势，吸引高端人才及资本投资，对产业转出地新型工业化及城镇化发展有显著影响。由于早期城镇化发展存在滞后于工业化发展的现象，因此当发生产业转移时，城镇化加速发展，水平得到比工业化更大幅度的提升，进而工业化与城镇化水平差距逐渐减小，区域产业转移有利于改善工业化与城镇化发展步调不一致的状况，促进产城融合发展。

三、关于案例的总结

1. 新建区产城融合案例

新建区地处鄱阳湖生态经济区的核心区，是省会南昌城区西进的主要拓展区域，也是环鄱阳湖生态经济圈旅游重点区之一，新建区产城融合示范区依托长堎工业园区，交通便捷，区位优越，具体范围为南昌望城新区。总体上将"强化集聚、以点带面、连点成片、产城融合"作为布局原则，结合产业发展的现实基础、发展导向以及全域空间开发格局，打造"双核四轴、四片多廊十组团"空间发展格局，规划人口规模为29万人。新建区产城融合示范区具有良好的发展态势、便利的区位优势、完备的功能优势、强劲的产业优势等建设基础，此外，还具有汽车产业、食品医药绿色产业、文化创意产业和商贸物流产业四大主导产业规模和集聚效应不断扩大的优势，为承接产业转移、促进产城融合奠定了坚实的基础。在此基础上，新建区产城融合示范区规划实现功能结构由单一产业经济向多元城市经济转型、产业发展由加工制造向产业集群转型、交通架构由城市边缘向快捷便利新城转型、生态环境由城郊工业区向美丽新城转型以及城区尺度由单一大尺度向丰富多尺度转型五大转变，推进产城融合发展。再打造汽车全产业链集群、专业市场集群、生物和绿色食品产业集群和战略性新兴产业集群四大集群，构建现代产业体系。通过建设山水生态新城、提升公共服务水平、创新城乡发展模式、创新融资模式为产城融合提供保障，推动新建区产城融合建设。

2. 湘东区产城融合案例

近年来，湘东区总体经济综合实力大大增强，经济结构不断优化，社会民生持续改善，改革创新成效日益突出。湘东区产城融合示范区以320国道和沪昆铁路线为轴，以湘东产业园区（包括西扩区和萍乡陶瓷产业园）为主体，东北面接湘东中心城区，组成东北—西南走向近似"葫芦"形的产城融合示范区。根据示范区的战略定位，按照"生产空间集约高效、生活空间宜居适度、生态空间山清水秀"的原则，示范区的发展空间结构为三轴、四带、二区八组团。湘东区陶瓷产业规模和集聚效应不断显现，产业园区的发展地位日益提升，产业发展的服务平台日益完善，具有较好的产业基础、生产条件、人力资源、区位优势、物流条件以及政策支持，是实现产城融合发展的良好平台。因此，湘东区产城融合示范区通过壮大国家工业陶瓷技术产业基地、建设赣湘开放合作试验发展先行区、大力发展现代物流和商贸服务业来推进主导产业转型升级，提升产城融合发展层次；通过完善产业园区路网和气网架构、加快产业园区信息化基础设施建设来升级陶瓷产业发展技术平台，推动现代服务业发展；通过建立城乡统一的户籍管理制度和城乡一体的社会保障体系来促进公共服务均等化，合理引导农村人口转移；通过加快转变政府职能、推进大众创业万众创新来优化产业发展环境、提升产城融合发展能力，从各个方面大力推动湘东区产城融合发展。

参考文献

[1] Dunning J H. International Production and the Multinational Enterprise [M]. George Allen and Unwin, 1981.

[2] Ernst D, Kim L. Global production networks, knowledge diffusion, and local capability formation [J]. Research Policy, 2002, 31 (8 – 9): 1417 – 1429.

[3] Ernst D, Lundvall B Å. Information Technology in the Learning Economy: Challenges for Developing Countries [J]. Economics Study Area Working Papers, 1997.

[4] Gollin D, Jedwab R, Vollrath D. Urbanization with and without industrialization [J]. Journal of Economic Growth, 2016, 21 (1): 35 – 70.

[5] Hoover E M. Union Policies in the Leather Industry. by Leo Cyril Brown [M] // Union Policies in the Leather Industry, 1948: 322 – 324.

[6] Koenker R. Quantile regression for longitudinal data [J]. Journal of Multivariate Analysis, 2004, 91 (1): 74 – 89.

[7] Lösch A. The Economics of Location, 1954 [J]. New Haven, Yale, 1940.

[8] Lewis, Iii F G. Distribution of macrobenthic crustaceans associated with Thallassia, Halodule and bare sand substrata [J]. Marine Ecology Progress, 1984 (19): 101 – 113.

[9] Lu D. The Economic Consequence of Labor Mobility in China's Re-

gional Development [J]. Asian Economic Papers, 2009, 8 (2): 85 -114.

[10] Murata Y. Rural - urban interdependence and industrialization [J]. Journal of Development Economics, 2002, 68 (1): 1 -34.

[11] Okubo T. Trade liberalisation and agglomeration with firm heterogeneity: Forward and backward linkages [J]. Regional Science & Urban Economics, 2009, 39 (5): 530 -541.

[12] Ottaviano G I P, Thisse J F. Agglomeration and Economic Geography [J]. Cepr Discussion Papers, 2003 (4): 2563 -2608.

[13] Palander T. Beiträge zur Standortstheorie [J]. Samhällsvetenskap, 1935.

[14] Paul Krugman. Increasing Returns andEconomic Geography [N]. NBER Working Paper, 1990.

[15] Pellenbarg P H, Steen P J M V. The Dynamics of the International Economic and Demographic Exchange Relationships of The Netherlands [J]. Tijdschrift Voor Economische En Sociale Geografie, 2002, 90 (4): 441 -447.

[16] Pred A R. Behavior and locateon: Foundations for a geographic and dynamoic location theory: Part I [J]. University of Lund, Lund Studies In Geography B, 1967 (27).

[17] Razin A, Yuen C W. Factor Mobility and Income Growth: Two Convergence Hypotheses [J]. Review of Development Economics, 1997, 1 (2): 171 -90.

[18] Savona M, Schiattarella R. International relocation of production and the growth of services: the case of the " Made in Italy" industries [J]. Transnational Corporations, 2004, 13 (57): 902 -908.

[19] Schmenner R W. Making Business Location Decisions [M]. Englewood Cliffs NJ: Prentics Hall, 1982.

[20] Simon. A behaveioral model of rational choice [J]. Quarterly Journal of Economics, 1959: 99 -118.

[21] Smith D M. Industrial Location: An Economic Analysis. New York:

John Wiley & Sons, 1971.

［22］Tan Z A. Product Cycle Theory and Telecommunications Industry – foreign Direct Investment, Government Policy, andIndigenous Manufacturing in China［J］. Telecommunications Policy, 2002（26）: 17 – 30.

［23］Thompson J H. Some Theoretical consideration for manufacturing Geography［J］. Economic Geography, 1966（3）: 127 – 145.

［24］Vernon R. International Investment and International Trade in the Product Cycle［J］. Quarterly Journal of Economics, 1966（80）: 190 – 207.

［25］Webber A. Theory of the Location of Industries［M］. Chicago: University of Chicago Press, 1929.

［26］安虎森，刘军辉. 劳动力的钟摆式流动对区际发展差距的影响——基于新经济地理学理论的研究［J］. 财经研究, 2014, 40（10）.

［27］毕茜，于连超. 环境税的企业绿色投资效应研究［J］. 中国人口·资源与环境, 2016（3）.

［28］蔡旺春，李光明. 中国制造业升级路径的新视角：文化产业与制造业融合［J］. 商业经济与管理, 2011（2）: 58 – 63.

［29］曹荣庆. 浅谈区域产业转移和结构优化的模式［J］. 中州学刊, 2001（6）: 111 – 113.

［30］曹休宁. 基于产业集群的工业园区发展研究［J］. 经济地理, 2004（4）.

［31］车维汉. "雁行形态"理论及实证研究综述［J］. 经济学动态, 2004（11）: 102 – 106.

［32］陈恩，王方方. 中国对外直接投资影响因素的实证分析——基于2007~2009年国际面板数据的考察［J］. 商业经济与管理, 2011（8）: 43 – 50.

［33］陈刚，陈红儿. 区际产业转移理论探微［J］. 贵州社会科学, 2001（4）: 2 – 6.

［34］陈浩，张京祥，陈宏胜. 新型城镇化视角下中国"土地红利"

开发模式转型[J].经济地理,2015,35(4):1-8.

[35] 陈建军.中国现阶段的产业区域转移及其动力机制[J].中国工业经济,2002(8):20-23.

[36] 陈林,龙自云.国际金融危机与我国先发地区产业转移——以外向型"东莞模式"为例[J].产经评论,2011(1):40-47.

[37] 陈瑞莲,谢宝剑.回顾与前瞻:改革开放30年中国主要区域政策[J].政治学研究,2009(1):61-68.

[38] 陈雪琴.基于产业转移和产业集群的我国城镇化发展路径分析[J].产业经济评论,2014(S1):14-19.

[39] 陈甬军,陈爱贞.城镇化与产业区域转移[J].当代经济研究,2004(12):52-57.

[40] 程云川,陈利君.区域合作中的产业转移问题——以泛珠三角为例[J].云南民族大学学报(哲学社会科学版),2009,26(3):92-96.

[41] 仇方道,朱传耿,刘振.县域城镇化发展水平评价与对策[J].人文地理,2006,21(6):119-123.

[42] 崔军,杨琪.新世纪以来土地财政对城镇化扭曲效应的实证研究——来自一二线城市的经验证据[J].中国人民大学学报,2014,28(1):55-64.

[43] 戴宏伟,王云平.产业转移与区域产业结构调整的关系分析[J].当代财经,2008(2):93-98.

[44] 邓宇鹏.中国的隐性超城市化[J].当代财经,1999(6):20-23.

[45] 杜传忠,刘英基,郑丽.基于系统耦合视角的中国工业化与城镇化协调发展实证研究[J].江淮论坛,2013(1):33-39.

[46] 杜鹏,宗刚.产业空洞化对一国经济发展的影响[J].国际贸易问题,2002(11):6-10.

[47] 段辉.对"S型曲线"城市化理论的再讨论[J].技术经济与管

理研究，2015（10）：119-123.

［48］范剑勇，朱国林．中国地区差距演变及其结构分解［J］．管理世界，2002（7）：37-44.

［49］耿玲玲，刘宁．关于产业结构高度化的文献综述［J］．现代经济信息，2013（17）：16-16.

［50］郭进，徐盈之．城镇化与工业化协调发展：现实基础与水平测度［J］．经济评论，2016（4）：39-49.

［51］郭克莎，汪红驹．经济新常态下宏观调控的若干重大转变［J］．中国工业经济，2015（11）：5-15.

［52］何雄浪，杨继瑞．企业异质、产业集聚与区域发展差异——新新经济地理学的理论解释与拓展［J］．学术月刊，2012（7）：82-89.

［53］何奕，童牧．产业转移与产业集聚的动态与路径选择［J］．宏观经济研究，2008（7）：50-56.

［54］贺传皎，王旭，邹兵．由"产城互促"到"产城融合"——深圳市产业布局规划的思路与方法［J］．城市规划学刊，2012（5）：30-36.

［55］贺建风，吴慧．科技创新和产业结构升级促进新型城镇化发展了吗［J］．当代经济科学，2016，38（5）：59-68.

［56］贺清云，蒋菁，何海兵．中国中部地区承接产业转移的行业选择［J］．经济地理，2010，30（6）：960-964.

［57］胡益鸣，张夏，林婷．区域产业素质与区域经济增长的实证分析——基于省级区域面板数据的研究［J］．浙江树人大学学报（人文社会科学版），2009，9（3）：68-72.

［58］黄凯南．认知理性和演化经济学方法论的发展［J］．制度经济学研究，2009（2）：1-25.

［59］黄祖辉，邵峰，朋文欢．推进工业化、城镇化和农业现代化协调发展［J］．中国农村经济，2013（1）：8-14.

［60］简新华，罗钜钧，黄锟．中国城镇化的质量问题和健康发展［J］．当代财经，2013（9）：5-16.

[61] 姜爱林. 城镇化与工业化互动关系研究[J]. 南京审计学院学报, 2004, 15 (2): 1-9.

[62] 蒋仁爱, 冯根福. 贸易、FDI、无形技术外溢与中国技术进步[J]. 管理世界, 2012 (9).

[63] 金涛. 中国粮食生产时空变化及其耕地利用效应[J]. 自然资源学报, 2014, 29 (6): 911-919.

[64] 靖学青. 长三角区域产业转移研究[J]. 南通大学学报, 2009, 25 (5): 20-25.

[65] 李刚, 魏佩瑶. 中国工业化与城镇化协调关系研究[J]. 经济问题探索, 2013 (5): 72-79.

[66] 李国平. 我国工业化与城镇化的协调关系分析与评估[J]. 地域研究与开发, 2008, 27 (5): 6-11.

[67] 李浩. 城镇化率首次超过50%的国际现象观察——兼论中国城镇化发展现状及思考[J]. 城市规划学刊, 2013 (1): 43-50.

[68] 李会宁, 叶民强. 我国东中西部三地区经济发展差距分析[J]. 经济问题探索, 2006 (2): 4-11.

[69] 李松志, 刘叶飙. 国外产业转移研究的综述[J]. 经济问题探索, 2007 (2): 123-126.

[70] 李廷, 陈淑英. 中国东部地区纺织企业产业转移实证分析[J]. 生产力研究, 2011 (7): 159-161.

[71] 李文彬, 陈浩. 产城融合内涵解析与规划建议[J]. 城市规划学刊, 2012 (S1).

[72] 李亦亮. 承接长三角产业转移对安徽产业创新的负面影响[J]. 宜春学院学报, 2011, 33 (1): 46-49.

[73] 李泽民. 基于中国国情的产业转移动力机制探究——兼论我国欠发达地区积极承接产业转移的基本对策[J]. 学术论坛, 2007 (11): 122-127.

[74] 李占国, 孙久文. 我国产业区域转移滞缓的空间经济学解释及

其加速途径研究[J].经济问题,2011(1):27-30.

[75] 廖兵,魏康霞,樊艳春.工业园区环境管理现状及对策研究——以江西省工业园区环境保护为例[J].环境与可持续发展,2013(6).

[76] 刘冠军.工业园区产业集聚评价方法研究——以新疆库车工业园区为例[J].科学学与科学技术管理,2016(8).

[77] 刘海洋,孔祥贞,汤二子.基于微观异质性的新新经济地理研究[J].财经科学,2012(4):62-71.

[78] 刘红光,刘卫东,刘志高.区域间产业转移定量测度研究——基于区域间投入产出表分析[J].中国工业经济,2011(6):79-88.

[79] 刘立峰.对新型城镇化进程中若干问题的思考[J].宏观经济研究,2013(5):3-6.

[80] 刘满平."泛珠江"区域产业梯度分析及产业转移机制构建[J].经济理论与经济管理,2004(11):45-49.

[81] 刘乃全,刘学华,赵丽岗.中国区域经济发展与空间结构的演变——基于改革开放30年时序变动的特征分析[J].财经研究,2008,34(11):76-87.

[82] 刘涛,曹广忠,边雪.城镇化与工业化及经济社会发展的协调性评价及规律性探讨[J].人文地理,2010(6):47-52.

[83] 刘伟,李琳.区域产业转移对我国内陆地区城市化进程的作用——基于系统动力学的分析[J].技术经济,2011,30(12):70-74.

[84] 刘耀彬,陈志.中部地区区域经济发展的极化分析[J].长江流域资源与环境,2006,15(6):679-684.

[85] 刘友金,吕政.梯度陷阱、升级阻滞与承接产业转移模式创新[J].经济学动态,2012(11):21-27.

[86] 刘镇,黄晗.江西工业化进程三十年——战略思路的演进与发展对策的探索[J].江西财经大学学报,2008(5).

[87] 卢根鑫.试论国际产业转移的经济动因及其效应[J].上海社会

科学院学术季刊，1994（4）：33-42.

[88] 罗国民，王先庆. 广货扩张新策略：市场与产业的双向扩张和梯度推进[J]. 南方经济，2000（2）：71-73.

[89] 马涛，李东，杨建华，翟相如. 地区分工差距的度量：产业转移承接能力评价的视角[J]. 管理世界，2009（9）：168-169.

[90] 马子红，于干千，胡洪斌. 产业转移与产业集聚的实证分析：以昆明为例[J]. 经济问题探索，2010（6）：58-63.

[91] 马子红. 区际产业转移的影响因素及对策分析[J]. 改革与战略，2009（6）：140-146.

[92] 毛广雄. 产业集群与区域产业转移耦合机理及协调发展研究[J]. 统计与决策，2009（10）：68-70.

[93] 倪鹏飞，颜银根，张安全. 城市化滞后之谜：基于国际贸易的解释[J]. 中国社会科学，2014（7）：107-124.

[94] 聂华林，赵超. 我国区际产业转移对西部产业发展的影响[J]. 兰州大学学报（社会科学版），2000（5）：11-15.

[95] 牛晓春，杜忠潮，李同昇. 基于新型城镇化视角的区域城镇化水平评价——以陕西省10个省辖市为例[J]. 干旱区地理，2013，36（2）.

[96] 欧向军，沈正平，王荣成. 中国区域经济增长与差异格局演变探析[J]. 地理科学，2006，26（6）：641-648.

[97] 潘锦云，姜凌，丁羊林. 城镇化制约了工业化升级发展吗——基于产业和城镇融合发展的视角[J]. 经济学家，2014（9）.

[98] 潘伟志. 产业转移内涵、机制探析[J]. 生产力研究，2004（10）：119-135.

[99] 彭继增，罗扬，邓伟. 产业转移、专业市场与特色城镇化的协调发展评价[J]. 经济地理，2013，33（12）：54-60.

[100] 彭连清. 我国产业区域转移的路径选择、产业定位与政府作用[J]. 山东社会科学，2007（11）：101-103.

[101] 彭兴莲. 产城融合案例分析及启示——以苏州工业园为例[J]. 山西农经, 2018 (22): 21-22.

[102] 钱津. 创新驱动: 中国实现工业化的模式转换——基于企业与教育视角的探析[J]. 管理学刊, 2017, 30 (3): 1-9.

[103] 乔峰, 姚俭. 时序全局主成分分析在经济发展动态描绘中的应用[J]. 数理统计与管理, 2003, 22 (2): 1-5.

[104] 施同兵. 区域产业转移推进新型城镇化的机制与政策取向[J]. 广东社会科学, 2015 (4): 29-36.

[105] 石奇, 张继良. 区际产业转移与欠发达地区工业化的协调性[J]. 产业经济研究, 2007 (1): 38-44.

[106] 宋晓晶, 杨晓丽. 全球价值链视角下的银行卡产业升级[J]. 华东经济管理, 2008, 22 (2): 93-95.

[107] 孙虎, 乔标. 我国新型工业化与新型城镇化互动发展研究[J]. 地域研究与开发, 2014, 33 (4): 64-68.

[108] 覃成林, 梁夏瑜. 广东产业转移与区域协调发展——实践经验与思考[J]. 国际经贸探索, 2010 (7): 44-49.

[109] 宛群超, 邓峰, Wan Qun-chao. FDI、科技创新与中国新型城镇化——基于空间杜宾模型的实证分析[J]. 华东经济管理, 2017, 31 (10): 103-111.

[110] 汪立. 产业转移技术溢出效应影响因素——基于 DEMATEL 方法的研究[J]. 经济研究导刊, 2013 (9): 207-210.

[111] 王建红. 全球经济危机背景下东部产业转移与西部特色经济发展的对接[J]. 内蒙古社会科学 (汉文版), 2009, 30 (4): 93-98.

[112] 王金叶, 程道品, 胡新添. 广西生态环境评价指标体系及模糊评价[J]. 西北林学院学报, 2006, 21 (4): 5-8.

[113] 王礼茂. 我国编织工业东、西部合作与产业转移[J]. 经济地理, 2000.

[114] 王守文, 徐顽强. 区域产业转移进程中社会组织的参与路径研

究[J].前沿,2011(19):26-29.

[115] 王霞,王岩红,苏林.国家高新区产城融合度指标体系的构建及评价——基于因子分析及熵值法[J].科学学与科学技术管理,2014(7):79-88.

[116] 王先庆.产业扩张[M].广州:广东经济出版社,1998.

[117] 王洋,方创琳,王振波.中国县域城镇化水平的综合评价及类型区划分[J].地理研究,2012,31(7):1305-1316.

[118] 王永生,蔡永青.基于循环经济理念的矿业产业结构调整策略[J].现代矿业,2009,25(5):14-19.

[119] 王珍珍.产业转移、农村居民收入对城镇化水平的影响[J].城市问题,2017(4):20-25.

[120] 王志伟.警惕资本逃离实业挫伤中国经济[J].中国商人,2011(11):49-51.

[121] 魏后凯.产业转移发展趋势及其对竞争力的影响[J].福建论坛(经济社会版),2003(4):11-15.

[122] 吴宣恭.企业集群的优势及形成机理[J].经济纵横,2002(11):2-5.

[123] 吴志军,谷唐敏.基于产业集群导向的江西工业园区转型发展研究[J].企业经济,2015(7).

[124] 小岛清,周宝廉.对外贸易论[M].天津:南开大学出版社,1987.

[125] 肖金成,蔡翼飞.促进产业转移加强东西合作[J].中国金融,2008(4):22-24.

[126] 熊必琳,陈蕊,杨善林.基于改进梯度系数的区域产业转移特征分析[J].经济理论与经济管理,2007(7):45-49.

[127] 徐林,曹红华.从测度到引导:新型城镇化的"星系"模型及其评价体系[J].公共管理学报,2014(1):65-74.

[128] 许剑.基于区域经济协调发展的福建省区域产业转移研究[J].

福建江夏学院学报，2010（4）：6-10.

［129］颜银根．转移支付、产业跨区转移与区域协调发展［J］.财经研究，2014，40（9）．

［130］杨俊生．产业转移、能力结构与东西部区域经济协调发展［J］.经济问题探索，2010（5）：28-33.

［131］姚成胜，李政通，杜涵．长三角地区土地集约利用与经济发展协调性［J］.经济地理，2016（2）．

［132］姚成胜，邱雨菲，黄琳．中国城市化与粮食安全耦合关系辨析及其实证分析［J］.中国软科学，2016（8）：75-88.

［133］姚士谋，张平宇，余成．中国新型城镇化理论与实践问题［J］.地理科学，2014，6（6）：641-647.

［134］叶璟．地区间产业空间扩散问题研究——以南京和淮安为例［D］.南京师范大学，2010.

［135］尤鑫．西部地区城镇化水平与经济人口发展变化研究——基于2000～2010年西部地区十二个省区面板数据［J］.地理科学，2015，35（3）：268-274.

［136］于倩，江晴．协同演化视角下承接产业转移与转变经济发展方式的互动机制研究［J］.宏观经济研究，2012（10）：90-95.

［137］余娟，吴玉鸣．广西人口、资源环境与经济系统协调发展评估与分析［J］.改革与战略．2007（4）：93-96.

［138］曾德高，李海燕．基于GEM模型的重庆信息产业集群竞争力研究［J］.现代商贸工业，2013（3）：17-19.

［139］张帆，吴航，李飞．新兴经济国家高技术企业创投持股与创新绩效关系研究［J］.西安电子科技大学学报（社会科学版），2013（2）：70-76.

［140］张公鬼，梁琦．产业转移与资源的空间配置效应研究［J］.产业经济评论，2010，9（3）．

［141］张军．产品生命周期理论及其适用性分析［J］.华北电力大学学

报（社会科学版），2008（1）：31-36.

[142] 张可云.论我国区域经济政策的几个基本问题[J].开发研究，1997（5）：30-32.

[143] 张克俊，曾科.新型工业化标准与评价指标体系研究[J].中国科技论坛，2004（6）：125-127.

[144] 张龙鹏，周立群.产业转移缩小了区域经济差距吗——来自中国西部地区的经验数据[J].财经科学，2015（2）：80-88.

[145] 张乃丽.雁行形态理论研究新进展[J].经济学动态，2007（8）：86-91.

[146] 张小敏，王薪，李政通等.产业结构优化增加了大学生就业难度吗？——基于ARDL模型的实证分析[J].数学的实践与认识，2016（12）.

[147] 张新芝，陈斐.区域产业转移发生机制的理论解析与发生势差度量研究[J].南昌大学学报（人文社会科学版），2013，44（2）：79-85.

[148] 张新芝，陈斐.中国区域产业转移的发生机制研究——基于发生势差的综合评价与分析[J].中国科技论坛，2012（4）：100-105.

[149] 张新芝，李政通.新型城镇化与两区域产业转移：演化与交互作用机制[J].社会科学研究，2016（5）：71-78.

[150] 张新芝，曾雨菲，杨娟.产业与城镇共生驱动产城融合的内在机理研究[J].南昌大学学报（人文社会科学版），2018，49（4）：55-63.

[151] 张新芝，张苏，康松.工业园区发展与工业化、城市化进程关系实证研究——以江西省为例[J].生产力研究，2010（8）.

[152] 张勇，蒲勇健，陈立泰.城镇化与服务业集聚——基于系统耦合互动的观点[J].中国工业经济，2013（6）：57-69.

[153] 张云飞.城市群内产业集聚与经济增长关系的实证研究——基于面板数据的分析[J].经济地理，2014（1）.

[154] 赵波, 胡振鹏. 中部地区省级生态工业园区评价指标体系研究——以江西生态工业园发展为例 [J]. 理论探讨, 2007 (6).

[155] 赵丹, 李锋, 王如松. 基于生态绿当量的城市土地利用结构优化——以宁国市为例 [J]. 生态学报, 2011, 31 (20): 6242 - 6250.

[156] 赵峰, 姜德波. 产业转移的诱因分析与趋势预测——以长三角为例 [J]. 学术研究, 2011 (10): 62 - 67.

[157] 郑鑫, 陈耀. 运输费用、需求分布与产业转移——基于区位论的模型分析 [J]. 中国工业经济, 2012 (2): 57 - 67.

[158] 周江洪, 陈矗. 论区际产业转移力构成要素与形成机理 [J]. 中央财经大学学报, 2009 (2): 66 - 70.

[159] 周世军. 我国中西部地区"三农"困境破解: 机理与对策——基于产业转移与城镇化动态耦合演进 [J]. 经济学家, 2012 (6): 72 - 79.

[160] 周一星. 关于中国城镇化速度的思考 [J]. 城市规划, 2006 (B11): 32 - 35.

[161] 朱华友, 孟云利, 刘海燕. 集群视角下的产业转移的路径、动因及其区域效应 [J]. 社会科学家, 2008 (7): 43 - 46.

[162] 邹德玲, 丛海彬. 中国产城融合时空分异格局及其影响因素研究 [EB/OL]. 经济地理. [2019 - 05 - 30]. http: //kns. cnki. net/kcms/detail/43. 1126. K. 20190515. 1453. 010. html.

附 录

一、产业转移势差测度

附表1-1 产业转移总体势差

年份 省份	2004	2005	2006	2007	2008	2009	2010	2011	2012	2013	2014
北京	0.138	0.149	0.169	0.198	0.231	0.229	0.267	0.301	0.327	0.355	0.383
天津	0.095	0.099	0.116	0.141	0.185	0.183	0.227	0.266	0.288	0.307	0.334
河北	0.081	0.086	0.102	0.125	0.158	0.158	0.199	0.231	0.247	0.269	0.289
山西	0.056	0.063	0.072	0.093	0.122	0.103	0.133	0.161	0.173	0.184	0.191
内蒙古	0.046	0.056	0.070	0.093	0.122	0.126	0.162	0.197	0.215	0.234	0.257
辽宁	0.093	0.104	0.122	0.149	0.190	0.192	0.237	0.270	0.291	0.316	0.326
吉林	0.042	0.045	0.056	0.074	0.097	0.099	0.120	0.145	0.160	0.172	0.184
黑龙江	0.054	0.057	0.065	0.079	0.101	0.092	0.121	0.142	0.148	0.162	0.172
上海	0.179	0.190	0.213	0.251	0.293	0.297	0.348	0.390	0.401	0.428	0.464
江苏	0.197	0.208	0.251	0.309	0.392	0.407	0.489	0.545	0.602	0.685	0.751
浙江	0.195	0.213	0.250	0.294	0.341	0.345	0.408	0.434	0.459	0.497	0.538
安徽	0.048	0.050	0.065	0.090	0.119	0.116	0.160	0.192	0.213	0.238	0.267
福建	0.093	0.101	0.120	0.147	0.171	0.176	0.219	0.256	0.279	0.294	0.326
江西	0.043	0.041	0.055	0.073	0.097	0.087	0.122	0.149	0.158	0.180	0.198

续表

年份 省份	2004	2005	2006	2007	2008	2009	2010	2011	2012	2013	2014
山东	0.156	0.183	0.216	0.259	0.313	0.326	0.384	0.438	0.483	0.533	0.578
河南	0.085	0.083	0.101	0.131	0.169	0.169	0.210	0.250	0.269	0.303	0.335
湖北	0.061	0.065	0.077	0.101	0.132	0.136	0.178	0.210	0.230	0.257	0.289
湖南	0.060	0.066	0.077	0.100	0.126	0.130	0.160	0.196	0.212	0.236	0.261
广东	0.221	0.251	0.291	0.348	0.416	0.427	0.517	0.583	0.642	0.725	0.777
广西	0.041	0.043	0.051	0.068	0.094	0.091	0.120	0.143	0.152	0.166	0.186
海南	0.026	0.023	0.030	0.048	0.070	0.052	0.080	0.100	0.108	0.113	0.130
重庆	0.046	0.050	0.060	0.081	0.107	0.101	0.128	0.158	0.176	0.191	0.217
四川	0.066	0.073	0.084	0.106	0.139	0.135	0.163	0.195	0.215	0.241	0.264
贵州	0.032	0.030	0.037	0.052	0.071	0.067	0.082	0.105	0.118	0.134	0.154
云南	0.046	0.047	0.051	0.064	0.083	0.078	0.099	0.122	0.137	0.152	0.166
西藏	0.030	0.031	0.033	0.053	0.062	0.061	0.072	0.082	0.089	0.099	0.109
陕西	0.045	0.051	0.059	0.077	0.105	0.102	0.129	0.157	0.179	0.199	0.219
甘肃	0.034	0.035	0.044	0.053	0.068	0.068	0.082	0.099	0.112	0.125	0.139
青海	0.025	0.030	0.037	0.050	0.073	0.064	0.082	0.105	0.113	0.125	0.139
宁夏	0.031	0.033	0.040	0.055	0.080	0.075	0.096	0.122	0.127	0.134	0.149
新疆	0.033	0.037	0.044	0.058	0.081	0.067	0.096	0.121	0.135	0.154	0.175

附表1-2 产业转移经济势差

年份 省份	2004	2005	2006	2007	2008	2009	2010	2011	2012	2013	2014
北京	0.050	0.058	0.068	0.081	0.091	0.099	0.111	0.124	0.137	0.150	0.163
天津	0.032	0.039	0.048	0.059	0.075	0.082	0.099	0.116	0.129	0.129	0.138
河北	0.013	0.018	0.023	0.030	0.039	0.044	0.055	0.068	0.076	0.080	0.085
山西	0.009	0.013	0.017	0.024	0.031	0.032	0.042	0.053	0.060	0.062	0.065
内蒙古	0.009	0.015	0.021	0.031	0.041	0.043	0.051	0.062	0.078	0.088	0.095	0.102
辽宁	0.016	0.021	0.028	0.038	0.050	0.058	0.073	0.088	0.101	0.109	0.114
吉林	0.009	0.012	0.016	0.023	0.031	0.037	0.046	0.058	0.068	0.071	0.078
黑龙江	0.009	0.013	0.016	0.021	0.027	0.030	0.037	0.046	0.054	0.059	0.063
上海	0.061	0.070	0.080	0.092	0.105	0.111	0.126	0.142	0.152	0.157	0.170
江苏	0.033	0.044	0.056	0.071	0.088	0.098	0.120	0.144	0.162	0.173	0.188

续表

年份 省份	2004	2005	2006	2007	2008	2009	2010	2011	2012	2013	2014
浙江	0.041	0.050	0.060	0.073	0.083	0.089	0.107	0.123	0.135	0.139	0.151
安徽	0.005	0.009	0.013	0.020	0.026	0.032	0.042	0.055	0.065	0.069	0.076
福建	0.022	0.027	0.033	0.041	0.051	0.058	0.071	0.086	0.098	0.099	0.110
江西	0.005	0.008	0.012	0.019	0.025	0.030	0.038	0.048	0.057	0.064	0.072
山东	0.026	0.036	0.046	0.060	0.075	0.085	0.101	0.120	0.140	0.149	0.163
河南	0.009	0.014	0.020	0.028	0.037	0.043	0.053	0.068	0.077	0.083	0.093
湖北	0.009	0.012	0.016	0.024	0.032	0.038	0.049	0.062	0.073	0.079	0.088
湖南	0.009	0.012	0.016	0.023	0.030	0.036	0.045	0.058	0.067	0.075	0.082
广东	0.043	0.051	0.061	0.075	0.087	0.095	0.114	0.130	0.140	0.142	0.155
广西	0.007	0.010	0.012	0.019	0.026	0.031	0.039	0.048	0.056	0.059	0.065
海南	0.006	0.007	0.012	0.017	0.022	0.026	0.034	0.044	0.052	0.053	0.060
重庆	0.010	0.013	0.018	0.023	0.030	0.036	0.045	0.057	0.067	0.068	0.077
四川	0.007	0.010	0.014	0.021	0.028	0.034	0.044	0.056	0.065	0.069	0.076
贵州	0.001	0.003	0.006	0.011	0.015	0.019	0.023	0.031	0.039	0.043	0.050
云南	0.007	0.009	0.012	0.016	0.022	0.025	0.031	0.040	0.048	0.050	0.055
西藏	0.008	0.010	0.009	0.014	0.019	0.023	0.027	0.032	0.039	0.042	0.047
陕西	0.006	0.009	0.013	0.019	0.028	0.033	0.042	0.054	0.064	0.068	0.075
甘肃	0.003	0.006	0.009	0.013	0.016	0.019	0.025	0.032	0.039	0.044	0.049
青海	0.004	0.007	0.010	0.016	0.022	0.025	0.031	0.040	0.047	0.051	0.057
宁夏	0.004	0.007	0.011	0.017	0.025	0.030	0.037	0.047	0.054	0.056	0.061
新疆	0.008	0.010	0.014	0.019	0.024	0.026	0.034	0.043	0.051	0.056	0.063

附表1-3 产业转移产业势差

年份 省份	2004	2005	2006	2007	2008	2009	2010	2011	2012	2013	2014
北京	0.018	0.018	0.019	0.020	0.021	0.022	0.023	0.020	0.021	0.022	0.022
天津	0.013	0.013	0.014	0.015	0.019	0.022	0.024	0.024	0.027	0.029	0.031
河北	0.022	0.025	0.028	0.031	0.036	0.041	0.047	0.047	0.054	0.061	0.067
山西	0.013	0.013	0.014	0.014	0.015	0.017	0.019	0.020	0.023	0.026	0.028
内蒙古	0.008	0.009	0.011	0.013	0.015	0.018	0.021	0.023	0.025	0.029	0.034
辽宁	0.026	0.029	0.035	0.040	0.050	0.055	0.061	0.058	0.064	0.070	0.067

续表

年份省份	2004	2005	2006	2007	2008	2009	2010	2011	2012	2013	2014
吉林	0.008	0.009	0.011	0.014	0.017	0.020	0.023	0.021	0.025	0.027	0.029
黑龙江	0.014	0.013	0.014	0.014	0.016	0.018	0.020	0.020	0.023	0.027	0.024
上海	0.030	0.031	0.031	0.033	0.039	0.038	0.037	0.033	0.035	0.035	0.035
江苏	0.070	0.064	0.074	0.086	0.119	0.119	0.131	0.115	0.124	0.151	0.163
浙江	0.077	0.078	0.086	0.094	0.104	0.108	0.117	0.088	0.095	0.102	0.108
安徽	0.011	0.013	0.016	0.021	0.028	0.034	0.041	0.039	0.046	0.055	0.061
福建	0.032	0.033	0.036	0.040	0.044	0.047	0.052	0.052	0.058	0.060	0.064
江西	0.010	0.012	0.014	0.016	0.020	0.023	0.027	0.027	0.032	0.037	0.042
山东	0.059	0.068	0.076	0.084	0.096	0.105	0.110	0.108	0.118	0.133	0.141
河南	0.024	0.026	0.031	0.037	0.048	0.052	0.058	0.061	0.070	0.085	0.096
湖北	0.016	0.018	0.020	0.024	0.030	0.036	0.044	0.043	0.049	0.059	0.066
湖南	0.017	0.018	0.021	0.024	0.029	0.034	0.038	0.041	0.045	0.052	0.057
广东	0.065	0.070	0.077	0.088	0.106	0.111	0.119	0.108	0.111	0.157	0.163
广西	0.009	0.010	0.012	0.013	0.016	0.018	0.022	0.022	0.026	0.030	0.032
海南	0.001	0.001	0.001	0.001	0.002	0.002	0.003	0.003	0.004	0.005	0.005
重庆	0.008	0.009	0.010	0.013	0.017	0.019	0.022	0.022	0.025	0.028	0.032
四川	0.020	0.022	0.025	0.029	0.035	0.041	0.044	0.045	0.050	0.060	0.063
贵州	0.006	0.007	0.007	0.007	0.008	0.009	0.010	0.012	0.015	0.018	0.021
云南	0.008	0.009	0.010	0.011	0.013	0.015	0.016	0.017	0.020	0.024	0.027
西藏	0.000	0.000	0.000	0.000	0.000	0.000	0.001	0.001	0.001	0.001	0.001
陕西	0.011	0.012	0.013	0.015	0.018	0.020	0.023	0.024	0.029	0.035	0.039
甘肃	0.006	0.006	0.006	0.006	0.007	0.008	0.009	0.010	0.012	0.015	0.017
青海	0.001	0.001	0.001	0.001	0.002	0.002	0.003	0.003	0.004	0.005	0.005
宁夏	0.002	0.002	0.002	0.002	0.003	0.003	0.004	0.004	0.005	0.006	0.007
新疆	0.004	0.005	0.005	0.006	0.007	0.008	0.009	0.011	0.013	0.016	0.019

附表1-4 产业转移成本势差

年份省份	2004	2005	2006	2007	2008	2009	2010	2011	2012	2013	2014
北京	0.037	0.035	0.038	0.048	0.065	0.049	0.065	0.079	0.080	0.085	0.093
天津	0.031	0.024	0.027	0.035	0.052	0.036	0.052	0.061	0.057	0.062	0.068

续表

年份 省份	2004	2005	2006	2007	2008	2009	2010	2011	2012	2013	2014
河北	0.038	0.034	0.039	0.049	0.063	0.048	0.068	0.078	0.074	0.078	0.082
山西	0.029	0.029	0.030	0.041	0.059	0.035	0.051	0.062	0.060	0.062	0.062
内蒙古	0.024	0.026	0.030	0.038	0.049	0.038	0.057	0.068	0.067	0.069	0.075
辽宁	0.033	0.032	0.034	0.042	0.054	0.038	0.055	0.066	0.060	0.063	0.065
吉林	0.019	0.017	0.020	0.027	0.035	0.024	0.033	0.042	0.038	0.041	0.044
黑龙江	0.023	0.020	0.022	0.028	0.039	0.023	0.039	0.046	0.040	0.042	0.045
上海	0.044	0.039	0.042	0.055	0.068	0.056	0.075	0.088	0.079	0.091	0.098
江苏	0.054	0.048	0.056	0.070	0.084	0.070	0.094	0.108	0.103	0.117	0.121
浙江	0.046	0.042	0.050	0.061	0.073	0.057	0.079	0.091	0.083	0.093	0.099
安徽	0.025	0.020	0.024	0.035	0.046	0.028	0.048	0.060	0.054	0.058	0.062
福建	0.024	0.023	0.029	0.039	0.043	0.033	0.048	0.060	0.056	0.061	0.068
江西	0.024	0.014	0.021	0.028	0.039	0.019	0.038	0.050	0.042	0.046	0.049
山东	0.046	0.043	0.049	0.060	0.071	0.059	0.078	0.092	0.088	0.095	0.101
河南	0.043	0.031	0.036	0.048	0.060	0.043	0.061	0.075	0.069	0.070	0.074
湖北	0.027	0.023	0.026	0.034	0.046	0.033	0.050	0.059	0.054	0.057	0.063
湖南	0.027	0.025	0.027	0.036	0.046	0.033	0.045	0.056	0.051	0.054	0.058
广东	0.060	0.058	0.064	0.075	0.089	0.074	0.094	0.107	0.108	0.113	0.124
广西	0.022	0.019	0.022	0.028	0.041	0.028	0.041	0.050	0.044	0.049	0.055
海南	0.017	0.011	0.013	0.024	0.038	0.015	0.033	0.039	0.035	0.035	0.042
重庆	0.022	0.019	0.021	0.031	0.042	0.026	0.037	0.049	0.046	0.050	0.055
四川	0.032	0.030	0.031	0.039	0.055	0.036	0.050	0.061	0.060	0.065	0.070
贵州	0.024	0.018	0.021	0.029	0.041	0.031	0.038	0.049	0.048	0.053	0.058
云南	0.029	0.026	0.024	0.031	0.040	0.028	0.040	0.050	0.049	0.054	0.058
西藏	0.021	0.021	0.024	0.037	0.042	0.036	0.041	0.045	0.045	0.050	0.051
陕西	0.021	0.022	0.023	0.030	0.043	0.030	0.042	0.052	0.051	0.055	0.057
甘肃	0.023	0.020	0.025	0.027	0.037	0.031	0.038	0.044	0.045	0.048	0.051
青海	0.018	0.019	0.022	0.028	0.043	0.029	0.039	0.049	0.047	0.051	0.055
宁夏	0.022	0.020	0.021	0.029	0.042	0.031	0.042	0.054	0.048	0.049	0.055
新疆	0.019	0.019	0.020	0.027	0.042	0.024	0.040	0.052	0.051	0.060	0.068

附表1-5 产业转移交易成本势差

年份 省份	2004	2005	2006	2007	2008	2009	2010	2011	2012	2013	2014
北京	0.023	0.026	0.030	0.035	0.038	0.041	0.048	0.055	0.060	0.066	0.072
天津	0.014	0.016	0.019	0.022	0.026	0.028	0.034	0.040	0.045	0.052	0.057
河北	0.003	0.004	0.006	0.008	0.010	0.011	0.014	0.018	0.020	0.022	0.024
山西	0.002	0.003	0.005	0.007	0.009	0.009	0.012	0.015	0.017	0.019	0.020
内蒙古	0.003	0.005	0.006	0.009	0.012	0.014	0.017	0.021	0.025	0.029	0.034
辽宁	0.008	0.010	0.011	0.014	0.018	0.020	0.025	0.031	0.036	0.041	0.045
吉林	0.004	0.005	0.006	0.008	0.010	0.012	0.014	0.017	0.020	0.023	0.023
黑龙江	0.003	0.005	0.006	0.008	0.009	0.011	0.014	0.017	0.019	0.022	0.026
上海	0.034	0.039	0.045	0.053	0.060	0.061	0.077	0.087	0.090	0.095	0.104
江苏	0.016	0.022	0.027	0.034	0.040	0.038	0.049	0.060	0.065	0.074	0.084
浙江	0.015	0.020	0.025	0.030	0.036	0.037	0.046	0.056	0.059	0.063	0.068
安徽	0.002	0.003	0.004	0.006	0.007	0.009	0.012	0.016	0.018	0.019	0.022
福建	0.009	0.011	0.014	0.016	0.020	0.021	0.026	0.031	0.034	0.037	0.041
江西	0.001	0.002	0.003	0.004	0.007	0.008	0.011	0.015	0.017	0.020	0.020
山东	0.008	0.011	0.015	0.018	0.024	0.024	0.030	0.037	0.041	0.045	0.050
河南	0.002	0.003	0.004	0.006	0.007	0.008	0.011	0.015	0.018	0.021	0.024
湖北	0.004	0.005	0.006	0.008	0.010	0.011	0.014	0.018	0.020	0.024	0.028
湖南	0.003	0.005	0.006	0.007	0.009	0.011	0.013	0.016	0.019	0.021	0.024
广东	0.032	0.038	0.045	0.055	0.061	0.059	0.074	0.089	0.099	0.112	0.111
广西	0.001	0.003	0.003	0.005	0.007	0.009	0.012	0.014	0.017	0.020	0.022
海南	0.002	0.003	0.004	0.006	0.007	0.008	0.010	0.013	0.016	0.018	0.021
重庆	0.003	0.004	0.005	0.008	0.010	0.012	0.014	0.019	0.024	0.028	0.033
四川	0.002	0.003	0.004	0.006	0.008	0.009	0.012	0.016	0.020	0.022	0.025
贵州	0.000	0.001	0.002	0.003	0.005	0.006	0.007	0.009	0.011	0.014	0.017
云南	0.001	0.002	0.003	0.004	0.006	0.007	0.009	0.011	0.014	0.017	0.020
西藏	0.001	0.001	0.000	0.001	0.001	0.002	0.003	0.004	0.005	0.007	0.009
陕西	0.002	0.003	0.004	0.006	0.008	0.009	0.012	0.015	0.019	0.022	0.025
甘肃	0.001	0.002	0.002	0.003	0.005	0.006	0.007	0.010	0.012	0.014	0.016
青海	0.001	0.002	0.003	0.004	0.006	0.007	0.009	0.012	0.015	0.018	0.021
宁夏	0.002	0.003	0.005	0.006	0.009	0.010	0.012	0.016	0.018	0.021	0.024
新疆	0.002	0.003	0.003	0.005	0.007	0.007	0.010	0.014	0.017	0.019	0.021

附表 1-6 产业转移技术势差

年份\省份	2004	2005	2006	2007	2008	2009	2010	2011	2012	2013	2014
北京	0.010	0.012	0.013	0.015	0.017	0.017	0.020	0.022	0.029	0.031	0.034
天津	0.004	0.006	0.008	0.010	0.013	0.014	0.018	0.023	0.030	0.035	0.039
河北	0.005	0.006	0.007	0.008	0.010	0.013	0.016	0.020	0.023	0.027	0.031
山西	0.003	0.005	0.006	0.008	0.009	0.010	0.010	0.012	0.013	0.015	0.016
内蒙古	0.001	0.002	0.002	0.003	0.004	0.005	0.006	0.007	0.009	0.011	0.012
辽宁	0.011	0.012	0.013	0.015	0.017	0.020	0.023	0.026	0.029	0.033	0.035
吉林	0.002	0.002	0.002	0.003	0.004	0.005	0.005	0.007	0.009	0.010	0.010
黑龙江	0.005	0.006	0.007	0.008	0.009	0.010	0.012	0.013	0.013	0.014	0.014
上海	0.010	0.012	0.015	0.018	0.021	0.031	0.033	0.041	0.045	0.051	0.057
江苏	0.023	0.031	0.039	0.049	0.061	0.081	0.093	0.118	0.148	0.171	0.195
浙江	0.016	0.023	0.029	0.036	0.045	0.053	0.060	0.075	0.087	0.100	0.112
安徽	0.003	0.005	0.007	0.009	0.012	0.014	0.017	0.022	0.030	0.037	0.045
福建	0.006	0.007	0.009	0.011	0.013	0.016	0.022	0.027	0.033	0.038	0.043
江西	0.003	0.004	0.004	0.005	0.006	0.007	0.008	0.009	0.010	0.013	0.014
山东	0.016	0.024	0.030	0.038	0.047	0.053	0.065	0.081	0.097	0.111	0.123
河南	0.007	0.008	0.011	0.013	0.016	0.022	0.025	0.032	0.036	0.043	0.048
湖北	0.006	0.007	0.009	0.011	0.014	0.018	0.022	0.028	0.033	0.038	0.044
湖南	0.005	0.006	0.007	0.009	0.012	0.017	0.019	0.025	0.030	0.034	0.039
广东	0.022	0.034	0.043	0.056	0.072	0.088	0.116	0.150	0.184	0.201	0.224
广西	0.001	0.002	0.002	0.003	0.003	0.004	0.006	0.008	0.009	0.009	0.010
海南	0.000	0.000	0.000	0.000	0.000	0.000	0.001	0.001	0.001	0.001	0.002
重庆	0.003	0.004	0.005	0.006	0.007	0.008	0.009	0.012	0.014	0.017	0.021
四川	0.006	0.008	0.010	0.011	0.013	0.014	0.013	0.016	0.021	0.025	0.031
贵州	0.001	0.001	0.002	0.002	0.002	0.003	0.003	0.004	0.005	0.006	0.007
云南	0.001	0.001	0.002	0.002	0.003	0.003	0.003	0.004	0.005	0.006	0.007
西藏	0.000	0.000	0.000	0.000	0.000	0.000	0.000	0.000	0.000	0.000	0.000
陕西	0.005	0.005	0.006	0.007	0.008	0.009	0.010	0.012	0.016	0.019	0.022
甘肃	0.001	0.002	0.002	0.003	0.003	0.003	0.003	0.003	0.004	0.005	0.006
青海	0.000	0.000	0.000	0.000	0.000	0.000	0.001	0.001	0.001	0.001	0.001
宁夏	0.001	0.001	0.001	0.001	0.001	0.001	0.001	0.002	0.002	0.002	0.002
新疆	0.001	0.001	0.001	0.001	0.002	0.002	0.002	0.003	0.003	0.003	0.004

二、产业转移路径划分

附表2-1 中国省际产业转移路径总结

产业类型	第一主导势差	第二主导势差	转移路径
低端	经济势差	产业势差	第一条,从广东、江苏、浙江、山东转移至安徽、江西、陕西、广西、吉林、重庆、黑龙江和山西;第二条,由河北、湖北、四川、湖南、内蒙古转移至云南、贵州、新疆、甘肃、宁夏、海南、青海和西藏等地区
低端	经济势差	成本势差	第一条,从广东、江苏、浙江、山东、上海、北京转移至安徽、陕西、山西;第二条,由河南、辽宁、内蒙古、四川、福建、湖北、湖南转移至青海、甘肃、海南等地区;第三条,由天津吉林、重庆、江西、黑龙江和广西等地;第四条,由河北转移至云南、新疆、宁夏、西藏和贵州
低端	产业势差	成本势差	第一条,从广东、江苏、浙江、山东、上海、北京转移至安徽、陕西、山西;第二条,由河南、辽宁、内蒙古、四川、福建、湖北、湖南转移至青海、甘肃、海南等地区;第三条,由天津吉林、重庆、江西、黑龙江和广西等地;第四条,由河北转移至云南、新疆、宁夏、西藏和贵州
较低端	经济势差	交易成本势差	广东、上海、江苏、北京、浙江、天津和山东转移至吉林、重庆、安徽、陕西、山西、黑龙江和广西
较低端	经济势差	技术势差	从广东、上海、江苏、北京、浙江、天津和山东转移至吉林、重庆、安徽、陕西、山西、江西、黑龙江和广西
较低端	产业势差	交易成本势差	第一条,由广东、上海、江苏、北京、浙江和山东转移至吉林、重庆、安徽、陕西、山西、黑龙江和广西;第二条,由河北省转移至宁夏
较低端	产业势差	技术势差	由广东、上海、江苏、浙江和山东转移至吉林、重庆、安徽、陕西、山西、黑龙江、广西和江西

续表

产业类型	第一主导势差	第二主导势差	转移路径
较低端	成本势差	交易成本势差	第一条,从广东、江苏、浙江、山东、北京和上海转移至安徽、陕西、山西和宁夏;第二条,由河北转移至吉林、重庆、黑龙江和广西等地区
较低端	成本势差	技术势差	第一条,从广东、江苏、浙江、山东和上海转移至安徽、陕西和山西;第二条,由河北和北京转移至吉林、重庆、黑龙江、江西和广西等地区
较高端	交易成本势差	经济势差	由广东、上海、江苏、北京、浙江、天津和山东转移至福建、辽宁、内蒙古、湖北、河北、湖南、四川、河南
较高端	技术势差	经济势差	从广东、上海、江苏、北京、浙江、天津和山东转移至湖北、福建、湖南、四川、河北和内蒙古
较高端	交易成本势差	产业势差	第一条,由广东、上海、江苏、北京、浙江和山东转移至福建、辽宁、内蒙古、湖北、湖南、四川和河南;第二条,由河北转移至宁夏
较高端	技术势差	产业势差	由广东、上海、江苏、浙江和山东转移至天津、福建、内蒙古、湖北、湖南和四川
较高端	交易成本势差	成本势差	第一条,从广东、江苏、浙江、山东、北京和上海转移至内蒙古、四川、湖北、湖南、福建、辽宁和河南;第二条,由河北转移至吉林、重庆、黑龙江和广西等地区
较高端	技术势差	成本势差	第一条,从广东、江苏、浙江、山东和上海转移至内蒙古、四川、湖北、湖南、福建和天津;第二条,由河北和北京转移至吉林、重庆、黑龙江、江西和广西等地区
高端	交易成本势差	技术势差	从广东、江苏、浙江、山东和上海转移至内蒙古、四川、湖北、湖南、福建、辽宁和河南

三、制造业产业类型划分参考

附表 3-1 制造业产业类型划分参考

行业	势差1	势差2	类型	行业	势差1	势差2	类型
农副食品加工业	产业势差	经济势差	类型1	化学纤维制造业	成本势差	技术势差	类型2
食品制造业	成本势差	经济势差	类型1	橡胶制品业	成本势差	技术势差	类型2
饮料制造业	成本势差	经济势差	类型1	塑料制品业	成本势差	技术势差	类型2
烟草制品业	经济势差	成本势差	类型1	非金属矿物制品业	产业势差	技术势差	类型2
纺织业	成本势差	产业势差	类型1	黑色金属冶炼及压延加工业	产业势差	技术势差	类型2
纺织服装、鞋、帽制造业	成本势差	产业势差	类型1	有色金属冶炼及压延加工业	产业势差	技术势差	类型2
皮革、毛皮、羽毛(绒)及其制品业	产业势差	成本势差	类型1	金属制品业	产业势差	技术势差	类型2
木材加工及木、竹、藤、棕、草制品业	产业势差	成本势差	类型1	通用设备制造业	技术势差	经济势差	类型3
家具制造业	产业势差	经济势差	类型1	专用设备制造业	技术势差	产业势差	类型3
造纸及纸制品业	经济势差	产业势差	类型1	交通运输设备制造业	技术势差	产业势差	类型3
印刷业和记录媒介的复制	经济势差	产业势差	类型1	电气机械及器材制造业	技术势差	交易成本势差	类型4
文教体育用品制造业	经济势差	产业势差	类型1	通信设备、计算机及其他电子设备制造业	技术势差	交易成本势差	类型4

续表

行业	势差1	势差2	类型	行业	势差1	势差2	类型
石油加工、炼焦及核燃料加工业	技术势差	产业势差	类型3	仪器仪表及文化、办公用机械制造业	交易成本势差	技术势差	类型4
化学原料及化学制品制造业	技术势差	产业势差	类型3	工艺品及其他制造业	交易成本势差	经济势差	类型3
医药制造业	技术势差	经济势差	类型3	废弃资源和废旧材料回收加工业	技术势差	产业势差	类型3

后 记

党的十八大以来，中国经济发展进入新常态。党的十九大进一步指出，我国经济社会的主要矛盾转化为"人民日益增长的美好生活需要和不平衡不充分的发展之间的矛盾"。如何平衡区域经济发展差距，成为实现经济高质量发展的重要标准。从产业发展的角度看，我国正在经历一轮以信息技术为核心的产业转型，同时还经历着跨区域的产业转移。产业转移可以促进经济发达地区实现"腾笼换鸟"，也可以促进欠发达地区经济发展，实现区域经济的平衡协调发展。从城镇发展的角度来看，我国在2014年就提出要着力推进新型城镇化建设。因此，从政策层面推动产业转移有利于促进区域的产业和城镇发展，从而对地区产城融合产生影响。基于此，本书从实现区域均衡发展的角度出发，从理论、实证与案例三个方面研究产业转移对产城融合的影响。本书的研究适应当前中国经济发展的切实需求，取得一定的成果，希望能对制定促进区域经济均衡发展的政策具有一定启发意义。

研究得以顺利开展，要感谢江西省工商业联合会的经费资助，感谢第57批博士后科研基金、江西省博士后科研基金和教育部人文社科基金的研究经费支持，在此表示诚挚的谢意。此外，还需要感谢众多给予支持的专家、学者和友人。

本书的完成是课题组共同努力的结果，张新芝负责第一章、第五章的撰写及全书的框架与统筹工作（约7万字）；李政通负责第四章的撰写及全文统稿工作（约4万字）；贾青负责第二章、第三章的撰写（约3.4万

后 记

字）；谢于雷负责第六章的撰写（约 1 万字）；曾雨菲负责第七章、第九章的撰写（约 2.1 万字）；曾雨菲与杨娟共同负责第八章的撰写（约 5.5 万字）。此外，吴书财、陈阳等同学也参与了本书的助研工作。

时光如梭，我从江西师范大学被调入江西省民营经济研究中心已经过去一年半，忙碌的行政工作和科研任务让我时常感到惶恐，总觉得没有时间沉下心思学习和好好做研究，近几年来一直感觉是自己被迫跟着任务和目标走，没能从容地关注自己感兴趣的领域和投入更多时间去研究。感谢江西省工商业联合会的领导和同事们，他们在我工作和书稿撰写期间给予了很大的关怀和帮助。特别感谢江西省工商业联合会雷元江主席、李青华书记和刘斌副主席等几位领导一直以来的关心与关爱、各种帮助以及大力支持，感谢他们对本书提出的宝贵意见和指导。

最后，也是最重要的，"哪有什么岁月静好，只不过有人在替你负重前行"，我的家人就是一直在替我负重前行的人，要特别感谢我的家人一如既往的支持。

张新芝
2019 年 6 月 16 日